रॉ हिटमैन

एस. हुसैन ज़ैदी एक अनुभवी खोजी और अपराध पत्रकार हैं जिनका कैरियर कई दशकों का रहा है। उनकी पिछली पुस्तकों में *माफ़िया क्वीन्स ऑफ़ मुंबई, डोंगरी टू दुबई, बायकला टू बैंकॉक, मुंबई एवेंजर्स* और *इलेवन्थ ऑवर* शामिल हैं, जिनमें से कुछ पर लोकप्रिय बॉलीवुड फ़िल्में भी बनी हैं। हुसैन ज़ैदी अपने परिवार के साथ मुंबई में रहते हैं।

रॉ हिटमैन

एजेंट लीमा की असली कहानी

एस. हुसैन ज़ैदी

हिंदी अनुवाद : रचना भोला 'यामिनी'

SIMON & SCHUSTER

London . New York . Sydney . Toronto . New Delhi

PARAMOUNT

साइमन एंड शूस्टर इंडिया द्वारा भारत में सर्वप्रथम प्रकाशित, 2023

1 3 5 7 9 10 8 6 4 2

साइमन एंड शूस्टर इंडिया
818, इंद्रप्रकाश बिल्डिंग
21, बाराखंबा रोड,
नई दिल्ली–110001

www.simonandschuster.co.in

PB ISBN: 978-93-92099-73-1

हिंदी अनुवाद व रूपांतरण : रचना भोला 'यामिनी'

Typeset in India by Sanjay Bhola 'DHEER' (#मुखौटेवाला)

Printed and bound in India by Replika Press Pvt. Ltd.

FSC
www.fsc.org
MIX
Paper from responsible sources
FSC® C016779

साइमन एंड शूस्टर इंडिया पुस्तक में प्रयुक्त कागज की सोर्सिंग के लिए प्रतिबद्ध है जो कि जंगलों में उगाई जाने वाली टिकाऊ लकड़ी से निर्मित है और International forest certification organisation की संस्था Forest Stewardship Council का समर्थन करता है। हमारी पुस्तकें FSC चिह्न सहित प्रमाणित कागज पर मुद्रित होती हैं।

मेरे दोस्त व मेंटोर
डॉ. शबीब रिज़वी
के नाम

विषय सूची

भूमिका

एस. हुसैन ज़ैदी भारत में सत्य अपराध कथा लेखन की दुनिया में छाए हुए हैं। उन्हें मुंबई अंडरवर्ल्ड पर अपने मौलिक लेखन के लिए जाना जाता है और उन्हें व्यावसायिक राजधानी के माफ़िया का जीता-जागता इंसाक्लोपीडिया कहते हैं। उनकी क़िताबें *डोंगरी टू दुबई, बायकला टू बैंकॉक, माई नेम इज़ अबू सलेम* आदि मुंबई अंडरवर्ल्ड पर संदर्भ पुस्तकें हैं और बॉलीवुड के लिए लगातार काम आती रही हैं। वे जासूसी और जासूसी थ्रिलर की विधा में भी दिलचस्पी रखते हैं। उनके द्वारा लिखी गई *मुंबई एवेंजर्स* पर लोकप्रिय हिंदी मूवी *फैंटम* बनाई गई। उन्होंने एक स्पाई थ्रिलर वेबसीरीज़ *लंडन कॉन्फिडेंशियल* का स्क्रीनप्ले भी लिखा है जिसे इन दिनों ज़ी 5 पर देखा जा सकता है। इसमें कोई आश्चर्य नहीं कि भारत की सीक्रेट सर्विस एजेंसीज़ में से एक का हिटमैन होने का दावा करने वाले कमांडो लक्ष्मण बिष्ट की कहानी ने उनका ध्यान अपनी ओर खींचा। यह क़िताब, *रॉ हिटमैन : एजेंट लीमा की असली कहानी,* उन विस्तृत इंटरव्यूज़ पर आधारित है जो लेखक ने उस व्यक्ति से लिए जो हिटमैन होने का दावा करता है।

एक बहुत ही सफ़ल लेखक होने के अलावा, मि. ज़ैदी लेखन के क्षेत्र में अनेक आकांक्षी लेखकों को प्रकाशन के लिए प्रोत्साहित करते हुए प्रचार भी करते आए हैं। उनमें से एक मैं भी हूँ। मैं उनसे 2013 में, *बायकला टू बैंकॉक* क़िताब के लॉन्च के समय मिला था, जहाँ मुझे मुख्य अतिथि के तौर पर बुलाया गया था, वहीं उनसे बातचीत करने का मौका मिला। चूंकि मैं उस क़िताब में दिए बहुत से पात्रों से मिल चुका था इसलिए मैं क़िताब की तथ्यों संबंधी भूलों की ओर इशारा करने में नहीं हिचका। मैंने अपनी ओर से दो टूक बात करते हुए शायद कोई कसर नहीं छोड़ी। मुझे लगा कि मैंने उन्हें अपनी बातों से खिझा दिया था पर यह उनकी महानता ही कही जाएगी कि वे अगले ही दिन, पेंगुइन बुक्स की एडीटर-इन-चीफ़ चिकी सरकार से मिले और उन्हें यकीन दिलाया कि एक पुलिस अधिकारी के तौर पर लंबे कैरियर के बाद मेरे पास सुनाने के लिए बहुत सारे किस्से थे। अगले ही दिन मेरी मेज़ पर चिकी सरकार की ओर से भेजा गया अनुबंध पड़ा था। मेरे नसीब में यह काम पहले से लिखा था और इस तरह मैं अपराध लेखन से जुड़ गया। *डायल डी फ़ॉर डॉन* और *ख़ाकी फ़ाइल्स,* पेंगुइन ने प्रकाशित किए, जो हमारे इसी संबंध का नतीजा हैं।

मुझे लगता है कि दूसरों को बढ़ावा देने की भावना के साथ ही, ख़ासतौर पर सरकारी एजेंसियों से जो कि अपराध और अपराधियों की व्यक्तिगत कहानियों की जानकारी रखते हैं; वे लक्ष्मण बिष्ट की कहानी की ओर आकर्षित हुए जो उन्हें हिटमैन होने का दावा करने वाले व्यक्ति ने स्वयं सुनाई।

कहानी वाकई बेहद दिलचस्प है। उत्तराखंड की पहाड़ियों से एक नौजवान को, सेंट्रल इंटेलीजेंस एजेंसियों में से एक द्वारा चुना गया, उसे भारत और इज़रायल में विशेष कमांडो प्रशिक्षण दिया गया और संघर्ष-रत उत्तरपूर्व के कई इलाकों में नियुक्ति के बाद, अति विशिष्ट अधिकारियों की निजी सुरक्षा का दायित्व सौंपा गया, जिनमें हमारे मौजूदा प्रधान मंत्री

भी शामिल थे। उसी समय के आसपास, एजेंट लीमा नामक एजेंट को उत्तराखंड में हथियारों का गैरकानूनी धंधा करने वाले स्थानीय व्यक्ति की हत्या के लिए भेजा गया। उसने अपना काम बखूबी अंजाम दिया परंतु पुलिस ने लक्ष्मण बिष्ट को पकड़ लिया और उसे इस मामले के आरोपी के तौर पर जेल में कई वर्ष बिताने पड़े। अंततः वह जेल से रिहा हुआ और अब वह अपनी कहानी दुनिया के सामने लाया है।

एक कैरियर पुलिसमैन के रूप में, मुझे इस कहानी में कई जगह आपत्ति है। पहली, किसी भी एजेंसी का कोई भी सक्षम ऑपरेटिव अपने ऑपरेशंस की बारीकियों की सार्वजनिक रूप से चर्चा नहीं कर सकता। दूसरे, यह यकीन करना भी उतना ही मुश्क़िल है कि विदेशी इंटेलीजेंस जमा करने वाली एजेंसी अपने हिटमैन को आदेश देगी कि वह उस ऑप्रेशन को पूरा करे जिसमें एक स्थानीय आर्म डीलर निशाने पर हो। अंत में, अगर हम लक्ष्मण बिष्ट की कहानी पर विश्वास कर भी लें, तो लोगों के बीच उसका खुलासा करना समझ नहीं आता।

बिष्ट की कहानी पर मेरे अविश्वास के बावजूद, मास्टर शिल्पकार हुसैन ज़ैदी ने इस कहानी को अपनी अतुलनीय शैली और जाने-पहचाने अंदाज़ में प्रस्तुत किया है। उनके प्रशंसक, जो कि लाखों की संख्या में हैं, उनके लिए इस क़िताब को पूरा पढ़े बिना बीच में छोड़ना बहुत मुश्किल होगा। यह कहानी धीरे-धीरे खुलते हुए, पाठक की दिलचस्पी बढ़ाती है और उसे ज़बरदस्त तरीके से जकड़ लेती है। फिर पाठक इसकी तेज़ गति के साथ बेदम हो उठता है। यह क़िताब सचमुच पाठक को इस तरह अपने साथ उलझाए रखती है कि इसे पूरा पढ़े बिना रहा नहीं जा सकता और यह भी तय है कि यह सिल्वर स्क्रीन पर सजेगी जिससे कमांडो लक्ष्मण बिष्ट का नाम प्रसिद्ध और अमर होगा, और लेखक के असंख्य प्रशंसक उनके एक और शाहक़ार का आनंद ले सकेंगे।

नीरज कुमार
(भूतपूर्व-दिल्ली पुलिस चीफ़)

प्रस्तावना

पिछली सीट पर बैठा आदमी

6 सितंबर 2011, नैनीताल, उत्तराखंड

आधी रात हुए आधा घंटा बीत चुका था और भवाली के जंगलों को पार करते हुए तेज़ी से आगे बढ़ती फोर्ड की छत पर बरसात की बूँदें बरस रही थीं। कार को राजेंद्र परगई उर्फ़ राजू परगई चला रहा था - उत्तराखंड का सबसे भयंकर अपराधी। परगई का स्पीड के लिए लगाव अपने शिखर पर था क्योंकि उस समय उसकी कार सत्तर कि.मी. प्रति घंटे की रफ़्तार से दौड़ रही थी। उन पहाडी सड़कों पर जितनी तेज़ी से गाड़ी चल सकती थी, फोर्ड उतनी तेज़ी से चल रही थी।

परगई के साथ बैठे अमित आर्य ने, काँच की बोतल से बीयर का घूंट भरते हुए गले से नीचे उतारा। आर्य परगई का साथी और उसके अपराधों में बराबर का हिस्सेदार था। तैंतीस साल की उम्र में ही परगई की फ़ाइल में दुःसाहस से भरे कारनामे दर्ज थे। हाल ही में, परगई, डंगवाल नामक युवक की ही एसयूवी कार के पहिए तले, उसकी खोपड़ी कुचल चुका था। उस पर हलद्वानी के योगेश सुनहरी के क़त्ल का भी आरोप था जो छह महीने पहले हुआ था।

आर्य ने बीयर की बोतल एक और आदमी के हाथ में पकड़ाई जो कार में पिछली सीट पर बैठा था। यह आदमी हाल ही में परगई और आर्य का दोस्त बना था (जैसा कि वे दोनों समझते थे)। पर परगई और आर्य को कोई अंदाज़ा नहीं था कि पिछली सीट पर बैठा इंसान न सिर्फ़ मौत का हरकारा बल्कि स्वयं जीती-जागती मौत था; प्रशिक्षित और अपने हुनर में माहिर हत्यारा।

कार कुछ और मील तक आगे चलती गई। पिछली सीट पर बैठे आदमी ने बोतल से आख़िरी घूंट भरा और उसे सड़क पर भनका दिया। ज्यों ही बोतल तारकोल की सड़क से टकराई तो उसका काँच टूट कर बिखर गया। उस आदमी ने अपना हल्का गीला हाथ परगई के कंधे पर रखा और सबसे छोटी उँगली दिखाते हुए इशारा किया कि वह हल्का होना चाहता था। आर्य दबी हँसी हँसा।

परगई ने सड़क के किनारे कार ले जाते हुए ब्रेक पर पैर रख दिया। वे लोग श्यामखेत नाम की जगह के आसपास रुके थे। उस आदमी ने कार का पिछला दरवाज़ा खोला और दूर खड़ी झाड़ियों की ओर चल दिया। ज्यों ही उसने ट्रैक पैंट नीचे की, उसने अपनी पिस्तौल को छू कर देखा जो पैंट के अंदर छिपी थी। हथियार पहले से कॉक्ड था। उसने पहले से कॉक्ड यानी गोली चलाने को तैयार हथियार पास रख कर अपने लिए भारी जोखिम मोल लिया था। वह आधी रात को उस जंगल के बीच हथियार को कॉक करने का ख़तरा मोल नहीं ले सकता था क्योंकि उसकी आवाज़ जंगल के सन्नाटे में गूंज सकती थी। फिर उसने आराम से पेशाब किया। दूर से लगातार झींगुरों की आवाज़ सुनाई दे रही थी।

“ओए”, आर्य कार से चिल्लाया। “क्या सारी रात मूतता ही रहेगा?”

परगई यह सुन कर ठठा कर हँसा। शायद यह आख़िरी बार थी, जब उसे हँसते देखा जा सकता था। उस आदमी ने कोई ज़वाब नहीं दिया और चलते हुए कार की ओर आ गया। परगई ने उसे आते देखा तो

उसने कार का इंजन चालू कर दिया। ज़ल्द ही, वह आदमी कार तक आ पहुँचा। पर उसने पिछली सीट का दरवाज़ा खोलने के बजाए, आगे वाली सीट की खिड़की के फ़िल्म चढ़े काँच को खटखटाया।

आर्य ने खिड़की नीचे की। "अब किस बात का इंतज़ार कर रहा है, बे?"

धाँय! उस आदमी ने अपनी 7.65 एमएम की पिस्तौल से एक गोली चलाई जो आर्य की खोपड़ी को भेदते हुए परगई की कनपटी से बाहर निकली। रात के उस गहरे सन्नाटे को तेज़ शोर ने चीर दिया। ख़त्म। दोनों अपराधी मौत की नींद सो चुके थे। शूटर को आर्य का गरम खून अपने चेहरे पर महसूस हुआ और उसने अपनी शर्ट की बाजू से उसे पोंछ दिया। कार के विंडस्क्रीन पर खून ही खून दिख रहा था।

शूटर ने परगई और आर्य की लाशों को जांचा कि कहीं कोई ज़िंदा तो नहीं बचा था। उनकी नब्ज़ गुम थी और साँस भी नहीं चल रही थी।

दूर से एक हैडलाइट दिखाई दी। वह कोई बाइक वाला था जो उस इलाके से निकल रहा था। बाइक वाले ने हेल्मेट पहना हुआ था और वह उनके पास से निकलते हुए उसी ओर झाँका। और तभी, शायद बाइक वाले को एहसास हो गया कि उस जगह क्या हुआ था। उसने अपनी बाइक कुछ मीटर आगे जा कर रोकी। उसने अपनी गर्दन मोड़ी तो देखा कि शूटर ने अपनी गन उसकी दिशा में उठा रखी थी। शूटर ने बाइक वाले को अपनी गन दिखा कर इशारा किया कि वह जितनी ज़ल्दी हो सके, उस जगह से रफूचक्कर हो जाए। बाइक वाले को अपनी जान प्यारी थी, उसने झट से अपनी बाइक की स्पीड बढ़ाई और ऐसे गायब हुआ जैसे उसने कोई भूत देख लिया हो।

गोली चलाने वाले ने अपना मोबाइल निकाल कर उसकी फ़्लैश लाइट जलाई। फिर वह उस रोशनी में, ज़मीन पर कुछ खोजने लगा। कुछ

ही सैकेंड बाद, उसे वह मिल गया, जिसकी उसे तलाश थी; वह बुलेट की केसिंग थी जो गोली चलने के बाद पिस्तौल से निकली थी। केसिंग अपराध स्थल पर ऐसी जगह पड़ी थी, जहाँ से पुलिसवाले आसानी से उसे खोज सकते थे। हैरानी की बात यह थी कि वह रहस्यमयी आदमी भी यही चाहता था। उसने उस केसिंग को कहीं और छिपाने की कोई कोशिश नहीं की।

फिर शूटर ने कार की पिछली सीट पर रखा, नोटों से भरा बैग उठाया और उसे उस जगह से चार सौ मीटर की दूरी पर ले गया। उसने उस बैग को झाड़ियों में उछाल दिया और उम्मीद की कि शायद उस इलाके की छानबीन के दौरान वह पुलिसवालों के हाथ लग सके। अगर वह उस बैग को कार में ही छोड़ता तो शायद यह भी हो सकता था कि वारदात की जगह सबसे पहले आने वाला कोई गवाह नोटों से भरा बैग अपने पास ही रख लेता और अगर वह बैग पुलिसवालों के हाथ लगता तो यह साफ़ हो जाता कि वे दोनों क़त्ल सुपारी किलिंग नहीं थे यानी उन दो लोगों को पैसों के लिए नहीं मारा गया था।

फिर शूटर ने अपनी घड़ी देखी, वह अपनी योजना के बाक़ी आधे हिस्से के पूरा होने के इंतज़ार में था। तभी उस ओर दो कारें आती दिखीं। उनमें से ऑल्टो और दूसरी एक स्कॉर्पियो कार थी। दोनों कारों से चार लोग उतरे। उनके हाथों में तलवारें, कुल्हाड़ियाँ और गुप्तियाँ (गुप्ती एक पारंपरिक हथियार है जो दिखने में छड़ी की तरह लगता है, इसे छिपा कर केस में रख सकते हैं) थीं। अंधेरा और भी मनहूस लगने लगा था। लगातार होने वाली बारिश से शूटर के चेहरे और हाथों पर लगा खून धुल चुका था। चारों आदमी शूटर को घूर रहे थे। वे उसी के साथी थे।

“क्या तुम कम़अक्ल इस इंतज़ार में हो कि पुलिस तुम्हारी बारात में मेहमान बन कर आ जाए?” शूटर उन लोगों पर चिल्लाया। उसने फोर्ड की ओर देखा, “इनमें अब भी थोड़ी सी जान बची है, मार दो इन्हें!”

वे आदमी कार की ओर दौड़े और अपनी पूरी ताकत से लाशों पर टूट पड़े। शूटर कुछ दूरी पर खड़ा तेजधार हथियारों से इंसानी माँस कटने की आवाज़ें सुनता रहा। ऐसा एक या दो मिनट तक जारी रहा। वे चारों हाँफते हुए वापिस आए।

"अब इनका कीमा बन गया।" चारों में से एक आदमी बोला।

शूटर कार की ओर वापिस चल दिया। वे चारों भी उसके पीछे आ रहे थे। अब शूटर ने उन हत्यारों की फिर से जांच करने का दिखावा किया जिन्हें वे कुछ पल पहले ही बुरी तरह से कुचल चुके थे।

"निकम्मे हरामी कहीं के।" वह आदमी फिर से अपने लोगों पर चिल्लाया। "तुम तलवार तक तो सही तरह से नहीं पकड़ सकते। मुझसे पैसे किस बात के ले रहे हो?"

वे चारों आदमी चकरा गए। "क्यों?" उनमें से एक बोला। "क्या हुआ?"

"ये दोनों तो अब भी ज़िंदा हैं।" शूटर बोला। "अपना काम सही तरह से करो।"

शूटर ने उन्हें हुक्म दिया कि वे वहीं पड़े भारी पत्थर उठा कर, उन दोनों शिकारों की खोपड़ियाँ कुचल दें। उन लोगों ने यही किया। उन्होंने भारी-भरकम पत्थरों को अपने कंधों से ऊँचा उठाते हुए मृतकों के शरीर पर पूरे ज़ोर से पटका। कुछ कड़कने की आवाज़ें सुनाई दीं।

अब शूटर के चेहरे पर मुस्कान आई। उसके काम का अहम हिस्सा पूरा हो गया था। उस रात उत्तराखंड राज्य को दो दुष्ट अपराधियों से छुटकारा मिल गया था। बस उन्हें मारने में एक गोली का इस्तेमाल हुआ। पर बहुत से लोग नहीं जानते थे कि उस एक गोली को चलाने के लिए कितने समय तक महीने-दर-महीने एक योजना पर काम किया गया था।

शूटर ने अपने आदमियों को कार में बैठने को कहा और वह घटना स्थल पर एक-दो पल तक रुका रहा। उसने आसपास देखा। पेड़ों से छन कर हवा आ रही थी। उसने सधे हाथों से, अपनी कमर से अपने हथियार का हॉलस्टर निकाला और फोर्ड के पास ही गिरा दिया जिसमें दो अपराधी मरे पड़े थे।

फिर वह स्कॉर्पियो पर सवार हो गया। वे कारें मुड़ीं और तेज़ी से धुएँ और धूल का गुबार उड़ाती निकल गईं। वे लोग लगभग पैंतीस कि. मी. तक आगे जा चुके थे, तभी शूटर ने उन्हें एक ख़ास जगह रुकने को कहा। उसने अपने साथियों से हाथ मिलाए और उनसे विदा ली। उसने उन्हें सलाह दी, "अंडरग्राउंड हो जाओ।"

फिर शूटर लगातार चलता गया और फिर उनकी नज़रों से ओझल हो कर जंगल में उतर गया। वह पैदल ही अपने ठिकाने पर पहुँचा और अपनी पिस्तौल का एक-एक पुर्जा अलग किया। उसने पिस्तौल के हर हिस्से को कुकर में डाल कर स्टोव पर चढ़ा दिया। कुकर की भाप में हथियार पूरी तरह से साफ़ हो गया। भाप से ही हथियार के अंदर क्रोमाइट के धब्बे भी छूटने लगे जो गोली चलाने के बाद आ गए थे। फिर उसने ओएक्स-52 नामक तेल की मदद से, पिस्तौल के हर हिस्से को साफ़ किया। उसने हथियार को पूरी तरह से जोड़ने के बाद अपने हाथ आँच पर फिराए। उसने जो तेल इस्तेमाल किया था, वह उसके हाथों से टपकने लगा। अब उसके हाथ भी साफ़ हो चुके थे।

घड़ी ने तीन बजाए और वह अपनी अगली योजना पर विचार करने लगा। उसने जिन दो लोगों की हत्या की थी, वे राज्य के सबसे भयंकर अपराधियों में से थे। यदि यह प्रतिशोध था तो इसे निर्मम ही होना था। उसे बच कर निकलना था, और शायद रात के अंधेरे में हमेशा के लिए गायब हो जाना था।

1

गिरफ़्तार

6 सितंबर, 2011, सुबह आठ बजे

तेईस वर्षीय लक्ष्मण बिष्ट उर्फ़ लकी बिष्ट, दुर्जेय नेशनल सिक्योरिटी गार्ड्स ऑफ़ इंडिया का एक कमांडो था। एक दिन, वह सुबह के समय हलद्वानी स्थित अपने पुश्तैनी घर में सो रहा था। लकी देश के एक प्रमुख राजनेता श्री एल.के.अडवाणी के निजी सुरक्षा अधिकारी के रूप में तैनात था और ड्यूटी से छुट्टी ले कर, नौ दिन पहले ही दिल्ली से अपने घर आया था। लकी को कुछ दिन पहले ख़बर मिली थी कि उसकी माँ को बार-बार तेज़ बुखार हो रहा था जो किसी भी दवा से ठीक नहीं हो पा रहा था। यह जान कर नौजवान कमांडो अपनी माँ की देखभाल करने के लिए छुट्टी पर घर लौटा था।

लकी का घर डिफेंस कॉलोनी, हलद्वानी, उत्तराखंड में था, जहाँ अन्य डिफेंस अधिकारी अपने परिवारों के साथ रहते थे। उसके पिता सेना में थे और दादा 1971 के भारत-पाकिस्तान युद्ध में शहीद हुए, जिसके बाद बांग्लादेश का जन्म हुआ।

सुबह आठ बजे के क़रीब, दरवाज़े पर तेज़ खटखटाहट से लकी की नींद टूटी। जब लकी के पिता ने दरवाज़ा खोला तो वे अपने दरवाज़े पर इतने सारे पुलिसवालों को देख कर हैरान रह गए। आठ पुलिस वाहनों ने उनके पूरे घर को घेर लिया था। हलद्वानी एक छोटा सा कस्बा था जहाँ तक़रीबन हर कोई, हर किसी को जानता है। लकी के पिता ने उन पुलिसवालों में शामिल - विजय चौधरी, प्रमोद शाह और सीनियर सुपरिटेन्डेंट ऑफ़ पुलिस के.एस. चौहान को पहचान लिया।

लकी अपने पिता के टहोका देने पर नींद से जागा। वह उनींदी आँखों से पुलिस अधिकारियों के सामने आया। उसकी माँ, बहनें और दादी चेहरे पर चिंता लिए घर की दीवार से सटी खड़ी थीं।

"तुम्हारे निजी हथियार और असला कहाँ हैं?" एसएसपी चौहान ने पूछा। इस सवाल से ही पता चलता था कि एसएसपी को अच्छी तरह पता था कि लकी डिफेंस एजेंसी में किसी ऊँचे पद पर था और उसे किस तरह के हथियार अपने पास रखने की अनुमति थी।

एसएसपी अपनी खोजबीन अच्छी तरह करके आए थे। एक कमांडो होने के नाते, लकी के पास दो निजी हथियार थे - एक 7.6 एमएम की पिस्तौल और एक शॉटगन - दोनों के लिए पूरे भारत में इस्तेमाल होने वाला लाइसेंस जारी किया गया था। इन दो हथियारों के अलावा लकी के पास एक ग्लॉक पिस्टल भी थी जो उसे सरकार ने स्टैंडर्ड उपकरण के तौर पर दी थी। लकी ने दिल्ली में ड्यूटी से आने से पहले, अपनी ग्लॉक पिस्टल जमा करवा दी थी। हालांकि उसके लाईसेंसशुदा हथियार उसके पास यहीं घर पर थे।

लकी ने अपने प्रशिक्षण के दौरान हर तरह के हथियार चलाने में महारत हासिल की थी। उसके उल्लेखनीय कौशलों में दोनों हाथों से फ़ायरिंग करना भी शामिल था। वह ट्रिगर खींचे बिना ही कार्बन मशीन गन चला सकता था। वह एके-47 को आमतौर पर चलाने वाले तरीके

से हैंडल कॉकिंग करने के बजाए केवल बैरल की मदद से भी एके-47 कॉक कर सकता था।

"हथियार कहाँ हैं?" एसएसपी ने पूछा।

लकी अभी अलमारी की ओर कुछ ही कदम गया था कि पुलिसवालों ने वहीं रोक दिया। ज़ाहिर था, वे नहीं चाहते थे कि लकी अपनी गन के पास जाए। एसएसपी ने कॉन्स्टेबल से कहा कि वह अलमारी खोल कर हथियार निकाले।

"क्या आपके पास सर्च वारंट है?" लकी ने पूछा।

"नहीं।" एसएसपी बोले। "पर अगर तुमने बात नहीं मानी तो पिछवाड़े में ऐसा डंडा डालूँगा कि उसके साथ ही वारंट बाहर आ जाएगा।"

लकी के घर में पुलिसवालों के आने की ख़बर जंगल की आग की तरह चारों ओर फैल गई। उस इलाके में रहने वाले लोग लकी के घर के आसपास जमा हो चुके थे ताकि पता चल सके कि माजरा क्या था। मीडिया भी आ पहुँचा और वे लोग घर में घुसने की कोशिश में थे पर पुलिसवाले उन्हें बल-प्रयोग के साथ गरियाते हुए रोक रहे थे। एएसपी के कहने पर, कॉन्स्टेबल ने अलमारी से एक राउंड गोलियों के साथ पिस्तौल निकाली। एसएपी हथियारों को देख कर मुस्कुराए। उन्होंने लकी की पीठ थपथपाई।

"चल।" वे बोले। "हमारे साथ चल।"

"क्यों?" लकी बोला

"कुछ ख़ास नहीं।" चौहान ने कंधे झटके। "रूटीन पूछताछ करनी है।"

"मुझे एक फ़ोन कॉल करना है।"

लकी जानता था कि यह रूटीन पूछताछ से कुछ ज़्यादा ही था। ज्यों ही उसने कॉल करने के बारे में पूछा, पुलिसवालों ने लकी के कब्ज़े में

रखे दोनों फ़ोन ज़ब्त कर लिए। फिर वे उसे अपने साथ थाने ले जाने के लिए कहने लगे। वे लोग लकी के परिवारवालों के साथ पूरी तमीज़ से पेश आ रहे थे और अगर लकी चाहता था कि उनका बर्ताव वैसा ही रहे तो उसके पास थाने चलने के सिवा कोई चारा नहीं था। उसकी माँ रोने लगी। लकी ने जो सफ़ेद शर्ट और नीली जींस पहनी हुई थी, उसने उसे बदलने की भी कोशिश नहीं की, उसने अपने पैरों में हवाई चप्पल पहनी और दरवाज़े की ओर चल दिया।

"मैं कुछ घंटों में वापिस आ जाऊँगा।" उसने माँ को दिलासा दिया।

उसे बाहर ले जाया गया, बाहर देख कर ऐसा लगा मानो पूरा हलद्वानी ही जमा हो गया हो। मीडिया वाले उसकी ओर भागे पर पुलिसवालों ने उसे झट से बोलेरो में बैठा दिया जो वहीं इंतज़ार कर रही थी। बोलेरो के आगे वाले हिस्से में तीन पुलिसवाले बैठे थे। प्रमोद शाह आगे वाली पैसेंजर सीट पर थे। बीच वाले हिस्से में लकी दो हथियारबंद पुलिसवालों से घिरा बैठा था, वे हालात की मांग के हिसाब से गोली चलाने को पूरी तरह से तैयार थे। कार स्थानीय पुलिस स्टेशन की ओर चल दी।

उनके सफ़र के कुछ ही मिनट बाद प्रमोद शाह ने मुड़ कर पूछा, "तुम कल रात कहाँ थे?"

"आप मुझसे यह क्यों पूछ रहे हैं?"

शाह ने खीसें निपोरीं, "ज़ल्दी पता चल जाएगा।"

ज्यों ही बोलेरो पुलिस स्टेशन पहुँची। लकी को कार से बाहर निकाला गया। दो पुलिसवाले अब भी उसके दोनों ओर पहरे पर थे। एसएसपी चौहान पहले ही पुलिस स्टेशन आ चुके थे और उनके साथ ही मीडिया वालों का जुलूस भी आ पहुँचा जो लकी के आने के इंतज़ार में था। जब चौहान को पता चला कि उनके आदमियों ने अब तक लकी को हथकड़ी नहीं पहनाई थी तो वे गुस्से से भन्ना गए।

"बेवकूफ़ कहीं के।" वे अपने आदमियों पर गरजे। "तुम सबको सस्पेंड करवा दूँगा!"

अगले ही पल, पुलिसवालों ने लकी से जबरन हाथ पीछे करवाए और उन्हें हथकड़ियों में जकड़ दिया।

स्टेशन पर पुलिसवालों के बीच लकी के दो नज़दीकी दोस्त वीरेंद्र चौहान और जीतू आर्य भी शामिल थे। अपर पुलिस अधीक्षक पी. रेणुका, आईपीएस भी मौजूद थीं। लकी को वे अच्छी तरह याद थीं क्योंकि वह छह महीने पहले उत्तराखंड पुलिस के लिए विस्फोटक का सुराग खोजने का प्रशिक्षण करवा चुका था जिनमें रेणुका अन्य दो सौ अधिकारियों के साथ शामिल थीं।

हथकड़ियों में जकड़े लकी को एक बड़े से कांफ्रेंस रूम में ले जाया गया। कमरे के बीचों-बीच एक बड़ी सी गोल मेज़ रखी थी जिसके आसपास बहुत सारी कुर्सियाँ थीं। उन कुर्सियों पर बहुत सारे वरिष्ठ अधिकारी बैठे थे। लकी को एक बेंच पर बिठाया गया। वह हथकड़ियाँ लगाए जाने पर गुस्से से उबल रहा था। पुलिसवालों ने अब तक यह भी नहीं बताया था कि वे उसे थाने क्यों लाए थे। न ही उन्होंने लकी को औपचारिक तौर पर गिरफ़्तार किया था। लकी ने गहरी साँसें भरते हुए अपने गुस्से को शांत करना चाहा।

पर इसके बाद एसएसपी जो सवाल पूछने वाले थे, उसके लिए कोई भी चीज़ उसे तैयार नहीं कर सकती थी।

"लक्ष्मण सिंह बिष्ट", एसएसपी चौहान बोले। "आओ, थोड़ी बातचीत करें।"

"किस बारे में?" लकी ने पूछा। "मौसम का हाल जानना है?"

"नहीं", एसएसपी चौहान थोड़ा रुक कर बोले। "हमें बताओ कि तुमने राजू परगई और अमित आर्य को क्यों मारा?"

लकी को इस सवाल को अपने दिमाग में दोहराने में एक पल का समय लगा। क्या उसने सही सुना था? हाँ, उसने सही सुना था। हालात की गंभीरता गाल पर तमाचे की तरह पड़ी। वह तो माँ को वादा करके आया था कि कुछ ही घंटों में घर वापिस पहुँच जाएगा। पर अगर उस पर डबल मर्डर का इल्ज़ाम लगाया जा रहा था तो वह लंबे अरसे तक यहीं फँसने वाला था। वह बेसुध सा हो गया और ऐसा लगा मानो पैरों तले ज़मीन खिसक गई हो। इतना ही काफ़ी नहीं था कि उस पर डबल मर्डर का आरोप लगाया जा रहा था, बल्कि वे दोनों उत्तराखंड के सबसे भयंकर अपराधी थे और राज्य के कुछ ताकतवर नेताओं के गंदे चीथड़े धोने का काम करने की वजह से उनके प्यारे भी थे। अब लकी को अपनी जान की चिंता सताने लगी।

2
आँखमिचौली

कांफ़्रेंस रूम में सबकी निगाहें लकी की ओर थीं जहाँ उससे पूछताछ की जा रही थी। उसकी गर्दन से पसीने की बूँदें टपक रही थीं। उसे लगा कि कमरे की दीवारें उसे लीलने के लिए आगे आ रही थीं। लकी ने इंडियन आर्मी में अपनी औपचारिक भूमिका से जुड़े सवालों के लिए कोई साफ़ ज़वाब नहीं दिए। वह इस बात का सुराग नहीं देना चाहता था कि वह *एजेंसी* के लिए काम कर रहा था।

"तुमने परगई और आर्य को क्यों मारा?" एसएसपी चौहान ने पूछा।

"मैंने उन्हें नहीं मारा।"

"तुम परगई को जानते थे। है न?"

"क्या ये भी कोई गुनाह है, हुँह! वह नामचीन गैंगस्टर था।" लकी बोला। "उसे सारा उत्तराखंड जानता है पर अगर कुछ लोग अपने काम को गंभीरता से लेते तो वह कभी इतना मशहूर न होता।"

लकी की दो -टूक बातों ने एसएसपी चौहान के अहं को ठेस पहुँचाई। दूसरे अधिकारियों को यह देख कर हैरानी हो रही थी कि एक कैदी इतने

बड़े सीनियर अधिकारी से इस लहज़े में बात करने की हिम्मत रखता था। लकी कह रहा था कि पुलिसवालों की नाक के ठीक नीचे परगई ने राज्य के ताकतवर नेताओं से अपने संपर्क स्थापित किए।

"हमारे पास तुम्हारा मुँह खुलवाने के और भी कई तरीके हैं।" एसएसपी चौहान ने कहा।

"तो सबसे बेहतर तरीका आज़मा लीजिए।"

"तुम्हें क्या लगता है कि हम चू@#$ हैं?" एसएसपी चौहान ने गुस्से में कहा। "तुमने अपने हथियार से गोली चलाई। फिर तुमने उसे साफ़ किया। तुम्हें क्या लगता है कि हमें उसका पता नहीं चलेगा?"

एसएसपी ने लकी के पास मिली पिस्तौल लाने का हुक्म दिया। एक सब-इंस्पेक्टर ने झट से हुक्म पूरा किया। फिर एसएसपी ने इंस्पेक्टर से कहा कि वह पिस्तौल में तीन राउंड गोलियाँ डाले। सब-इंस्पेक्टर ने हाथों में दस्ताने पहने और पिस्तौल के हैंडल पर रूमाल लपेट दिया ताकि हथियार पर उसकी उँगलियों के निशान न आने पाएँ। पिस्तौल में तीन राउंड लोड किए गए।

फिर एसएसपी के अगले आदेश पर, सब-इंस्पेक्टर कमरे से निकल कर बाहर बाग की ओर लपका। कुछ ही मिनट बाद, लकी ने तीन गोलियों के चलने की आवाज़ सुनी जो सब-इंस्पेक्टर ने चलाई थीं। लकी को हर गोली के साथ ऐसा लगा मानो पुलिसवाला उसके ताबूत में कील ठोंक रहा था। लकी की बैरल से अब भी ताज़े बारूद की गंध आ रही थी।

क्राइम सीन से मिला हॉलस्टर लकी के सामने लाया गया। उसे एक सील पैक में रखा गया था। जो राउंड सब-इंस्पेक्टर ने चलाए थे, उन्हें दूसरे प्लास्टिक पाउच में रखा गया था। सब-इंस्पेक्टर ने एसएसपी से कहा कि उस हॉलस्टर में पिस्तौल पूरी तरह से फ़िट आ रही थी।

एसएसपी और सादे कपड़ों में खड़े फोरेंसिक वैज्ञानिक ने पैकेज पर साइन किए। यह सब लकी को धमकाने के लिए किया गया था ताकि वह अपना जुर्म कुबूल कर ले। हालांकि लकी को फ़िक्र हो रही थी पर उसने चेहरे पर ऐसा कोई भाव नहीं आने दिया जिससे पुलिसवालों को उसके डर का पता चल सके।

"तो तुम हमारा बेस्ट शॉट चाहते हो?" एसएसपी चौहान ने कहा।

लकी ने हामी भरी।

"देखते हैं कि तुम सह सकते हो या नहीं?"

एसएसपी ने अपने जूनियर अधिकारियों से बात की और उन्हें लकी को अलग जगह ले जाने का हुक्म दिया। दो सब-इंस्पेक्टर लकी को कांफ़्रेंस रूम से बाहर ले गए और उसे गेट की ओर ले जाने लगे, उस जगह पुलिस का वाहन उनके इंतज़ार में था।

लकी को पैसेंजर सीट पर बिठाया गया। दो सब-इंस्पेक्टरों ने उसे घेर लिया। दूसरे पुलिस वाहन उनके पीछे आने लगे और वे सब किसी अनजानी जगह जा रहे थे। लकी ने सुबह से एक कौर तक नहीं खाया था। हालांकि उसे सफ़र के दौरान दिन में कई बार खाना और पानी दिया गया पर उसने मना कर दिया। उसे डर था कि कहीं पुलिसवाले खाने-पीने में कुछ मिला कर, उससे झूठा बयान न दिलवा लें। वैसे भी, वह अब तक अपने परिवार के सदस्यों या एजेंसी से कोई संपर्क नहीं कर पाया था।

जब लकी को अनजान जगह ले जाया जा रहा था तो इधर उसके पिता अपने बेटे के बारे में कुछ जानकारी पाने के लिए जगह-जगह धक्के खा रहे थे। पुलिस स्टेशन के क़ोतवाल ने उन्हें बताया कि लकी को रूटीन पूछताछ के लिए कस्टडी में लिया गया था और वह अगली सुबह तक वापिस आ जाएगा। उसके पिता को समझ नहीं आ रहा था कि वे

क्या करें। वे अपनी ओर से सारे ताल्लुक़ात आज़मा चुके थे पर कहीं से मदद नहीं मिल रही थी।

इस दौरान, पुलिस के वाहन लगभग चालीस कि.मी. के सफ़र के बाद, भवाली के पास फाइव स्टार होटल के बाहर रुके। लकी चिंता में था कि वे लोग उसे इतने बड़े होटल में ले जा रहे थे। लकी ने सोचा, बेशक़ उन्होंने उसके लिए कोई सुइट तो बुक नहीं किया होगा। *वे लोग आख़िर चाहते क्या थे?*

पाँच बजे के आसपास लकी को सबसे ऊपर वाले कमरे में ले जाया गया। उत्तराखंड स्पेशल ऑपरेशंस ग्रुप यानी एसओजी के इंचार्ज लैपटॉप को देखते हुए कीबोर्ड पर टैप कर रहे थे। एसओजी पुलिसवालों की क्रेक टीम होती है जो पूरे राज्य में अपने ऑपरेशंस करती है और जरूरत पड़ने पर अपराधियों का एनकाउंटर भी करती है।

चौधरी का व्यक्तित्व देखने लायक था। वह आदमी रणदीप हुड्डा जैसा दिखता था, क्लीन शेव और लंबा-चौड़ा क़द। उनके पास तीन पिस्तौलें थीं जिनमें से एक का ही लाइसेंस था। ए.सी. की तेज़ हवा से लकी के शरीर में सिरहन होने लगी। चौधरी ने लैपटॉप का ढक्कन बंद किया और अपनी हिमशीतल नज़रों से लकी को देखा।

"तुमने पिछली रात, ग्यारह बजे किसी को कॉल किया था?" उन्होंने पूछा।

"कौन था वह आदमी?"

"एक दोस्त था।" लकी बोला। "उससे अक्सर बात होती है।"

"क्यों?"

"बस ऐसे ही दुआ-सलाम करने के लिए।"

"फिर उसे सुबह चार बजे कॉल क्यों किया?"

"बस वही दुआ-सलाम करना था।" लकी उसी लहज़े में बोला।

चौधरी लकी की ढिठाई पर मुस्कुराए। उन्होंने कमरे में टी.वी. चला दिया और एक-एक कर चैनल बदलने लगे। मीडिया का फील्ड डे था, इधर-उधर की बातों और अफ़वाहों के मेल से ब्रेकिंग न्यूज़ बनाए जा रहे थे। एक न्यूज़ एंकर ने इस बात पर ज़ोर दिया कि दोहरे हत्याकांड के पीछे लक्ष्मण बिष्ट नामक व्यक्ति का ही हाथ था। एक और एंकर ने दावा किया कि लकी मायावती का निजी सुरक्षा अधिकारी था। कुछ रिपोर्टर कह रहे थे कि वह गुजरात के मुख्य मंत्री नरेंद्र मोदी जी का सुरक्षा अधिकारी था। हालांकि लकी को यह ख़बर सुन कर बेचैनी हुई कि उसे एक संगठित अपराधी संगठन से जुड़ा हुआ बताया जा रहा था।

चौधरी ने लकी को खाने और पानी के लिए पूछा, जिसके लिए लकी ने इंकार कर दिया। हालांकि जब लकी ने बाथरूम जाने की बात की तो चौधरी ने कहा कि वह इसी शर्त पर जाने देगा कि लकी अंदर से दरवाज़ा बंद नहीं करेगा और उसका एक अधिकारी बाहर पहरे पर रहेगा। चौधरी का डर जायज़ भी था, वह लकी को निजी तौर पर जानता था।

पर देर रात, चौधरी और उसके चार आदमियों ने हथकड़ियों में जकड़े लकी को एक गुमनाम से पुलिस वाहन में डाल दिया। इस बार चौधरी ने लकी के चेहरे पर काला मास्क भी पहना दिया था। लकी को लगा कि वह उन कैदियों में से था जिसे फांसी पर लटकाने के लिए ले जा रहे थे।

जब पुलिस की गाड़ी चली तो लकी कुछ नहीं देख सका। जल्द ही गाड़ी ने गति पकड़ ली। लकी ने मन ही मन रास्तों का अंदाज़ा लगाने की कोशिश की कि क्या चौधरी उसे जंगलों की ओर ले जा रहा था जहाँ पहले एसओजी कुख्यात अपराधियों का एंकाउंटर करती रही थी। उसका दिल तेज़ी से धड़क रहा था। रात के एक बज कर तीस मिनट थे और

सात सितंबर हो चुकी थी। लकी सोच रहा था कि क्या हर साल इसी दिन उसकी बरसी मनाई जाएगी?

जब गाड़ी रुकी, तो चौधरी के आदमियों ने लकी को बाहर खींच लिया। जंगल किसी मरे हुए आदमी की क़ब्र की तरह सुनसान था। एक पक्षी तक पंख नहीं मार रहा था। एक आदमी ने लकी के चेहरे का काला मास्क हटा दिया। लकी ने खुद को चौधरी की पिस्तौल के निशाने पर पाया!!

"वह एक कमाल का शॉट था।" चौधरी उससे कुछ ही दूरी पर शूटिंग के लिए तैयार था। वह उस सिंगल शॉट की बात कर रहा था जिससे राजू परगई और अमित आर्य की मौत हुई। कोई प्रशिक्षित आदमी ही वैसी गोली चला सकता था।

"मैंने वह कमाल का शॉट नहीं चलाया।" लकी बोला।

चौधरी ने अपने हथियार को क्रॉक किया। "मेरे सब्र का इम्तहान मत ले।" वह बोला। "जल्दी बता। तूने परगई और आर्य को क्यों मारा?"

लकी को डराने के लिए चौधरी ने अपने हथियार को दूसरी बार क्रॉक किया। पर यहीं उससे ग़लती हो गई। अब लकी मुस्कुरा रहा था, लकी पहचान गया था कि उसे झांसा दिया जा रहा था। अगर चौधरी की पिस्तौल असलियत में लोडिड होती तो पहली बार क्रॉक करने से ही चैंबर में एक राउंड मूव हो गया होता और अगर वह मूव हुआ होता तो जब चौधरी ने दूसरी बार पिस्तौल को क्रॉक किया था तो उसे ज़मीन पर गिरना चाहिए था क्योंकि चैंबर में पहली की जगह दूसरी गोली आ गई थी। हालांकि पिस्तौल से कोई राउंड नहीं निकला जिसका मतलब था कि वह लोडिड नहीं थी!

लकी ने आँखें नचाते हुए चौधरी को इस तरह पास बुलाया मानो उसे राज़ की बात बताना चाहता हो। चौधरी ने दाँत निपोरे और उसे लगा

कि लकी उसके आगे अपना गुनाह कुबूल करना चाहता था। वह उसके पास खिसक आया। लकी चौधरी के कंधे पर झुका और पुलिसवाले के कान में सवाल दागा,

"क्या तू इतना ही बहादुर है कि हथकड़ियों में जकड़े आदमी को गोली से मारेगा?" वह बोला। "क्या कभी असल में जंग के मैदान में असल एंकाउंटर किया है?"

चौधरी के चेहरे पर उलझन दिखाई दी।

"मेरा स्कोर 139 है।" लकी बोला। "सब असली। कोई हथकड़ियाँ नहीं। तो अगर तेरे तमाशे ख़त्म हो गए हों, तो वापिस चलें?"

चौधरी जान गया कि लकी ने उसका झूठा खेल समझ लिया था। वह अपने आदमियों के आगे और शर्मिंदा नहीं होना चाहता था इसलिए एसओजी टीम ने लकी को फिर से गाड़ी में डाला और भवाली पुलिस स्टेशन ले जा कर लॉकअप में बंद कर दिया। अब लकी को पुलिसवालों की अगली चाल का इंतज़ार था, उसने भी अपनी अगली चाल के बारे में सोचना चालू कर दिया था।

3
हलद्वानी से तेल अवीव

लक्ष्मण बिष्ट उर्फ़ लकी का जन्म 1985 में, गाँव बून्गली, पिथौरागढ़, उत्तराखंड में हुआ। यह गाँव ज़माने की दौड़ में इतना पीछे है कि आज भी पक्की सड़कें बनने का इंतज़ार कर रहा है। इन इलाकों के नौजवानों में देश के सशस्त्र बलों की सेवा के लिए सहज झुकाव पाया जाता है। गाँव के परिवार, अपने बच्चों को इस महान देश की सीमाओं की सुरक्षा के लिए भेजने में गर्व महसूस करते हैं।

लकी का परिवार भी कोई अलग नहीं था। उसके पिता रक्षा मंत्रालय में काम कर चुके थे। उसके दादा भारतीय सेना में सूबेदार थे और उन्होंने 1971 पाकिस्तान के ख़िलाफ़ लड़े गए युद्ध में शहादत देते हुए देश की जीत के लिए अपना योगदान दिया। लकी के पिता ने अपने मन में ठाना हुआ था कि उनका बेटा भी सशस्त्र बलों की सेवा करेगा इसलिए उन्होंने उसे छोटी उम्र से ही इस काम के लिए तैयार किया। लकी और उसकी दो बहनों का नाम स्कूल में लिखवाया गया और उसके पिता ने तीनों बच्चों की शिक्षा से जुड़ी ज़रूरतों पर एक समान रूप से ध्यान दिया।

लकी पाँचवीं कक्षा तक एक स्थानीय स्कूल में पढ़ा और फिर उसे जयपुर में उसकी आंटी के घर भेज दिया गया ताकि आगे की पढ़ाई शहर के स्कूल में हो सके। लकी ने दसवीं की परीक्षा दी तो उसके पिता ने एक फ़ार्म भेजा ताकि वह एक एजेंसी की प्रवेश परीक्षा दे सके जो रक्षा मंत्रालय के ही अधीन आती थी।

12 दिसंबर 2003, लकी को मंत्रालय से कॉल लैटर आया कि उसे टेस्ट के शुरूआती राउंड के लिए दीमापुर, नागालैंड रिपोर्ट करना होगा। उसके पिता ने उसे तीन हज़ार देने का वादा किया ताकि रास्ते का ख़र्च निकल सके। लकी ने झट से उत्तर-पूर्वी राज्य नागालैंड जाने की हामी भर दी। उसने इस इलाके की खूबसूरती के बारे में बहुत कुछ सुना था और वह खुद उसे देखना चाहता था। उसने अपना सामान बाँधा और तयशुदा तारीख़ को दीमापुर पहुँचने के लिए गाड़ी पर सवार हो गया।

देश के अलग-अलग हिस्सों से बहुत से नौजवान टेस्ट देने आए हुए थे। हालांकि टेस्ट इतना कड़ा था कि उनका सारा जोश हवा होने लगा। जगह और सुख-सुविधा की कमी ने रही-सही कसर भी पूरी कर दी। टेस्टिंग सेंटर के आसपास बहुत सारी दुकानें थीं जो ख़स्ताहाल हो चुकी थीं। उन लोगों के पास रात को उन दुकानों में सोने के सिवा कोई चारा नहीं था।

टेस्ट देने के लिए आए बारह नौजवानों ने अपना एक गुट बनाया और दुकान में एक रात सोने के लिए सौ-सौ रूपए का भुगतान करने को राजी हो गए। दुकानदार की ओर से हर छात्र को एक-एक चादर मिली थी पर कोई पलंग नहीं था। लकी को आज भी अच्छी तरह याद है कि वह कैसे एक ही दुकान में ग्यारह दूसरे जवानों के साथ नंगे फ़र्श पर सोया था और उनके पास इस्तेमाल करने के लिए एक ही बाथरूम था। पर फिर भी, उस दौरान जिस भाईचारे और अपनेपन का एहसास हुआ था, वैसा फिर कभी नहीं हो पाया।

टेस्ट भी कोई बच्चों का खेल नहीं था। सेना के जो जवान टेस्ट ले रहे थे वे असली टास्कमास्टर थे। खड़े होने की मुद्रा में ज़रा सी भी ढिलाई दिखते ही पिछवाड़े पर कस कर मार पड़ती।

उन्हें पहली शारीरिक परीक्षा में, साढे पाँच मिनट से भी कम समय में 1600 मीटर दौड़ना था। लकी ने वह परीक्षा पास कर ली क्योंकि उसकी दौड़ साढे पाँच मिनट में पूरी हो गई थी। इसके बाद सौ मीटर की कम दूरी की दौड़ थी जिसे ग्यारह सैकेंड से भी कम समय में पूरा किया जाना था। लकी ने इसे भी आराम से पूरा कर लिया। वह दौड़ने में उस्ताद था और कई महीनों से लंबी और कम दूरी की दौड़ों में हिस्सा लेता आ रहा था। उसके पिता उसे आज तक जो प्रशिक्षण देते आए, वह सब उसके काम आ रहा था।

फिर लकी ने सेना के जवानों के आदेश पर सोलह पुल-अप्स पूरे कर लिए। इसके बाद उसे एक मिनट से भी कम समय में साठ पुश-अप करने थे। इसके बाद नौ फ़ीट की खाई फलांगने की बारी आई। लकी को आज भी उस दिन को याद करते ही रोमांच हो आता था, कैसे वह हवा में उछलते हुए दूसरी ओर जा पहुँचा था। वह उन पलों को याद करते हुए कहता, 'मानो उस दिन मेरे पंख उग आए थे।'

उनकी लिखित परीक्षाएँ भी हुईं जिनमें प्रत्याशियों से एलीमेंट्री स्कूल पाठ्यक्रम के प्रश्न पूछे गए। आख़िर में मेडिकल परीक्षा की बारी आई। उनके कपड़े उतरवा कर, कई तरह से शारीरिक जांच की गई। दीमापुर में पंद्रह दिन बिताने के बाद, लकी को घर वापिस आने का मौका मिला।

वह अपने दोस्तों के साथ क्रिकेट खेलने या गाँव की सड़कों पर इधर-उधर भटकने के सामान्य जीवन में लौट आया। क़रीबन डेढ महीने बाद तक लकी टेस्ट और उनके नतीजों के बारे में भूल ही चुका था। पर एक सुबह, उसे कॉल आई कि उसे बंगलौर ट्रेनिंग सेंटर में रिपोर्ट

करना था। वह नागालैंड में वे सारे टेस्ट पास कर चुका था जिनके लिए लगभग एक लाख बयालीस हज़ार बच्चे बैठे थे। उसके पिता यह सुन कर खुशी से फूले नहीं समाए!

बंगलौर में लकी को उन दोस्तों के साथ एक और मेडिकल जांच के लिए भेजा गया जो उसके साथ दीमापुर में भी थे। इसके बाद उनकी मनोवैज्ञानिक परीक्षा शुरू होने वाली थी।

जब लकी का रोल नंबर पुकारा गया, तो उसने ऐसे कमरे में कदम रखा जिसमें एक ओर मेज़ लगाया गया था। मेज़ के पीछे चार पुरुष और एक स्त्री सादे कपड़ों में बैठे थे। उन्होंने लकी की घबराहट मिटाने के लिए उससे बुनियादी सवाल पूछने चालू किए। यह टेस्ट थोड़ा घुमावदार था क्योंकि इसके दौरान प्रत्याशी की मानसिक क्षमता की जांच की जा रही थी। मनोवैज्ञानिक परीक्षा, प्रत्याशी और मनोविज्ञानी के बीच दिमागी खेल की तरह होता है। कई बार प्रत्याशियों से अजीब से सवाल किए जाते हैं ताकि किन्हीं ख़ास हालात के लिए उनकी प्रतिक्रिया की जांच हो सके। कई बार मनोविज्ञानी अपना सुर ऊँचा करते हुए गुस्सा भी ज़ाहिर कर सकते हैं ताकि यह देख सकें कि प्रत्याशी तनाव का सामना कैसे करता है।

उनकी बातचीत आगे बढ़ी तो लकी ने बताया कि वह सेना का हिस्सा बनना चाहेगा। इंटरव्यू लेने वाली एक महिला ने लकी से पूछा कि अगर उसे सक्रिय रूप से सिपाही न बना कर, देश के प्रधानमंत्री के निजी सुरक्षा अधिकारी के तौर पर नियुक्त कर दिया गया तो वह क्या करेगा।

"क्या तुम पूरी ईमानदारी से दी गई ज़िम्मेदारी निभा सकोगे?" उसने पूछा।

"बेशक़।" लकी बोला। "अपनी ओर से कोई कमी नहीं रहेगी।"

"तुम अपनी माँ और बहनों में से, सबसे ज़्यादा किसे सराहते हो?"

"मेरी माँ को।" लकी ने कहा।

एक इंटरव्यू लेने वाले ने बीच में दख़ल दिया। "तो इसका मतलब हुआ कि तुम अपनी बहनों को नहीं सराहते?"

लकी खिसिया गया पर उसने झट से खुद को संभाल लिया। "मैं अपनी बहनों को सराहता हूँ पर अपनी माँ पर ज़्यादा श्रद्धा है।"

"तुम दिखने में गुस्सैल लगते हो।" एक मनोविज्ञानी ने कहा।

"नहीं।" लकी बोला। "मैं अधिकतर परिस्थितियों में शांत रहता हूँ।"

"अगर तुम अपनी बहनों के साथ बाज़ार जाओ और कोई उन्हें छेड़े तो तुम क्या करोगे?"

"मैं उस आदमी की हड्डियाँ तोड़ दूँगा।"

वे मुस्कुराए। "अभी तो तुम कह रहे थे कि तुम अधिकतर परिस्थितियों में शांत रहते हो?"

लकी चकरा गया। पर फिर उसे एहसास हुआ कि वे इंटरव्यू के दौरान उसके इन ज़वाबों से उसके व्यक्तित्व का अनुमान लगा रहे थे। अगले तीन महीने बंगलौर में 'ज़ीरो वर्क' की तरह बीते। अनुशासन और ड्रिल में बुनियादी प्रशिक्षण दिया गया। कभी-कभी, कैडेट ट्रेनिंग के मैदान में पूरा दिन लेफ़्ट-राइट-लेफ़्ट की धुन पर कदमताल करते रहते। उन्हें फ़र्श साफ़ करने, कमरों की झाड़-पोंछ करने और जूते पॉलिश करने जैसे काम भी सौंपे जाते।

19 अप्रैल 2004, कैडेट्स को दिल्ली इंटरनेशनल एयरपोर्ट ले जाया गया। इंदिरा गांधी ने चार पंखों वाले एयरलिफ्टर आईएल-76 को भारत में पेश किया था और आगे चल कर उसे *आईएल 76-गजराज* कहा जाने लगा। वह एयरपोर्ट पर उन लोगों के इंतज़ार में खड़ा था। लकी को कुछ पता नहीं था कि उन्हें किस जगह ले जाया जा रहा था। उसने कभी पासपोर्ट के लिए भी आवेदन नहीं किया था पर सरकार ने उसकी इस यात्रा के लिए अस्थायी पासपोर्ट का प्रबंध कर दिया था।

लगभग सौ कैडेट विमान में सवार हुए। लगभग ढाई घंटों की उड़ान के बाद जहाज एक जगह ठहरा। कैडेट्स को विमान से उतरने की अनुमति नहीं थी। कोई नहीं जानता था कि वे लोग किस जगह रुके हुए थे। लकी आज तक नहीं जानता था कि वे लोग उस दिन किस जगह रुके थे। फिर विमान ने दोबारा उड़ान भरी और वे तेल अवीव, इज़रायल में जा कर उतरे।

उन्हें ले जाने के लिए सेना का एक ट्रक तैयार खड़ा था। लकी अब समझ गया था कि उसे कमांडो प्रशिक्षण के लिए इज़रायल भेजा गया था। तब तक उसे कोई अंदाज़ा नहीं था कि वह प्रशिक्षण शारीरिक और मानसिक सहन शक्ति की सीमा से भी परे जा कर परख़ने वाला था।

4

साँपों से भरा गड्ढा

तेल अवीव, 2004

लकी और उसके बैच के साथी सांपों से भरे एक गड्ढे को घेरे बैठे थे जिसे छोटे-छोटे टीलों से ढका गया था जो उसकी पूरी सतह पर फैले थे। हर टीले में सांपों से भरे बिल थे। इज़रायल के कमांडो ट्रेनिंग सेंटर में एक कोर्स इंस्ट्रक्टर ज़ोरा सिंह उस गड्ढे के बीच निडर खड़ा था। लंबा-चौड़ा ज़ोरा सिंह भारतीय सेना की ओर से भेजा गया था जो इज़रायल के साथ मिल कर इस प्रशिक्षण को पूरा करवा रही थी। ज़ोरा सिंह के चौड़े कंधे और गरज़ती आवाज़ ही किसी इंसान को थर-थर काँपने पर मज़बूर कर सकते थे। चौवन साल की उम्र में भी ज़ोरा सिंह की फ़िटनेस देखते ही बनती थी।

ज़ोरा सिंह ने अपना एक हाथ सांपों के एक बिल में डाल दिया। कुछ ही पल में, अपनी टोपी से खरगोश निकालने वाले जादूगर की तरह ज़ोरा ने एक सरसराते कोबरा को पकड़ कर बाहर निकाला। सांप फुफकारते हुए, कसमसाया और अपना शरीर मरोड़ने लगा पर ज़ोरा की मज़बूत पकड़ से छूटना मज़ाक़ नहीं था।

उसने सांप को फुर्ती से दूसरे हाथ में पकड़ा और उसे अपनी कलाई पर कुंडली मारने दी। फिर उसने दाएँ हाथ से, जेब से तेज़ धार वाला चाकू निकाला जिसका फल सूरज की किरणों में जगमगा रहा था। ज्यों ही उसने अपना चाकू सांप की गर्दन पर फेरा, उसकी कलाई की नसें उभर आईं। पलक झपकते ही कोबरा का सिर कलम हो चुका था। उसके सिरविहीन शरीर से खून का फव्वारा बह निकला।

ज़ोरा की गरज़ती आवाज गूंज उठी, "कमांडोज़!" वह बोला। *"जो इंसान सांप खा सकता है, वह कभी भूखा नहीं मरेगा।"*

उसने अपने हाथों से मरे हुए सांप की चमड़ी उतार दी। उसके सहायकों ने वहीं आग जलाई और ज़ोरा ने उसी आग में अपना लंच भून कर तैयार किया। लकी सम्मोहित हो कर सब देख रहा था। जैसे-जैसे मरा हुआ सांप आग में पलटा जाता रहा, ज़ोरा सिंह के लिए उसकी प्रशंसा और सम्मान कई गुना होते चले गए।

ज़ोरा सिंह के उसूल कुछ ज़्यादा ही गंभीर थे। वह अपने कैडेट से भी सबसे बेहतर पाने की ही आशा रखता था। ज़ोरा सिंह के हिसाब से छोटी से छोटी भूल के लिए भी बड़ी सज़ा तय थी। वह एकेडमी के वरिष्ठ अधिकारियों में से था। कई सूरमा कैडेट उसके अधीन आ चुके थे, उसने पहले उनके फ़न कुचले और फिर उन्हें सुधार कर, बेहतरीन अधिकारियों और सिपाहियों में बदल दिया। उसे भारत के रक्षा मंत्रालय से कई प्रकार के सम्मानों और उपाधियों से पुरस्कृत किया गया था।

जब आख़िर में पूरे दिन के कड़े प्रशिक्षण के बाद कैडेट्स का दम निकल चुका होता तो ज़ोरा सिंह अपना एक और दाँव खेलता जो लकी की ट्रेनिंग के लिए रात का एक अनिवार्य हिस्सा हो गया था।

ज़ोरा सिंह कहता, "कमांडोज़, मेरा घर इस जगह पाँच कि.मी. दूर है। मेरी बीवी सारा दिन मेरे घर आने की राह देखती है। मेरे अगले

आदेश पर तुम सबको इतनी ज़ोर से चिल्लाना है कि मेरी बीवी को पता चल जाए कि उसका पति घर वापिस आ रहा है।"

फिर ज़ोरा सिंह चिल्लाता, "कमांडो, लाइन तोड़!"

सारे कमांडो एक साथ इस तरह चिल्लाते मानो वे उस बेवक़्त में सारे तेल अवीव को जगा कर ही दम लेंगे। लकी को लगता कि उसके फेफड़ों की खोई हुई ताकत लौट आई थी और वह भी अलग-अलग देशों से आए जवानों के साथ गला खोल कर चिल्लाता। ज़ोरा सिंह उन लोगों को तभी रुकने के लिए कहता, जब उसे यकीन हो जाता कि वे पूरी तरह से सचेत हो गए थे।

लकी की टीम का साथी डि हेंचो, पुर्तगाल का रहने वाला था। वे दोनों अक्सर छोटी-मोटी ढिलाई होने पर भी ज़ोरा सिंह की पिटाई खाते। लकी के नितंब मार खा-खा कर काले पड़ गए थे। अगर वह मुड़ कर शीशे में पास से देखता तो शायद उसे अपने पीछे ज़ोरा सिंह के बूट की छाप तक दिख सकती थी। लकी के लिए ये निशान किसी गौरव से काम नहीं थे। यही तो सख़्त और दिलेर बनने का रास्ता था।

लकी और हेंचो आपस में कोई बोली नहीं जानते-समझते थे। बस इक्का-दुक्का अंग्रेज़ी शब्द ही कामचलाऊ साधन थे। फिर भी उनसे मिल कर काम करने की उम्मीद की जाती थी। कड़े प्रशिक्षण के पहले ही सप्ताह में उन्हें *स्लिदर सेक्शन* में बड़ी मेहनत करनी पड़ी जिसमें उन्हें एक हेलीकॉप्टर से रस्सी पकड़ कर उतरने का कौशल साधना था।

"कमांडोज़! मैं चाहता हूँ कि आप सब पंद्रह मिनट में ट्रेनिंग ग्राउंड में पहुँचें।" ज़ोरा सिंह उन्हें मील ब्रेक देने से पहले कड़ाई से हुक्म सुनाता।

सारे कैडेट झटपट अपनी साइकिलों की ओर बढ़ते ताकि एक से दूसरे ट्रेनिंग ग्राउंड में पहुँच सकें। उनसे उम्मीद की जाती कि वे उन्हीं पंद्रह मिनट में अपना खाना भी खा लेंगे। कई बार लकी को घंटों खाली

पेट ड्रिल करना पड़ता क्योंकि उन्हें खाने के लिए जो समय दिया जाता था, वह इतना नहीं होता था कि सभी खाना खा सकें।

हेंचो लकी से क़द में छोटा पर ज़्यादा फ़िट था। वह अक्सर अपने कमरे तक साइकिल से आने-जाने के दौरान लकी को पीछे छोड़ देता। ढाई साल के प्रशिक्षण के दौरान उनके बीच काफ़ी लगाव हो गया था। वहीं दूसरी ओर, लकी हथियार चलाने से जुड़े कौशल में असाधारण योग्यता दिखाने लगा था।

उनके प्रशिक्षण के शुरुआती दिनों में, पूरे दिन के कड़े शारीरिक अभ्यास के बाद शाम के समय मनोवैज्ञानिक प्रशिक्षण होते। ज़ोरा सिंह धमकी भरे लहज़े में चिल्लाता, “अपने कमरों में वापिस जाओ, सेना की वर्दी पहनो और तीस मिनट में क्लासरूम में रिपोर्ट करो।”

इसके बाद थके-मांदे जवान अपनी देह में बची-खुची ऊर्जा समेट कर अंधाधुंध साइकिलें चलाते हुए अपने कमरों की ओर निकल पड़ते। कक्षा में दिए जाने वाले निर्देश दर्शन और मनोविज्ञान की क़िताबों से पढ़े जाते। ज़ोरा सिंह कक्षा में लगातार चक्कर लगाते हुए अपनी लंबी छड़ी फटकारता ताकि चुपके से पलक तक झपकाने वाले जवान को छड़ी की सेवा दी जा सके।

लकी कुर्सी पर पूरी तरह से अपना पिछवाड़ा तक नहीं टिकाता था क्योंकि उसे पता था कि कहीं ग़लती से भी झपकी आ गई तो ज़ोरा सिंह की छड़ी का पीछे ऐसा क़रारा वार होगा कि अगले आधे घंटे तक चमड़ी में जलन होती रहेगी। वह कुर्सी पर इस तरह बैठता कि उसके नितंब हवा में ही आधे झूलते। एक बार हेंचो थकान के मारे कुर्सी पर पूरी तरह से पसरा और फिर उसकी आँखें बंद हो गईं। वह एक धीमी मौत की ओर बढ़ रहा था। जैसे ही लकी की नज़र उस पर गई, उसने ज़ोरा सिंह का ध्यान उस ओर पड़ने से पहले हेंचो को उठाना चाहा।

"हेंचो, नो स्लीप (सोना नहीं है)", लकी ने टूटी-फूटी अंग्रेज़ी में कहा, "नो स्लीप।"

बड़े अफ़सोस से कहना पड़ता है कि उसे ऐसा करने में देर हो गई थी। ज़ोरा सिंह की छड़ी तपाक से हेंचो के कान पर इस तरह आ कर पड़ी कि वह वापिस कुर्सी पर आने से पहले हवा में दो इंच उछल गया। जब रात को लकी और हेंचो कमरे में वापिस आए तो कुछ घंटों की क़ीमती नींद लेने से पहले दिन में घटी घटना को याद कर, खूब ठहाके लगाते रहे। पर लकी भूला नहीं था कि ज़ोरा सिंह सांप को ऐसे खा रहा था मानो वह चिकन लॉलीपॉप चबा रहा हो। लकी जानता था कि देर-सवेर उसे भी सांपों से भरे गड्ढे में खड़ा होना होगा और उससे उम्मीद की जाएगी कि वह भी सांप भून कर खाए। वह ज़ोरा सिंह के कहे शब्दों को मन में दोहराते हुए, खुद को उन पलों के लिए तैयार करने लगा : *जो इंसान सांप खा सकता है, वह कभी भूखा नहीं मरेगा।*

5
थर्ड डिग्री

सितंबर 2011

पुलिस स्टेशन के कमरे में रोशनी या खिड़कियाँ नहीं थीं। लकी कुर्सी पर बैठा था। उसके हाथ अब भी पीठ के पीछे हथकड़ियों में बँधे थे जिसकी वजह से उसे आगे को झुक कर बैठना पड़ रहा था। वह पुलिसवालों के दल को ताक रहा था जो उसके आसपास घेरा डाले बैठे थे। ऊँची छत से लटक रहा इकलौता बल्ब कमरे की मनहूसियत को और बढ़ा रहा था। लकी के पैरों के तलवे खुरदुरे फ़र्श से टकराए। कोने में बना बाथरूम बाकी कमरे से अलग नहीं था। उस ओर से मल की असहनीय गंध आ रही थी।

एसएसपी आगे बढ़ा, "तुमने परगई को क्यों मारा?"

लकी के दिमाग को झटका सा लगा। उसने अब तक कभी किसी पुलिसवाले को नहीं गरियाया था। पर अब वह और सहन नहीं कर पा रहा था। वे उससे बार-बार एक ही सवाल करते हुए, अलग ज़वाब मिलने की उम्मीद कर रहे थे।

"भैन@#$", लकी ने एसएसपी को गाली बकी। "मैं क्या टेपरिकॉर्डर दिखता हूँ कि बार-बार एक ही गाना बजाता रहूँगा?"

एसएसपी गुस्से से सुलग गया। उसके एक इशारे पर कॉन्स्टेबल मोटी रस्सी ले आया और लकी के हाथ कुर्सी से बाँध दिए गए। और उसी फुर्ती से कुछ पुलिसवालों ने लकी की टाँगें भी कुर्सी से बाँध दीं। उन्होंने उसके जबड़े को खींचते हुए मुँह में पट्टी ठूँस दी।

"मैंने तुझे पहले ही ख़बरदार किया था, लकी।" एसएसपी ने कहा। "हमारे पास मुँह खुलवाने के और भी कई तरीके हैं।"

एसएसपी ने कुर्सी को लात मारी, उसकी ठोकर और लकी के भार की वजह से कुर्सी ज़मीन पर आ गिरी। अब कुर्सी ज़मीन पर पट पड़ी थी और उस पर बँधे लकी के पैर हवा में उठ गए थे। एसएसपी ने अपना सिर झटका। दो पुलिसवाले कमरे के कोने से एक लंबा ठोस लट्ठ उठा लाए। इससे पहले कि लकी हालात को समझ पाता, पुलिसवाले पूरा ज़ोर लगा कर उसके पैरों के तलवों पर लट्ठ से मारने लगे।

लकी हर चोट पर चिल्लाता पर उसके गले से आवाज़ नहीं निकल पाती थी। मुँह में पट्टी ठूँसी होने की वजह से इतना सा भी चैन नहीं मिल पा रहा था। बस उसे अपने पैर पर चोट पड़ने की आवाज़ सुनाई देती और फिर दूसरे पैर पर उससे भी तेज़ आवाज़ सुनती। हर बार की चोट से उसकी टाँगों से ले कर दिमाग तक तीखा दर्द उठता।

एसएसपी इस पिटाई के दौरान अपने सवालों की बौछार करता रहा। "बता मुझे।" वह बोला। "तूने क़त्ल क्यों किया?"

लकी के पैरों के तलवे सूज गए थे। उसके पैरों की नसों में सनसनाहट हो रही थी। वह अपना सिर एक से दूसरी ओर झटकते हुए बंद मुँह से घुटी हुई आवाज़ें निकाल रहा था। फिर लकी ने सिर हिलाया मानो वह कुछ बताना चाहता हो।

एसएसपी ने एक पुलिसवाले को इशारा किया कि उसके मुँह से पट्टी निकाल दी जाए। "इतनी सी लाठी मार भी नहीं सह सका?" एसएसपी ने मुँह सिकोड़ा। "कहाँ का कमांडो बनता है?"

हालांकि, ज्यों ही कॉन्स्टेबल ने लकी के मुँह से पट्टी निकाली, उसने ऐसा कोहराम मचाया कि पुलिसवाले पहले से भी ज़्यादा चिढ़ गए। "मा@#$", लकी चिल्लाया। "मेरे हाथ खोल दो, तुम सबके चिथड़े न कर दिए तो!"

पुलिसवालों ने झट से दोबारा मुँह में पट्टी ठूँस दी।

लकी की पिटाई तब तक जारी रही, जब तक उसके अंदर चिल्लाने की ताकत बची थी। इसके बाद पुलिसवाले भी हाँफ गए और ब्रेक लेने की सोची। एसएसपी उठ कर कमरे से बाहर हो गया। दो पुलिसवालों ने लकी की कुर्सी सीधी कर दी। उसके हथकड़ियों में बँधे हाथ आगे लाए गए और वे उसे एक पुलिसवाले की निगरानी में छोड़ गए जो उस पर एके-47 ताने बैठा था।

एक कॉन्स्टेबल खाने की प्लेट ले कर अंदर आया। उसने बड़ी सावधानी से प्लेट को लकी की कुर्सी के पास रखा और बिजली की तेज़ी से वापिस चला गया। प्लेट में दाल, चपाती और चावल रखे हुए थे। लकी ने किसी तरह बँधी हुई टाँगों की ताकत बटोरी और प्लेट हवा में उछाल दी। प्लेट उछल कर कुर्सी के सामने वाली दीवार से टकराई और सारा खाना दीवार और फ़र्श पर जा गिरा।

कॉन्स्टेबल उस झन्नाटेदार आवाज़ को सुन कर उछल गया। उसने उल्टी पड़ी प्लेट और बिखरे हुए खाने को देखा और लकी को ताकने लगा। फिर वह कमरे से बाहर भाग गया।

इसी तरह एक और घंटा बीत गया। लकी अंदाज़ा लगा रहा था कि पुलिसवाले कभी भी वापिस आ सकते थे। उसने अपना सिर कुर्सी पर

टिकाया और आँखें बंद कर सोचने लगा कि उसके माँ-बाप पर क्या बीत रही होगी। वह अपनी माँ को वादा करके आया था कि वह ज़ल्द घर आ जाएगा। और जब वह यह सब सोच रहा था तो मिनट घंटों में बदलते गए और एसएसपी और उसके यातना देने वाले दल का कहीं कोई पता नहीं था।

लकी ने अंदाज़ लगाया शायद पाँच बजे के आसपास सादे कपड़ों में एक आदमी कमरे में आया। उसकी उम्र पैंतालीस से ऊपर ही होगी। उसके हाथ में एक साथ नत्थी किए गए कागज़ों का पुलिंदा था और देखने में कोई आला अफ़सर लगता था। लकी जानता था कि वह फोरेंसिक विशेषज्ञों में से एक होगा जो उसके फिंगरप्रिंट लेने आया था। कमरे में एक कॉन्स्टेबल भी आया और उसने लकी की टाँगें खोल दीं और फिर बाहर चला गया।

"मैं दयाल शरण हूँ।" उस ऑफ़िसर ने पन्ने पलटते हुए कहा। "फिंगरप्रिंट विशेषज्ञ।" वह थोड़ा रुक कर बोला, "लक्ष्मण बिष्ट, मुझे बताया गया है कि तुम्हें किसलिए गिरफ़्तार किया है।"

"क्या मैं आपको कुछ बता सकता हूँ?" लकी बोला।

"बोलो।"

"मैं किसी हाल में तुम्हारी बात नहीं सुनने वाला। चाहो तो मेरे पिछवाड़े के फिंगरप्रिंट ले लो।"

दयाल लकी की ऐसी ढिठाई देख कर दंग हो गया। फिर भी उसका लालच हावी रहा, उसका मानना था कि लकी को राजू परगई का क़त्ल करने के लिए ख़ासा पैसा मिला होगा। इसके अलावा तो राजू को मारने की और कोई वजह नहीं हो सकती थी। वह बोला, "मेरा मतलब है, तुम्हारे जैसा होनहार कमांडो तभी ऐसा अपराध करेगा, जब उसे बदले में कुछ हद से ज़्यादा मिल रहा हो।" वह अपनी बात के दौरान थोड़ा

रुका और फिर आगे बोला, "मेरे हाथ के कागज़ मुकदमा चालू होने के बाद बहुत अहम होने वाले हैं।"

लकी डॉक्टर की बात में छिपा मतलब समझ गया। वह चाहता था कि लकी उसकी जेब गर्म करे ताकि वह उसके साथ नरमी से पेश आए। लकी ने मन ही मन एक योजना पर काम करना चालू कर दिया। उसके दिमाग में कुछ पक रहा था। फिर उसने कुछ हिसाब-किताब सा लगाया। वह इस सुनहरे मौके को हाथ से जाने नहीं देना चाहता था। उसे इसका भरपूर फ़ायदा उठाना था।

"मैं तुम्हें एक फ़ोन नंबर देता हूँ।" लकी बोला। "नंबर डायल करो और उन्हें कहना कि मैंने कॉल करने को कहा था। और फिर अपनी मर्जी से मनचाही रकम बोल देना। वे लोग उतने ही पैसे दे देंगे।"

"मेरी मर्जी से कितनी भी रकम? क्या तुम यकीन से कह सकते हो?"

लकी ने सिर हिलाया।

"मुझे फ़ोन नंबर दे दो।" डॉक्टर बेताबी से बोला।

"इतनी भी क्या ज़ल्दी है।" लकी बोला। तुम्हें भी बदले में एक वादा करना होगा।"

"तुम क्या चाहते हो?"

लकी ने कहा कि डाक्टर को उसके फ़िंगरप्रिंट लेने होंगे और फिर उन फिंगरप्रिंट वाले कागज़ों पर उस दिन की तारीख़ के साथ हस्ताक्षर करने होंगे। डॉक्टर ने पलक झपकते हामी भर दी। उसने लकी के दोनों हाथों और पैरों की उँगलियों की छाप ली। लालची डॉक्टर ने अपनी ओर से डील को पूरा करते हुए, कागज़ों पर उस दिन की तारीख़ के साथ हस्ताक्षर कर दिए, 7 सितंबर, 17:00 ऑवर्स।

"अब मुझे फ़ोन नंबर दे दो।" दयाल ने कहा। "ज़ल्दी!"

लकी ने झट से दस डिजिट का एक नंबर बोला जिसे डॉक्टर ने निजी डायरी में लिख लिया।

"यह ध्यान रखना कि तुम उन्हें कोड भी बताओ, 19420।" लकी बोला। "इस तरह वे तुम्हें पहचान लेंगे और उसके हिसाब से ही पेश आएँगे।"

दयाल ने शर्ट की जेब में चश्मा रखने से पहले लकी को खुशी-खुशी देखा और फिर दरवाज़े की ओर चल दिया। ज्यों ही दयाल कमरे से निकला तो लकी अपने चेहरे पर छाई चुप्पी सी मुस्कान छिपा नहीं सका। उसने डॉक्टर को जो नंबर दिया था, वह नकली था। असल में वह नंबर और कोड दोनों ही बेकार और नकली थे। पर जिन कागज़ों पर डॉक्टर अपने हस्ताक्षर कर गया था, वे आगे चल कर, मुकदमा चालू होने पर लकी के बहुत काम आने वाले थे। फिलहाल उसने तुरूप के इस पत्ते को छिपा कर रखना ही बेहतर समझा।

वह मन में दोहराने लगा कि अभी क्या घटा था और उसकी मुस्कान एक बड़ी दीवानगी से भरे ठहाके में बदल गई। पर तभी किसी ने ठोकर मार कर दरवाज़ा खोला। एसएसपी और उसके आदमी लौट आए थे। उनके चेहरों पर हमेशा की तरह गुस्से के बादल लहरा रहे थे और वे लकी को यातना देने के और देसी तरीके आज़माने को तैयार थे।

6
लाल मिर्चें

एक कॉन्स्टेबल अपने हाथों में एक बटी हुई रस्सी ले कर आया। उस रस्सी को उछाल कर छत पर लगे खूंटे में अड़ा दिया गया और लकी की टाँगों को एक और रस्सी के टुकड़े से बाँधने के बाद चादर में अच्छी तरह लपेट दिया गया। पुलिस ने सावधानी बरतते हुए लकी को चादर में इसलिए लपेटा ताकि अपराधी को अदालत में पेश करने से पहले, उसके शरीर पर किसी भी तरह से बाहरी चोट के निशान न आ जाएँ।

लकी को उसी रस्सी से खींच कर, छत से उल्टा ऊपर से नीचे लटका दिया गया। उसके चेहरे के ठीक नीचे लाल मिर्चों का ढेर रख दिया गया। एसएसपी ने माचिस ली और उन मिर्चों के ढेर में आग लगा दी। उस जलते हुए ढेर से निकले धुएँ का अंबार सीधा लकी के नथुनों में जाने लगा। पहले तो उसे बुरी तरह से खाँसी होने लगी, इसके बाद आँखें जलने लगीं और फिर उसका चेहरा झुलसने लगा। लकी अपने पैरों में बँधी रस्सी के साथ ही बुरी तरह से छटपटा रहा था, पर इससे उसकी तकलीफ़ में कोई कमी नहीं आ रही थी। उसकी सुध खोने लगी थी। उसे ऐसा लगा मानो कमरा उसके आसपास घूम रहा हो।

उसके लिए तकलीफ़ सहना मुश्क़िल होता जा रहा था। फिर भी एसएसपी साहब इस टॉर्चर को रोकने के बिल्कुल मूड मे नहीं थे। लकी ने बेहोश और अधमरा होने का दिखावा करने का फ़ैसला किया। फिर उसने नथुनों में जाने वाले कड़वे धुएँ के बीच टिके रहने के लिए हिम्मत जुटाई। उसने हथकड़ियों में बँधे हाथ ढीले छोड़े, आँखें बंद कीं और अपने शरीर को बेजान तरीके से लटकने के लिए छोड़ दिया। जब पूरे दो मिनट तक लकी की ओर से किसी भी तरह की कोई हलचल होती नहीं दिखी तो एसएसपी के चेहरे पर चिंता के बादल लहराने लगे। वह नहीं चाहता था कि उसे एक हाई-प्रोफ़ाइल मर्डर के प्रमुख संदिग्ध व्यक्ति को हिरासत के दौरान मार देने का ज़िम्मेदार ठहराया जाए।

"इसे नीचे उतारो।" एसएसपी बोला। "ज़ल्दी करो!"

पुलिसवालों ने झट से हुक्म बजाया। वे पूरे दस मिनट तक लकी को टहोके देते हुए पानी के छींटे मारते रहे, फिर लकी ने ऐसा दिखावा करना चालू किया मानो वह अपनी बेहोशी से बाहर आ रहा हो। इसके बाद अगले दस मिनट तक एसएसपी ने चीख-चिल्ला कर, ज़ोर-ज़ोर से पैर पटकते हुए लकी से उसका बयान निकलवाने की जी-तोड़ कोशिश की।

"ये मा@#$ इतनी आसानी से नहीं बोलने वाला।" एसएसपी बोला। "इसे ज़रा शिमला की ठंडक भरी सैर करवाओ।"

चार से पाँच पुलिसवाले यह सुनते ही हरकत में आ गए और लकी के कपड़े उतार दिए गए। अब वह पूरी तरह से नंगा था। एसएसपी की ओर से एक और आदेश गूंजा और दो अर्दली कमरे में लोहे के रेड़े पर पलंग जितनी बड़ी बर्फ़ की सिल्ली और दो स्लिंग बेल्ट ले आए। लकी को उस सिल्ली पर लिटा कर स्लिंग बेल्टों से जकड़ दिया गया। उसके पेट से भेदती हुई सी सनसनाहट उठी और सीधा किसी हथौड़े के वार की तरह सिर में जा बजी।

एक पुलिसवाले ने इस बात का ख़ास ख़्याल रखा कि लकी उस सिल्ली से कस कर बँधा रहे, वह उसके नंगे शरीर के पीछे, ऊपर-नीचे रोलर घुमा रहा था। लकी के शरीर का तापमान तेज़ी से गिरने लगा। अब इसके बाद उसके दिमाग को सज़ा मिलने वाली थी। मतिभ्रम। एक पल को तो उसे ऐसा ही लगा कि वह शिमला में था और बर्फ़बारी का मज़ा ले रहा था। हर बीतते पल के साथ साँस लेना दुश्वार हो रहा था। सब कुछ जैसे धुंधलाने लगा था। उसने अपने शरीर पर रोलर को आख़िरी बार ऊपर-नीचे घूमते महसूस किया। इसके बाद वह एक अंधेरे में कहीं खो सा गया।

घंटों बाद, जब किसी महिला ने लकी का नाम पुकारा तो उसे कोई अंदाज़ा नहीं था कि वह किस जगह था। "लकी", एक महिला स्वर हौले से फुसफुसाया, "लकी?"

उसने किसी तरह मुश्क़िल से पलकें उठाते हुए आवाज़ का स्रोत जानना चाहा, अब धीरे-धीरे सुध लौट रही थी। बर्फ़ की सिल्ली पर लिटाने की वजह से हाइपोथर्मिया हो गया था, उसका असर अब धीरे-धीरे घट रहा था और वह होश में आ रहा था। बहुत धीरे-धीरे। उसने धुंधली सी नज़र से एक सुंदर युवती को देखा जो उसके कमरे की सलाखों के बाहर से पुकार रही थी। तब लकी को पता चला कि पुलिस वालों ने उसे बर्फ़ की सिल्ली से उतार दिया था। वे उसकी कमर के नीचे का कपड़ा भी पहना कर एक कोने में छोड़ गए थे। जब नज़र थोड़ी और साफ़ हुई तो उसने देखा कि वह एक थ्री-स्टार महिला पुलिस थी। जेल का घंटा तीन बार बजा, यह सुबह के तीन बजे का समय था। वह उसकी बात सुनने के लिए दरवाज़े की ओर खिसका।

वह बहुत मीठे सुर में बोली, "लकी, तेरे अपने तेरे लिए परेशान हो रहे होंगे। क्या तू उनसे बात करना चाहता है?"

लकी ने सिर हिलाया।

उसने अपनी जेब से नया-नकोर ब्लैकबैरी फ़ोन निकाल कर लकी के आगे कर दिया, "इस समय तेरी ज़िंदगी में जो इंसान सबसे ज़्यादा ख़ास है, उसे ही कॉल लगा।"

लकी अब भी तंद्रा में था। वह नहीं जानता था कि वह क्या कर रहा था। वह उससे परे जाने लगा। युवती ने उसे फिर से पुकारा, "जिसे सबसे ज़्यादा प्यार करता है, उसे ही फ़ोन लगा ले।"

लकी रास्ते में ही रुक गया और वापिस उसके पास आया। वह उस समय वाकई किसी से बात करना चाहता था। उन दिनों, वह एक लड़की से प्यार करता था। वह उसे बताना चाहता था कि वह अभी ज़िंदा था और उस लड़की को चिंता नहीं करनी चाहिए क्योंकि वह वह बहुत ज़ल्द बाहर आ जाएगा। पर तभी उसे अपनी कलाई में लगी हथकड़ियाँ दिखाई दीं। उसने दोनों हाथ उठा कर महिला पुलिस अधिकारी को दिखाए।

"मैं इन्हें खुलवा देती हूँ," वह बोली।

उसने दरवाज़े के पास खड़े कॉन्स्टेबल को चाबी लाने को कहा। दरबान थोड़ा झिझका और चिंता भरी नज़रों से देखा।

"चाबी ले कर आ।" वह रोब से बोली। "ये आदमी बेगुनाह है।"

कॉन्स्टेबल दूसरे कमरे में भागा गया और चाबियों के साथ वापिस आया। जब वह पुलिस अधिकारी स्वयं चाबी से हथकड़ियों को नहीं खोल पाई तो उसने कॉन्स्टेबल को इशारा किया। लकी ने मन ही मन उसकी खिल्ली उड़ाई, *कैसी थ्री स्टार पुलिसवाली है, हथकड़ी तक नहीं खोल पा रही।* कॉन्स्टेबल ने काम पूरा किया और लकी के बाएँ हाथ से हथकड़ी निकाल दी। उसने दूसरा हाथ उसी तरह छोड़ दिया। हथकड़ी दाएँ हाथ से लटक रही थी।

लकी ने फ़ोन लिया और माथे पर त्योरी डाले नंबर मिलाने लगा। बीप-ब्लाप-बीप। अभी वह चौथा डिजिट दबाने ही वाला था कि अचानक ही उसका दिमाग बर्फ़ की सिल्ली के सदमे से बाहर आ गया। तब उसे एहसास हुआ कि वह करने क्या जा रहा था। उस महिला पुलिस अधिकारी को इसलिए ही भेजा गया था कि वह लकी की उनींदी हालत का फ़ायदा उठाते हुए, उसे अपने किसी प्रिय का नंबर शेयर करने के लिए राजी कर ले ताकि वे उस बंदे को पकड़ कर लकी पर मनोवैज्ञानिक दबाव बना सकें।

एक बार फिर, अचानक लकी के दिमाग में कुछ आया। उसने मुँह से भयंकर गुर्राहट का स्वर निकाला और फ़ोन दीवार पर पटक दिया। फ़ोन हवा में लहराते हुए, दीवार से ज़ोर से टकराया और फट कर खुल गया। अब टूटा हुआ फ़ोन एक ओर और उसकी बैटरी दूसरी ओर पड़े थे, जो फ़ोन से बाहर निकल आई थी।

महिला पुलिस अधिकारी की तो जैसे साँस ही अटक गई। "भैन@#$। मेरा नया फ़ोन तोड़ दिया?"

लकी गुस्से से पागल हो गया था। वह फ़ोन पर ज़ोर-ज़ोर से तब तक पैर पटकता रहा, जब तक उसे यकीन नहीं हो गया कि अब वह फ़ोन पूरी तरह से नाकारा हो गया था। पर वह वहीं नहीं रुका। उसने उस कबाड़ को उठा कर उसमें से सिम कार्ड निकालनी चाही और इसी दौरान उसकी अंगुली के नाखून से खून भी आने लगा। उसने सिम कार्ड को कई बार दाँतों से काटा। महिला पुलिस अधिकारी उसे गरियाती रही और इसी दौरान दूसरे कई कॉन्स्टेबल भी आ गए।

पर उनमें से कोई भी कोठरी में जाने की हिम्मत नहीं कर सका क्योंकि लकी की हथकड़ी खुली हुई थी। अब वह हथकड़ी को हथियार की तरह घुमाते हुए उसके पास आने वालों की कोशिश करने वालों को

चेतावनी दे रहा था। वह चिल्लाया, "पीछे हटो, वरना तुम्हारी खोपड़ी इस तरह फोड़ दूँगा कि कोई भी डाक्टर उसे सिल नहीं सकेगा।"

जब महिला पुलिस अधिकारी उसे भयभीत हो कर देख रही थी तो उसने सिम कार्ड को मुँह में डाला और दाँतों से कई बार माँस की तरह चबाते हुए उसकी ओर थूक दिया। लकी के अंदर का जानवर जैसे जाग गया था।

कॉन्स्टेबल लकी को शांत होने के लिए फुसलाने लगे। एसएसपी भी आ गया। उसने लकी को हुक्म दिया कि वह शांत हो जाए।

लकी ने अपना दायाँ हाथ घुमाते हुए दरवाज़े पर तेज़ भड़ाम की आवाज़ की। हथकड़ी लोहे की सलाखों पर पड़ी तो इतनी तेज़ आवाज़ गूंजी जो कुछ पलों तक लगातार बजती रही।

"मेरी कोठरी में आने वाला पुलिस का आदमी ज़िंदा वापिस नहीं जाएगा।" लकी बोला।

एसएसपी के चेहरे का रंग उतर गया। उसने पुलिसवालों की ओर देखा, उनमें से हर कोई सहमा हुआ था। हार कर, पुलिसवाले एक बड़ी सी लाइट लाए और उस तेज़ लाइट को लकी के चेहरे पर डालने लगे। अब जानवर कोठरी के कोने में सिमट गया। उसका गुस्सा धीरे-धीरे उतर गया था। फिर लकी एक कोने में पड़ा ऊंघने लगा, उसके शरीर पर एक अंडरवियर के सिवा कुछ पहना हुआ नहीं था।

उसकी पूरी रात जागने और सोने के बीच ही बीती, उसने यह ध्यान रखा कि कहीं उसकी नींद के दौरान कोई कोठरी में आ कर उसे हथकड़ी में न बाँध जाए। इस दौरान, उसका दिमाग उन सभी बातों पर विचार कर रहा था जिन पर वह अभी पूरी तरह से नहीं सोच सका था। पर जाने कैसे, उसके दिमाग में एक और बात आई और वह झट से उठ बैठा। वह आठ अगस्त की सुबह थी।

वह कमरे में आगे की ओर गया और संतरी से कहा कि उसे एसएसपी से मिलना था।

"क्यों?" संतरी ने पूछा।

"ताकि वह तेरी ऐसी की तैसी कर सके।" लकी ने उसकी बात को हवा में उड़ा दिया।

"जा, बुला उसे!"

संतरी वहाँ से तिड़ी हो गया और कुछ ही देर में एसएसपी अपनी पूरी टीम के साथ आ पहुँचा। सारे पुलिसवाले अपने-अपने हथियारों के साथ कोठरी में दाख़िल हुए, उनमें वह पुलिसवाली भी थी जो अपने नए फ़ोन के टूटने का अफ़सोस मना रही थी। वे सब लकी के आसपास घेरा डाल कर खड़े हो गए।

"मैंने ही वह सब किया था। मैं अब और तकलीफ़ सहन नहीं कर सकता।" लकी बोला।

एसएसपी मुस्कुराया। उसे पूरा यकीन था कि उसने संदिग्ध को तोड़ लिया था। "तो क़त्ल का हथियार कहाँ है?" उसने पूछा, उसे लकी के दिमाग में चल रही योजना का कोई अंदेशा नहीं था।

"वह तो जंगल में छिपा दिया था।" लकी बोला।

एसएसपी ने चैन की साँस ली। एक बार राजू परगई और अमित आर्य को मारने में इस्तेमाल की गई तलवारें, चाकू और गुप्तियाँ हाथ आ जाते तो यह मामला काफ़ी हद तक अभियोग पक्ष के हक़ में आ जाता। एसएसपी बोला, "ठीक है, हमें उस जगह ले चलो जहाँ तुमने हथियार छिपाए हैं।"

लकी ने बस सिर हिलाया। उसने अपने मन में अपनी जान बचाने के लिए एक गेम-प्लान तैयार कर लिया था और अब वह उसी योजना के हिसाब से पूरी तरह से चलने की कोशिश में था।

7
छिपे हुए हथियार

लकी बोलेरो में झूम रहा था और उसके आसपास दो पुलिस वाले बैठे थे, वे सब उस जगह जा रहे थे, जहाँ लकी ने हथियार छिपाने का दावा किया था। तीन बोलेरो गाड़ियों में भरे पुलिसवाले तलवारों, धारदार हथियार और गुप्तियों की तलाश में जा रहे थे। उनका सफ़र लगभग छह घंटों का था।

गाड़ियों में बैठे पुलिस बल के बीच जीतू भी मौजूद था, वह स्पेशल ऑपरेशन्स ग्रुप (एसओजी) के समय से लकी का साथी रहा था। अगली सीट पर बैठा सब-इंस्पेक्टर दानू इस अभियान का हिस्सा था। वह पीछे मुड़ा और लकी की ओर देख कर मुस्कुराया। लकी के उस बयान के बाद से पुलिसवालों और उसके बीच का तनाव काफ़ी हद तक घट गया था।

लकी ने भी मुस्कान से उत्तर दिया जिसमें व्यंग्य भी शामिल था। वह इसी इंतज़ार में था किसी तरह एजेंसी को भनक मिल जाए और वह अपनी ओर से उसके लिए कुछ करे। कमांडिंग ऑफ़िसर (सीओ), सुभाष आर्य ने लकी के साथ अपनेपन से बातचीत चालू की, वह उसके परिवार और गाँव के बारे में जानना चाहता था।

सुभाष आर्य के चेहरे पर बुढ़ापे की झुर्रियाँ थी, वह काफ़ी उत्साही और सौम्य क़िस्म का इंसान था। लंबे सफ़र के दौरान उसका लकी से हँसना-बोलना चलता रहा और माहौल काफ़ी हल्का हो गया। तभी लकी को सड़क किनारे एक ढाबा दिखाई दिया।

"ठहरो।" लकी बोला। "गाड़ी रोको।"

"क्यों लकी बेटा?" सुभाष आर्य ने कहा।

लकी ने खिड़की से बाहर इशारा किया, सड़क के किनारे बने ढाबे पर तंदूरी चिकन पकाया जा रहा था। लकी के पेट में भूख के मारे बल पड़ रहे थे। उसके मुँह में पानी आ गया था। *फिर मुझे तंदूरी चिकन खाने का मौका कब मिलेगा?*

लकी ने पुलिसवालों से कहा कि वह हथियारों के बारे में तभी बताएगा, जब वे उसे तंदूरी चिकन खाने देंगे। छह सितंबर को उसे औपचारिक तौर पर पकड़ा गया था और पिछले दो दिन से, उसके गले से एक निवाला तक नहीं उतरा था। एसआई दानू ने बेमन से पुलिस चालक को गाड़ी ढाबे के पास पार्क करने को कहा। बोलेरो ढाबे में जा कर खड़ी हो गई। लकी ने अभी बाहर कदम भी नहीं रखा था कि एसआई दानू ने उसके आगे कुछ कागज़ लहराए।

"इन कागज़ों पर साइन कर दो।" दानू बोला।

लकी ने वे कागज़ देखे। उन पर कुछ लिखा हुआ नहीं था। कोई सरकारी निशान या मुहर भी नहीं थी। लकी अच्छी तरह समझ गया कि दानू उस खाली कागज़ पर उसके साइन ले लेगा और लिखेगा कि लकी ने अपना गुनाह कुबूल कर लिया है और हथियार बरामद करवाने के लिए उनके साथ जा रहा है। पर लकी को यह भी अच्छी तरह पता था कि इस तरह का बयान अदालत में किसी काम नहीं आने वाला। वह बड़े आराम से कागज़ पर साइन करने को मान गया।

"ओए!" लकी ने ढाबे की ओर जाते हुए वेटर को हांक लगाई। "मेरे तंदूरी के लिए थोड़ा ज़्यादा मसाला तैयार कर!"

जब लकी खाना खाने बैठा तो उसके बाएँ हाथ से हथकड़ी निकाल दी गई। उसने अपने खाने का भरपूर स्वाद लिया और आख़िर तक अंगुलियाँ चाट-चाट कर खाया। जब लकी और पुलिसवालों ने चंपावत के जंगलों की ओर अपना सफ़र जारी किया तो उसे फिर से हथकड़ी पहना दी गई। वे लोग शाम को पाँच बजे पहुँचे और जंगल की तरफ चल दिए।

"लकी बेटा।" सुभाष आर्य ने कहा। "हथियार किधर हैं?"

लकी ने सिर खुजाया। उसने आसपास देख कर एक ओर इशारा किया। कॉन्स्टेबल चुपचाप खुदाई करने लगे। उन्होंने कुछ फ़ीट खुदाई कर ली थी कि अचानक सारा काम रोकना पड़ा।

"रुको!" लकी बोला। "यह जगह नहीं थी!"

पुलिसवालों ने उसे खा जाने वाली निगाहों से देखा। लकी उन्हें दूसरी जगह ले गया और फिर से खुदाई करने को कहा। पर जब लकी ने उन्हें क़रीबन बीस मिनट की खुदाई के बाद दोबारा रुकने को कहा तो वे बुरी तरह से बौखला गए। वह उन्हें इसी बहाने से अलग-अलग जगह ले जाता रहा कि उसे हथियार छिपाने का सही ठिकाना भूल गया था।

"बड़ा अंधेरा हो गया है। मुझे कुछ याद नहीं आ रहा।" लकी बोला।

"हमें हथियार तो खोजने ही होंगे, बेटा!" सीओ आर्य ने कहा।

पर तब तक दिन ढल गया था और वह सारी जगह अंधेरे में घिर कर वर्जित इलाका बन गई थी जिसमें किसी भी कीमत पर आगे नहीं जाया जा सकता था।

"मुझे पूरा यकीन है कि कल दिन की भरपूर रोशनी में मुझे हथियार छिपाने की सही जगह याद आ जाएगी।" लकी बोला

दानू और आर्य के पास खीसें निपोरते हुए लकी की बात मानने के सिवा कोई चारा नहीं था। उनके काफ़िले ने रात को एक लॉज में शरण ली। दानू ने सबके लिए चाय और बिस्कुट मँगवाए। पुलिसवाले और मुलजिम एक ही मेज़ पर खा रहे थे। सुभाष ने लकी से कहा कि पुलिस पर केस को ज़ल्दी से हल करने का भारी दबाव बना हुआ था। राजू परगई उस इलाके के एक ताकतवर नेता का जानकार था जो पुलिस विभाग पर दबाव डाल रहा था। लकी ने पुलिसवालों से कहा कि वह उनकी परेशानी समझता है।

रात हो चुकी थी। पुलिसवाले रात के खाने के बाद थोड़ा सुकून में थे। उनकी बातचीत में कई मोड़ आए और बात का सिरा, लकी के छिपाए हुए हथियारों से राजनीति तक आ गया। हर पुलिसवाला अपनी ओर से यह अंदाज़ा लगा रहा था कि लकी का असली काम क्या हो सकता था। वह किसके लिए काम करता था? क्या वह भारतीय सेना में काम कर रहा था? या एसपीजी में? या फिर एनएसजी में? उसका असली पद क्या था? किसी के भी पास ठोस जवाब नहीं थे और लकी भी उन्हें कुछ नहीं बता रहा था।

लकी ने तब तक जीतू से दूरी रखी हुई थी, अब उसने जीतू से अपना फ़ोन देने का इशारा किया। जीतू उन दिनों उत्तराखंड के स्पेशल ऑपरेशन्स ग्रुप के लिए काम कर रहा था पर लकी का पुराना जानकार था। जब कोई नहीं देख रहा था तो जीतू ने भारी जोखिम मोल लेते हुए, अपना फ़ोन लकी के हवाले कर दिया।

फिर लकी ने टीओआर ब्राउज़र डाउनलोड करने की कोशिश की ताकि वह डार्क वेब पर एजेंसी से संपर्क बना सके। टीओआर, *द ओनियर राउटर* का संक्षिप्त रूप है और एक ख़ास तरह का ब्राउज़र है, जिसके माध्यम से इंटरनेट पर अज्ञात रूप से सर्फ़िंग कर सकते हैं। इस तरह देखी गई वेबसाइट्स का ट्रेफिक एनेलसिस भी नहीं हो पाता। यह ब्राउज़र

डार्क वेब से संपर्क बनाने के लिए होता है, जो नियमित रूप से इस्तेमाल होने वाले इंटरनेट का सबसेट है। डार्क वेब पर अनगिनत कानूनी और गैर-कानूनी धंधे होते हैं। कई प्राइवेट और पब्लिक संगठन अपने गंदे कामों के लिए डार्क वेब का प्रयोग करते हैं और सदस्यों के बीच आपसी बातचीत के लिए इसका प्रयोग किया जाता है।

हालांकि, इंटरनेट का कनेक्शन बहुत धीमा था। लकी पुलिसवालों का ध्यान अपनी ओर खींचे बिना कोई ख़ास तरक्की नहीं कर सकता था। कई नाक़ामयाब कोशिशों के बाद, लकी ने हार मान ली और और जीतू का फ़ोन वापिस कर दिया। जीतू ने अपना फ़ोन जेब के हवाले करने के बाद चैन की साँस ली।

सुबह होते ही लकी को फिर से हथकड़ी पहना कर वैन में बिठा दिया गया और जंगलों की ओर चल दिए। अब तो देखने वाला नज़ारा था। रात को जंगल कितना अंधेरा और डरावना लग रहा था पर अब सब कुछ हरा-भरा सा था। लकी के कहने पर, पुलिसवाले फिर से खोदने का काम करने लगे। भोर दोपहर में बदल गई पर उन्हें छिपाए गए हथियारों की कोई भनक नहीं मिली थी। लकी सटीक जगह के नाम पर हीले-हवाले ही करता रहा। वह बार-बार सुभाष आर्य से समय पूछ रहा था।

"लकी बेटा!" सुभाष आर्य ने कहा, हालांकि अब उनकी आवाज़ में खीझ का हल्का पुट आ गया था। "तुमने हथियार किस जगह छिपाए हैं?"

एसआई दानू भी उनकी बातचीत में शामिल हो गया। "बोल बेवकूफ़ कहीं के!" जब फोरेंसिक विभाग ने सरकारी कागज़ों पर लकी की उँगलियों के निशान लिए थे, उस बात को अड़तालीस घंटे पूरे होने में बहुत समय नहीं बचा था। इसका मतलब था कि उसके दिमाग की साज़िश को पूरा होने में देर नहीं थी और अब उसे इस बेवजह के शिष्टाचार को भी निभाने की ज़रूरत नहीं थी।

"अरे मा@#$... ।" लकी ने माँ की गाली देते हुए एक झटके में सारा तमाशा ख़त्म कर दिया। "अगर इस जंगल में हथियार नहीं खोज सके तो एक बंदर ही खोज लो और उसकी ही... ।"

एसआई तो सुनते ही सकते में आ गया। सुभाष आर्य का दयालु बाप जैसा रवैया भी अचानक ओझल हो गया। उन्हें एहसास हो गया था कि वे जिस आदमी के साथ थे, उसे धमका या डरा कर क़ाबू नहीं किया जा सकता था। दानू और आर्य ने लकी को फुसलाना चाहा कि वह उन्हें हथियार छिपाने का ठिकाना बता दे पर लकी कुछ सुनने को तैयार नहीं था।

आख़िर में, लकी ने सुभाष आर्य से फिर समय पूछा। "कितने बजे होंगे?"

"तीन बजे हैं। तुम बार-बार यही क्यों पूछ रहे हो?"

"क्योंकि मैंने पुलिसवालों का इससे निकम्मा और बेअक्ल झुंड नहीं देखा, जो इस समय मेरे साथ जंगलों में ख़ाक छान रहा है।"

"क्या? कहना क्या चाहता है तू?"

"भवाली से चंपावत आने-जाने में कम से कम बारह घंटे लगते हैं। मान लेते हैं कि मैंने आधी रात को क़त्ल किया। फिर मैं इतनी दूर चंपावत में हथियार छिपाने आया। पर फिर तुम सबने अगले दिन सुबह आठ बजे मुझे मेरे घर में सोता हुआ कैसे पाया?"

दानू का चेहरा पीला पड़ गया। उसने आँखें बंद कर उसाँस ली और दुःख मिश्रित गुस्से से भरे लहज़े में ड्राइवर से वापिस पुलिस स्टेशन चलने को कहा। लकी उन्हें कई बार मूर्ख बना चुका था।

असल में, लकी जानता था कि पुलिसवालों को किसी भी अभियुक्त को चौबीस घंटों के भीतर न्यायिक प्राधिकरण के सामने पेश करना होता

है। पुलिसवालों ने उसे अभी तक बिना गिरफ़्तारी दिखाए हिरासत में लिया हुआ था। वह चाहता था कि जब फिंगरप्रिंट विशेषज्ञ औपचारिक तौर पर उसकी अंगुलियों के निशान ले कर गया, तब से चौबीस घंटों का समय बीत जाए तो इस तरह अभियोग पक्ष कमज़ोर पड़ सकता था। फिर पुलिसवालों को चाहने, न चाहने पर भी यह मानना पड़ता कि जब उसके फिंगरप्रिंट लिए गए तो वह उनकी हिरासत में ही था।

दानू मुँह फुलाए हुए था। उसे यकीन नहीं आ रहा था कि लकी ने कैसे उसे अपने हाथों का खिलौना बनाया था। उसने अपनी ओर से अपनी खोई हुई इज्ज़त को बचाने की एक और कोशिश की। "तो तुमने असल में हथियार किस जगह छिपाए हैं?" वह अपनी ओर से यही कोशिश कर रहा था कि उसका सदमा ज़ाहिर न हो।

"मैं तो उन्हें श्रद्धांजलि देने के लिए गंगा में डुबो आया।" लकी बोला और हँसने लगा। "चलो, अब हरिद्वार चलते हैं?"

दानू ने मुँह फेर लिया और भवाली पुलिस स्टेशन तक वापसी की यात्रा में चिड़चिड़ाता ही रहा। लकी को एक छिपे हुए हथियार का पता तो था पर ये वह हथियार नहीं था जिससे राजू परगई की जान ली गई थी। असल में लकी ने पुलिसवालों के साथ यह खेल खेला था, जिनके पास अब समय नहीं बचा था। अब उनके पास सारी दुनिया को लकी की गिरफ़्तारी की ख़बर देने के सिवा कोई चारा नहीं था।

8
हिंसा का इतिहास

दोनों आदमियों के हाथ और मुँह बँधे हुए थे, उन्होंने आँसू भरी आँखों से अपने पकड़ने वालों की ओर ऊपर देखा। तीन से चार गुंडों का दल उन्हें ही घूर रहा था। उन गुंडों के हाथों में दराँती और तलवारें पकड़ी हुई थीं।

"हमसे ग़लती हो गई।" उनमें से आदमी गिड़गिड़ाया।

"मेहरबानी करके जाने दो।" दूसरे ने कहा।

तभी एक गठीला सा आदमी कमरे में आया और उसके आते ही सारा शोर फुसफुसाहटों में बदल गया जो उसके लिए सम्मान के बजाए डर की उपज था। सफ़ेद कुरते में शानदार ढंग से अंदर आने वाले उस आदमी से पूरा हलद्वानी थर-थर काँपता था। अस्सी के दशक के मध्य में, वह इलाका अभी उत्तर प्रदेश का ही हिस्सा था। अभी उत्तराखंड राज्य नहीं बना था जो आगे चल कर 1998-2000 में एनडीए सरकार ने कुछ निश्चित राज्यों के पुनःसंगठन के साथ बनाया।

शहर की जनसंख्या कुछ लाख में भी नहीं थी पर इसे उत्तर प्रदेश की अपराध राजधानी के तौर पर जाना जाता था। उस इलाके की एक और खूबी यह थी कि वह राज्य के सबसे बड़े वाणिज्यिक बाज़ारों में

से था और यह शहर पर्यटकों को अलग-अलग हिल स्टेशनों से जोड़ता था। इस शांत से शहर में नदियाँ, नालों के रूप में घरों की क़तारों के पास से बहतीं और देश के दूसरे हिस्सों के साथ संपर्क स्थापित करने के लिए सड़कें और रेल गाड़ियाँ भी सीमित संख्या में थे। यह कल्पना तक नहीं की जा सकती थी कि इतने सुंदर नज़ारों से सजा शहर अपराधों का गढ़ था।

कमरे में जिस आदमी ने कदम रखा, उसका नाम भोपाल सिंह रावत था और हलद्वानी में उसका बड़ा दबदबा था। उसने अस्सी के आरंभिक दशक में अपने अपराधिक कैरियर की शुरूआत की और रावत राज्य के अंडरवर्ल्ड में एक जाना-पहचाना नाम बन गया। वह जितने भी गैर-कानूनी धंधे करता था, उनमें सबसे ऊपर था - गौला नदी में खनन का धंधा, उसके लिए यही सबसे क़ीमती था। यह मार्ग लकड़ी, जंगलों से निकली उपज और जड़ी-बूटियों औषध की तस्करी के लिए इस्तेमाल होता, जिनकी ब्लैक मार्केट में बड़ी मांग थी। और कहना न होगा कि जो भी कोई रावत की मनपसंद और प्यारी चीज़ से उलझने की हिम्मत करता, उसका ठीक वही हश्र होता जो इस समय उसके आगे घुटने टेक कर बैठे दो आदमियों का हो रहा था।

रावत अपने लिए रखी गई कुर्सी पर बैठ गया और झुक कर उन दोनों आदमियों को दुष्टता से घूरने लगा। दोनों आदमियों ने उसे ऐसे देखा जैसे कोई बकरे कसाई को देख रहे हों। उनमें से एक अपने हाथ आगे लाया और अपने बँधे हुए मुँह से जितना हो सकता था, अस्पष्ट शब्दों में माफ़ी की गुहार लगाई।

रावत बोला, “वैसे तो मैं नरमदिल हूँ पर अगर तुम लोगों के साथ कुछ करके मिसाल नहीं बन सका तो तुमने जो चालू किया है, दूसरे उसे पूरा करने की हिम्मत करते रहेंगे।”

वे दोनों उसके पैरों पर गिर कर सुबकियाँ भरने लगे। उन दोनों ने गौला नदी के इलाके में घुसने और उसी मार्ग से तस्करी का धंधा चालू करने की ग़लती की थी। रावत ने अपने एक आदमी को इशारा किया। गुंडे ने अपनी पिस्तौल निकाल कर उनके सिरों में गोली मार दी और वे वहीं ज़मीन पर गिर गए।

अगले दिन उन दोनों आदमियों की लाशें रेलवे स्टेशन के पास बरामद हुईं। वे बस आंकड़ों में बदल गए, गौला नदी के गैरकानूनी धंधे के बेताज बादशाह भोपाल सिंह रावत के खदान वाले धंधे को क़ाबू में करने वाले की कोशिश करने वाले मृतकों की गिनती में दो नाम और जुड़ गए।

रावत ने जंगल में पेड़ों की गैर-कानूनी कटाई के साथ लकड़ी के छोटे व्यापारी के तौर पर अपना काम चालू किया था, इस गैरकानूनी काम के चलते, एक पुलिस अधिकारी के साथ रावत का मतभेद ही अपराध जगत में उसके प्रवेश की वजह बना। वह पुलिसवाला विवाद के कुछ दिन बाद मरा पाया गया। वे उत्तर प्रदेश जैसे विशाल राज्य के सीमावर्ती इलाके थे, कानून और व्यवस्था के हालात नियंत्रण से बाहर थे। इस मर्डर पर किसी का ध्यान नहीं गया और रावत को उसके किए का दोषी नहीं ठहराया गया। कानून की ओर से बरती गई इसी ढील का फ़ायदा उठाते हुए, हत्यारा रावत पेड़ों की गैर-कानूनी कटाई के धंधे में दख़ल देने वाले किसी भी इंसान को इसी तरह बेहरमी से नियमित रूप से मारता रहा।

वन विभाग की ओर से अनेक रिपोर्टों में कहा गया कि जंगल में लोग मरे हुए पाए जा रहे थे और जब इस धंधे में रावत की पहुँच और दबदबा बढ़ने लगे, तो शक़ की सुई उसकी ओर ही घूमने लगी। पर किसी में उसके ख़िलाफ़ कुछ बोलने या उसके हैसियत पर सवालिया निशान लगाने का साहस नहीं था। वह नेपाल और दूसरे भारतीय राज्यों में गैर-कानूनी रूप से लकड़ी निर्यात करने का काम भी करने लगा। ज़ल्द

ही उसके आसपास बहुत से लोग जमा हो गए जिनके बल पर वह दूसरे गैर-कानूनी धंधे भी करने लगा जैसे चीड़ के पेड़ से लीसा (एक तरह की गोंद) निकालना जिससे तारपीन और टरक्वाइज़ का तेल बनाते हैं। वह कीड़ा जड़ी की तस्करी पर भी एकछत्र राज करने लगा, यह एक तरह का फंगस होता है जिसे इल्ली से निकाला जाता है और पारंपरिक तौर पर कई तरह के रोगों के इलाज के अलावा यौनेच्छा बढ़ाने के काम भी आता है। भारत सरकार ने इसके धंधे को गैर-कानूनी क़रार दिया है। परंतु इस ख़ास फंगस से बहुत ज़्यादा आमदनी होती है क्योंकि इसकी क़ीमत दस लाख रूपए किलो से भी ऊपर जाती है जिससे यह बहुत ही मुनाफे का धंधा माना जाता है। वह खड़िया के गैर-कानूनी खनन कार्य में शामिल था, कॉस्मेटिक उद्योग में इस सफ़ेद टेल्क चॉक मिरनल की भारी मांग है। उसने गैर-कानूनी तौर पर अपने धंधे को आगे ले जाते हुए क्रूर और हिंसक तरीकों का प्रयोग किया और अक्सर वह अमानवीय सीमा तक उतर आता। वह अपने सामने आने वाले किसी भी प्रतिस्पर्धी को अपनी आरा मशीन के ब्लेड तले इस तरह चीर देता मानो वह लकड़ी का लट्टा हो। गौला नदी के किनारे पर आ कर रुकी लाशें या फिर ईंटों के भट्ठे में लाशों का भुनना आम बात हो गई थी।

भरत शाह और रमेश बंबईया, रावत के भरोसेमंद साथी बने। बंबईया मुंबई के अंडरवर्ल्ड में काम कर चुका था और डॉन छोटा राजन की नाराज़गी न्यौत चुका था। राजन के गुस्से से बचने के लिए, बंबईया अपने राज्य में वापिस आ कर रावत के साथ काम करने लगा। नब्बे के दशक के आरंभ तक, भोपाल सिंह रावत को उस इलाके का सबसे बड़ा माफ़िया माना जाने लगा था। दुश्मन गैंग और पुलिसवाले; दोनों ही उसके नाम भर से काँप उठते। खनन कार्य के नियंत्रण से ले कर, नेपाल तक तस्करी के धंधे में लिप्त रावत उन इलाकों में एक तरह से छोटा-मोटा देवता ही माना जाने लगा था।

अंतहीन ताकत के बल पर दोस्तों की कमी नहीं रहती पर इसके साथ ही बहुतेरे दुश्मन भी पैदा हो जाते हैं। रावत के मामले में, उसके दुश्मन वही थे जिनके साथ उसका उठना-बैठना और खाना-पीना था यानी उसके अपने साथी; शाह और बंबईया। वे खुद अपराध और राजनीति जगत में कुछ बनना चाहते थे इसलिए उस राज्य में रावत के एकछत्र राज को देख कर बंबईया और शाह को बेहद जलन होती थी।

पर इतने बड़े अपराधी के पिछलग्गू होने और बहुत कम संपर्क होने की वजह से, वे दोनों अक्सर अपनी जलन पर क़ाबू पा लेते और मन मसोस कर रह जाते। वे बड़े ही सब्र से उस दिन के इंतज़ार में थे, जब उनके मालिक से हुई एक ग़लती उसे डुबोएगी और वे उसके ताबूत में आख़िरी कील ठोंकने का काम सकेंगे। 90 के दशक के आरंभ में, रावत ने एलान किया कि वह राजनीति में कदम रखने जा रहा है और यह वही एक ग़लती थी जिसके इंतज़ार में बंबईया और शाह तैयार बैठे थे। राज्य के सफ़ेदपोश राजनेता इस बात को हजम नहीं कर सके कि रावत जैसा निर्दयी अपराधी राजनीति में प्रवेश करे और उन्होंने उसके आतंक के साम्राज्य को नष्ट करने का निर्णय ले लिया। वे किसी ऐसे वफ़ादार आदमी की तलाश में थे जो रावत का सफ़ाया कर सके और शाह-बंबईया की जोड़ी बड़ी खुशी से इस काम को अंजाम देने आगे आ गई। रावत के उस मनहूस एलान के कुछ ही महीने बाद, शाह और बंबईया ने बड़े नेताओं की मदद से उसे मौत के घाट उतार दिया और वे दोनों अपने-आप रावत के अकल्पनीय विशाल साम्राज्य के वारिस बन गए। ज़ल्द ही वे दोनों उन इलाकों में आतंक का दूसरा नाम हो गए, जिनमें पहले रावत का दबदबा चलता था। समय बीता और फिर उसी जलन ने सिर उठा लिया जिसकी वजह से उन्होंने रावत की जान ली थी और बंबईया ने एक पुलिस मुठभेड़ में शाह को मरवा दिया। इस तरह वह गैर-कानूनी व्यापार और धंधों का बेताज बादशाह बन गया।

कहते हैं कि बंबईया बहुत ही ज़ालिम इंसान था, एक बार उसने एक बार दस लोगों को एक साथ मरवा कर, उन्हें सामूहिक तौर पर एक ही जगह दफना दिया था। राज्य में एकछत्र राज करने के लिए, उसने लोगों को अंधाधुंध क़त्ल करना चालू कर दिया, उसने अपने दुश्मन गैंग के ख़ास लोगों को भी मरवाया जिनमें कोई हरीश पलरिया भी शामिल था। कुछ लोगों का यह तक मानना था कि बंबईया के हाथों सौ से ज़्यादा लोगों का क़त्ल हुआ था।

बंबईया अक्सर पुलिसवालों को चकमा दे कर निकल जाता, कहते हैं कि जब पुलिसवाले उसे पकड़ने आते तो वह जानबूझ कर अपने घर के पास बने रेलवे क्रॉसिंग को बंद करवा देता। इस तरह उसे बच कर निकलने का मौका मिल जाता।

जब उत्तरांचल राज्य का गठन हुआ (2006 में इसे उत्तराखंड नाम दिया गया), तो बंबईया को पकड़ने के बाद, 2000 के आरंभ में हलद्वानी जेल में रखा गया। नव गठित राज्य सरकार ने इस बात पर ज़ोर दिया कि कानून और व्यवस्था में सुधार लाया जाए। कुछ लोगों का कहना था कि उसे थोड़ा देर से बंदी बनाया गया क्योंकि यह कहा जा रहा था कि अब्दुल रब्ब की हत्या के पीछे बंबईया का हाथ था।

अब्दुल रब्ब ने अपना सार्वजनिक जीवन, हलद्वानी में अपने नज़दीकी दोस्त मिद्दू ख़ान के साथ चालू किया। हलद्वानी में तीस प्रतिशत से अधिक मुस्लिम जनसंख्या बसती है और इसी बात ने अब्दुल और ख़ान को 1995 के दौरान तेज़ी से उभरने का मौका दिया। पर अब्दुल के दोस्त के दिमाग में तो कुछ और ही चल रहा था। ख़ान राज्य में अपने पैर पसारने के लिए अपराध का सहारा लेने लगा। जबकि अब्दुल ने अपनी समाज सेवा के बल पर लोगों के दिलों में जगह बनाई। मिद्दू ख़ान नागरिकों को दबाने और परेशान करने के लिए बदनाम हो रहा था, चाहे वे हिंदू हों या मुसलमान; वहीं अब्दुल का पक्षपात रहित रवैया उसे दोनों

समुदायों की नज़रों में मसीहा बनाता जा रहा था। अनेक लोग उसके इस बढ़ते हुए प्रभाव से जलते थे, ख़ासतौर पर मुसलमान समुदाय के नेताओं को वह उनकी सत्ता और दबदबे के लिए ख़तरे की तरह लगता था।

एक दिन, अब्दुल अपनी हजामत करवाने के लिए नाई के पास बैठा था और तभी बाइक पर सवार दो लोगों ने उसे गोली मार दी और फ़रार हो गए। अब्दुल वहीं मारा गया। उसकी मौत के साथ, उत्तर प्रदेश में एक ऐसा नेता बनने की संभावना भी समाप्त हो गई जो राज्य पर पूरा अधिकार और प्रभाव रखने के साथ-साथ लोगों के दिलों पर भी राज करता हो।

बंबईया के जेल जाने के बाद, 2000 के आरंभिक दौर में, माफ़िया जगत में सूनापन सा छा गया और कई चिंदी चोर अपराधी उस सिंहासन को अपने अधीन करने की कोशिश करने लगे। राजेंद्र बिष्ट उर्फ़ राजू परगई भी अपराध की दुनिया का एक ऐसा ही छोटा-मोटा अपराधी था, परगई दिन-दूनी रात चौगुनी तरक्की करते हुए अंडरवर्ल्ड के सिंहासन तक जा पहुँचा। परगई के गैरकानूनी धंधों की पहुँच नेपाल तक हो गई।

देखते ही देखते, परगई हलद्वानी से डी-कंपनी का काम संभालने लगा। गैंग परगई के माध्यम से हथियार या नशीले पदार्थों के पैकेट नेपाल भिजवाता। यह तस्करी शारदा नदी के ज़रिए होती, जिसे महाकाली नदी भी कहते थे, जो भारत-नेपाल की पश्चिमी सीमा के साथ-साथ बहती थी। यह नदी 14,000 वर्ग कि.मी. से भी अधिक क्षेत्रफल में फैली है, यह हिमालय से निकलती है और पिथौरागढ़ जिले में भारत और नेपाल को जोड़ती है।

इसी मार्ग के माध्यम से हथियारों की तस्करी हुई, जब छोटा राजन गैंग के दीपक सिसोदिया को एक गन भेजी गई ताकि वह बंबईया को मार सके और उसके गैंग और बंबईया के बीच की दुश्मनी ख़त्म हो सके।

योजना तो यही थी कि जब बंबईया जेल से अस्पताल जा रहा हो तो रास्ते में उसे मारा जाए हालांकि दीपक यह काम नहीं कर सका और हथियार उसके पास ही रह गया।

जब राजन ने उसे मुंबई के पत्रकार ज्योतिर्मय दे को मारने की सुपारी दी तो उसने उसी गन से काम लिया। 11 जून 2011, मुंबई स्थित पत्रकार को उसके पवई स्थित निवास स्थान के पास, मोटरसाइकिल सवार शार्पशूटर्स ने मार दिया जो छोटा राजन के आदमी थे। उसके शरीर पर नौ निकास घाव हुए थे।

सिसोदिया को इस हत्या का आरोपी माना गया। उसे 2 मई 2018 को मकोका अदालत ने आजीवन कारावास की सज़ा सुनाई और फिर उसे अमरावती जेल में रखा गया। पर जब उसे फरवरी 2022 में पैरोल पर छोड़ा गया तो वह नेपाल फ़रार हो गया।

ज़ल्द ही परगई का उदय, भोपाल सिंह रावत की वापसी की तरह दिखने लगा। वह तत्कालीन सरकार के कुछ ताकतवर लोगों से भी हाथ मिलाने में सफल रहा। वह बिना किसी अड़चन के लोगों को जान से मारने, सताने, उगाही करने और गैरकानूनी धंधे करने में लगा रहा, और तब तक कोई उसके रास्ते में आने की हिम्मत नहीं कर सका, जब तक वह पहली बार तिहाड़ जेल में प्रकाश पांडे से नहीं मिला। वह प्रकाश का दायाँ हाथ बनने के लालच में बार-बार तिहाड़ जेल जाने लगा, वह इस तरह पूरे राज्य में अपना एकछत्र राज क़ायम करना चाहता था। पर उसे कहाँ पता था कि पांडे से होने वाली ये मुलाक़ातें ही उसे एजेंसियों के राडार पर ले आएँगी।

9

राजू परगई का उदय

2004 के आसपास, परगई ने एक बहुत ही बेरहमी से भरा क़त्ल किया था जो इलाके में उसकी दहशत की शुरुआत था। वह कार के स्टीयरिंग पर बैठा था और इंजन गरज रहा था। उसका चेहरा लाल था और उसके हाथ उस इंसान के खून से रंगे थे जो कच्ची सड़क पर चित्त पड़ा था। परगई पहले ही इस आदमी को पीट चुका था, जिसका नाम डंगवाल था, उसने एक देसी *बार* में हुई झड़प के बाद डंगवाल को बुरी तरह से मारा था। परगई ने डंगवाल के मुँह पर एक ज़ोरदार घूँसा रसीद किया और वह ज़मीन पर जा गिरा। फिर वह डंगवाल पर सवार हो कर, उस पर तब तक वार करता रहा, जब तक उसका चेहरा लहू से लथपथ नहीं हो गया।

डंगवाल का जुर्म बस इतना ही था कि उसने अपनी कार परगई को देने से मना कर दिया था, उसकी एसयूवी पर परगई का दिल आ गया था। वह एसयूवी डंगवाल के नाम रजिस्टर्ड थी इसलिए वह नहीं चाहता था कि उसकी कार लापरवाह परगई के हाथ लगे पर उसे कहाँ पता था कि यह मनाही उसकी जान पर भारी पड़ेगी। परगई उसे *बार* से घसीटते हुए कार तक ले आया जिसकी डील की वजह से बहस हो गई थी। उसने

उसे मारने के बाद ज़मीन पर इस तरह पटका कि उसका चेहरा कार के अगले हिस्से के ठीक सामने आ गया। फिर उसने डंगवाल की जेब से चाबियाँ निकालीं, ड्राइवर की सीट पर बैठा और इंजन चालू कर दिया। परगई ने गाड़ी को तेज़ी से चलाते हुए, अगले पहिए के नीचे डंगवाल का सिर कुचल दिया।

यह घटना, उत्तराखंड की पहाड़ियों में सबसे भयंकर अपराधियों में से एक के आने की शुरुआत भर थी। डंगवाल के परिवार में दो साल के बेटे और बूढ़े माता-पिता के सिवा कोई नहीं था और वे लोग परगई को कानूनी तौर पर सज़ा नहीं दिला सकते थे। 2006 में, एक दूसरी बार में, परगई और *बार* के एक मालिक की कहा-सुनी हुई, उसने शराब की एक बोतल फोड़ी और सामने वाले की अंतड़ियों में कई बार घोंप दी।

परगई क़त्ल, लूट, उगाही और रिश्वतखोरी के लिए दूसरा नाम हो गया था। छोटे-मोटे व्यापारी और दुकानदार उसके आगे कुछ नहीं बोल सकते थे और उन्हें समय-समय पर परगई की सारी माँगें पूरी करनी पड़ती थीं। उसके पड़ोस में रहने वालों को यह सहन नहीं होता था कि उसकी दो पत्नियाँ थीं पर उनमें से किसी के पास उसके मुँह पर कहने की हिम्मत नहीं थी। माना जाता था कि उसके शादी से पहले अपनी स्कूलटीचर से भी जिस्मानी रिश्ता रहा। और जब कुछ दिन बाद मुहल्ले में टीचर की लाश मिली तो लोगों को जानने में देर नहीं लगी कि ये किसका काम रहा होगा। वह अपने पंजे फैलाते हुए, अपने इलाके का विस्तार करने लगा। वह राज्य में ख़दान से पैसा बनाने वाली हर हस्ती से दस प्रतिशत की उगाही करता था।

उत्तराखंड में समय-समय पर लोगों की हत्या और जबरन वसूली जारी रही और आख़िर में संगठित अपराध की सारी लगाम परगई के हाथों में आ गई। इसने कुछ नेताओं का ध्यान अपनी ओर खींचा

और परगई उस समय की एक ताकतवर राजनीतिक महिला के साथ राजनीति-माफिया गठबंधन करने में क़ामयाब रहा। ऊपर तक पहुँच होने के बाद उसे राज्य में बने कानूनों को तोड़ने का साहस आ गया जैसे उस इलाके में रात दस बजे के बाद शराब की दुकानें खोलना मना था पर वह शराब की दुकान के मालिकों से भारी रकम ले कर उन्हें देर रात तक दुकान खोलने की सुरक्षा देता। उसने इस बात पर भी नियंत्रण रखा हुआ था कि कॉलेज के चुनावों में किस प्रत्याशी को टिकट मिल सकती थी। कॉलेज के छोकरे राजू भाई की अद्‌भुत सत्ता और अधिकार को देख कर विस्मित हो जाते और वे उसे अपना आदर्श मानने लगे थे।

वह अपने प्यादे अमित आर्य के साथ मिल कर सारे इलाके पर राज कर रहा था। दोनों को क़त्ल करने के लिए बस बहाने की ज़रूरत होती थी। ज़ल्दी ही उनकी योगेश सुनहरी से ठन गई। वह भी एक छोटा सा गैंगस्टर था पर परगई के दबदबे को चुनौती देने का जीवट रखता था।

परगई ने सुनहरी को मिटाने की पूरी कोशिश की पर हर बार वह किसी तरह बच निकलता। सुनहरी अपनी मौत को टाल सकता था, उससे बच नहीं सकता था। एक दिन, सुनहरी कोर्ट केस की सुनवाई के बाद अपनी कार में वापिस आ रहा था। उसकी आँखें एक लड़की पर पड़ीं जो ऑटोरिक्शा में बैठी थी। दोनों की नज़रें मिलीं और सुनहरी झट से अपनी कार से निकल कर उस लड़की के साथ ऑटो में जा बैठा ताकि उससे दोस्ती करने का मौका मिल सके।

हालांकि परगई के एक और ख़बरी ने उसे ख़बर दे दी थी कि सुनहरी अपनी कार से उतर आया था और अब उस पर वार करना आसान था। परगई और उसका गैंग आसपास ही थे और सुनहरी की लोकेशन का पता चलते ही वहीं आ गए। अमित आर्य, एक तरह से परगई की परछाईं था, वह भी उनके साथ शामिल था। परगई और अमित बाइक

पर थे, वे अंधाधुंध बाइक चलाते हुए उस ऑटो को खोजने लगे जिसमें सुनहरी सवार था।

परगई की पिस्तौल भरी हुई और पूरी तरह से तैयार थी। पिछली सीट पर बैठा आर्य क़त्ल की लाइव रिकॉर्डिंग करने के लिए तैयार था ताकि आने वाले समय में लोगों को डराने के लिए उस वीडियो का इस्तेमाल हो सके। परगई कई वाहनों के पास से निकलते हुए, उसी ऑटो के पास जा कर रुका जिसमें सुनहरी बैठा था। फिर उसने ऑटो के साथ बाइक चलाते हुए, सुनहरी का नाम पुकारा।

सुनहरी ने गर्दन बाहर निकाली। इससे पहले कि वह कुछ समझ पाता, परगई ने ऑटो रोका और अपनी पिस्तौल की सारी गोलियाँ सुनहरी में उतार दीं। और फिर, परगई और आर्य अपनी बाइक ले कर चंपत हो गए। यह 2009 के आसपास की घटना रही होगी।

हालांकि दिन-दहाड़े, दोपहर एक बजे क़त्ल हुआ था पर वह भी पुलिस स्टेशन के बहुत पास, पर परगई को केवल छह महीने की जेल हुई क्योंकि किसी में उसके ख़िलाफ़ गवाही देने की हिम्मत नहीं थी। उसके जेल प्रवास का अधिकतर समय एक अच्छे-ख़ासे अस्पताल में ही बीता क्योंकि उसने झूठी बीमारी का बहाना बना रखा था। एक महीने के असली जेल प्रवास के दौरान उसने एक जाने-माने माओवादी नेता प्रशांत राही से संबंध बनाए। प्रशांत एक बहुत अच्छा वक्ता था जो अपनी बातों से किसी का भी ब्रेनवाश करने की क्षमता रखता था। परगई जेल में ही प्रशांत से मिला था। हालांकि राय ने कभी किसी हथियार को हाथ तक नहीं लगाया था पर वह अपनी बातों के बल पर अपने समर्थकों की सेना खड़ी कर सकता था। परगई को लगा कि प्रशांत के साथ यारी करके सीमा-पार के संबंध मज़बूत हो सकते थे इसलिए उसने आंदोलन के प्रमुख नेता से दोस्ती करने में देर नहीं की।

हाई-प्रोफ़ाइल मर्डर करने के बाद परगई के हौसले और बुलंद हो गए थे। वह उस शहर का इकलौता ऐसा आदमी था जो बिना लाइसेंस की पिस्तौल सरेआम जेब में लिए घूम सकता था।

अंडरवर्ल्ड में एक बार कदम रखने के बाद उसने अपनी पकड़ मज़बूत करनी चालू कर दी। इस काम के लिए इससे बेहतर समय और क्या हो सकता था। प्रकाश पांडे अंडरवर्ल्ड के कुख्यात नामों में से एक था। इंटरपोल ने 2010 में उसे वियतनाम में धर दबोचा और कई हत्याओं के जुर्म में मुंबई जेल में डाल दिया गया। कुछ ही दिन पहले, पांडे ने जेल अधिकारियों को अर्ज़ी दी थी कि उसे किसी और जेल में भेज दिया जाए क्योंकि उसे डर था कि मुंबई में उसकी जान ख़तरे में थी।

माना जाता था कि प्रकाश पांडे का छोटा राजन के साथ विवाद हो चुका था। उसने ही नेता दिलशाद बेग के नेपाल में छिपने के ठिकाने के बारे में सूचना दी जिससे इंटेलीजेंस को दिलशाद बेग को पकड़ने और नेपाल के साथ उसकी गैर-कानूनी हरकतों पर रोक लगाने में मदद मिली। कहते हैं कि बेग के दाउद इब्राहिम की डी-कंपनी से संबंध थे।

पांडे की तबादले की अर्ज़ी मंजूर कर दी गई और उसे दिल्ली की तिहाड़ जेल भेज दिया गया। कुआँ खुद चल कर प्यासे के पास आ गया था। परगई ने प्रकाश पांडे से मिलने में देर नहीं की और गैंगस्टर का दिल और भरोसा जीतने के लिए बार-बार उसके पास जाने लगा।

प्रकाश पांडे ने कुछ समय बाद अपने गैरकानूनी कामों के प्रबंध परगई को सौंप दिए जो यूपी से ले कर नेपाल तक फैले थे। ताकतवर नेता और गैंगस्टर का साथ पाने के बाद परगई कानून को अपने हाथों का खिलौना बना कर मनमाने तरीके से खेलने लगा।

बाहुबली प्रकाश पांडे से दोस्ती होने के बाद, परगई अपने लिए एक जगह बनाना चाहता था और उसने नेपाल के रास्ते गैरकानूनी तरीके

से सीमा पार के धंधे चालू कर दिए। वह नेपाल से चुराई गई लक्ज़री कारें स्मगल करने लगा जिन्हें बाद में माओवादी भारत में आतंकवादी गतिविधियों को अंजाम देने के लिए इस्तेमाल करते। इसके बाद, वह ऐसा बिचौलिया बन गया जिसके माध्यम से नेपाल के रास्ते गैरकानूनी तरीके से हथियार भारत में लाए जाते थे। 2006 तक अपराध की दुनिया का नौसिखिया छोकरा, 2010 तक आते-आते अपराध की दुनिया में एक आइकॉन बन चुका था। उसने अपने ग्लैमरस लाइफ़स्टाइल के चलते उत्तराखंड के युवाओं के बीच अच्छी लोकप्रियता हासिल कर ली थी।

परगई नेपाल से भारत आने वाले शूटर्स को भी सेफ पैसेज देता था। उन्हें उत्तराखंड में सुरक्षित ठिकाना देने के बाद, वह उन्हें कान्ट्रेक्ट किलिंग के लिए मुंबई और दिल्ली जैसे बड़े शहरों में भेजता।

पर राजू परगई की यह रातों-रात होने वाली तरक्क़ी छिप न सकी। ज़ल्द ही वह इंडियन इंटेलीजेंस एजेंसियों के राडार पर चमकने लगा। परगई के दिन-ब-दिन बढ़ते दबदबे की वजह से ही उनका ध्यान उसकी ओर गया। कुछ सप्ताह बाद, एजेंसियों को पता चला कि परगई राजनीति में भी पैर पसारने की तैयारी में था और आगामी चुनावों में खड़ा होने वाला था। एजेंसियों को डर था कि परगई आगे चल कर भारत का दिलशाद बेग बन सकता था। वही उसके लिए मौत का वारंट साबित हुआ।

अगस्त 2011 के आसपास, एक खुफिया सरकारी एजेंसी ने तत्काल मीटिंग बुलवाई ताकि राजू परगई की क़िस्मत पर ताला लगाया जा सके। परगई का सफ़ाया करने के लिए एक प्रशिक्षित हत्यारे को चुना गया और उस गुप्त हत्यारे का कोड नेम था : *एजेंट लीमा।*

10
शूट टू किल

23 अगस्त, 2011 सीक्रेट फैसीलिटी, मणिपुर

एजेंट लीमा शूटिंग रेंज में बाईं टाँग मोड़े अपने कूल्हों के भार बैठा था; और दायाँ घुटना ज़मीन पर झुका हुआ था। वह अपनी 7.62 एमएम डीएसआर स्निपर राइफ़ल के स्कोप से झाँक रहा था और बाईं हथेली उसके बैरल से लिपटी थी। उसका हथियार, पूरब की ओर से आती हवा के हल्के झोंकों के बावजूद पूरी तरह से डटा हुआ था। 1300 मीटर की दूरी पर पत्थरों से भरे चार बोरे निशाने के तौर पर रखे गए थे। हर बोरे पर एक इंसानी सिर के आकार का मटका रखा गया था। उसने अपना दम साधा और नसों को शांत किया। उसकी राइफ़ल सुडौल बाजुओं में सही तरह से टिकी हुई थी।

उसने ट्रिगर दबाया। पहला मटका फूटा और चारों दिशाओं में उसके टुकड़े बिखर गए, वे माइक्रोसैकेंड में धूल हो गए थे। उसके हाथ और आँखों के उचित तालमेल के बल, बाकी मटके भी गोलियों की मार से छलनी हुए और उनका यही हश्र हो गया।

एजेंटी लीमा की ट्रेनिंग ड्रिल - शूट टू किल - पूरी हो चुकी थी। एक एजेंसी एजेंट को जो भी ड्रिल करने पड़ते थे, यह उनमें से एक महत्त्वपूर्ण ड्रिल थी और इसमें निपुणता बहुत अहमियत रखती थी। इसे इस तरह डिज़ाइन किया गया था कि एजेंट भारी भीड़ के बीच भी अपने टार्गेट पर निशाना साध सके। एक एजेंट अपनी आख़िरी गोली जितना ही अच्छा होता है। पर लीमा ने निशानेबाज़ी में महारत हासिल कर ली थी। उसकी किसी भी तरह के कोलैटरल डैमेज (किसी आकस्मिक गतिविधि की वजह से होने वाला नुकसान) के बिना सटीक निशाना लगाने की योग्यता अतुलनीय थी।

लीमा ने कानों से शूटिंग मफ उतारे और खड़ा हो गया। उसके पीछे कंपनी का हवलदार ड्रिल के ख़त्म होने के इंतज़ार में था।

"एजेंट लीमा।" हवलदार बोला। "तत्काल कर्नल वीरभद्रन के ऑफ़िस में रिपोर्ट करो।"

लकी ने मिलिट्री गीयर से धूल झाड़ी और कर्नल के ऑफ़िस की ओर चल दिया। कर्नल अपने मेज़ पर बैठे थे, वे चिबुक पर मुट्ठी टिकाए अपने लैपटॉप पर नज़रें जमाए हुए थे। मेजर कामत भी उसी कमरे में थे। एजेंट लीमा कमरे में दाख़िल हुआ और अपने सीनियर अधिकारियों को सेल्यूट किया।

"विश्राम।" कर्नल वीरभद्रन ने कहा।

लीमा सहज अवस्था में आ गया। कर्नल वीरभद्रन ने मेजर कामत को देख कर सिर हिलाया। नौजवान मेजर ने मेज़ पर दो तस्वीरें रख दीं। वे दोनों फ़ोटो जूम कैमरे की मदद से, दूर से लिए गए थे जिसमें दो आदमी दिखाई दे रहे थे। लीमा ने अनुमान लगाया कि तस्वीर में दिख रहे आदमी 28-30 साल के आसपास होंगे। पर उनके गोरे चेहरों पर कपट की लाली झलक रही थी।

"लीमा, बाईं ओर दिख रहे आदमी को गौर से देखो।" मेजर कामत ने गंभीरता से कहा। "यही तुम्हारा अगला निशाना है।"

लीमा की आँखें अपने निशाने पर गड़ चुकी थीं। मेजर कामत ने आगे संक्षेप में बताया। राजेंद्र परगई के अपराध के शिखर तक जाने की यात्रा ने सुरक्षा एजेंसियों को हतप्रभ कर दिया था। वह जाने कहाँ से एकदम उभर कर सामने आ गया था। पहले तो वह उनके राडार पर एक छोटे बिंदु से ज़्यादा नहीं था। पर फिर थोड़े ही समय में, वह एक ऐसे विशाल रूप में बदल चुका था जो अपने रास्ते में आने वाले हर व्यक्ति और वस्तु को कुचल देना चाहता था। अब वह राष्ट्रीय सुरक्षा के लिए भी ख़तरा बन गया था।

"इसके दाईं ओर अमित आर्य है।" मेजर कामत ने कहा।

आर्य परगई का दायाँ हाथ था। इन दोनों को अलग करना मुश्क़िल था। आर्य एक तरह से परगई की परछाईं बन चुका था। लीमा को सब समझ आ गया। आर्य उसका टार्गेट नहीं था पर अगर हालात की मांग हुई तो कोलैटरल डैमेज के तौर पर आर्य भी चपेट में आ सकता था।

"परगई की मौत से बेशक़ ख़ासी राजनीतिक हलचल मचेगी।" मेजर कामत ने कहा। "हम लोग उससे निपटने की तैयारी में हैं।"

परगई राज्य के जाने-माने नेता का नज़दीकी था और उनकी पार्टी भी केंद्र में सत्ता में थी। परगई किसी भी तरह की पार्टी या राजनीतिक दल के लिए निष्ठा नहीं रखता था। वह एक ताकत और सत्ता का भूखा अपराधी था जो अपना प्रभुत्व बनाए रखने के लिए किसी भी हद तक जा सकता था और उसे हर हाल में बनाए रखना चाहता था।

एजेंसी अपने टार्गेट को ख़त्म करने के लिए हर तरह के जायज़-नाजायज़ तरीके का इस्तेमाल करती थी। कई बार, इन तरीकों की वजह से उसे शर्मिंदगी का सामना भी करना पड़ता। एजेंसी ने 2005

में, छोटा राजन गैंग के कई सदस्यों जैसे फरीद तनाशा और विकी मल्होत्रा के साथ मिली-भगत की थी ताकि दाउद इब्राहिम की हत्या की योजना बनाई जा सके। वह दाउद के बेटे की शादी में इस घटना को अंजाम देना चाहती थी जिसकी शादी भूतपूर्व क्रिकेटर जावेद मियाँदाद की बेटी से हो रही थी।

तनाशा और मल्होत्रा ऐसे गैंगस्टर थे जिनकी मुंबई पुलिस को कई केसों में तलाश थी। मुंबई पुलिस ने उन्हें दिल्ली में खोज निकाला, जब वे एजेंसी के एक सीनियर अधिकारी के साथ मीटिंग में थे जिससे दोनों संगठनों के बीच संघर्ष की स्थिति आ गई और मीडिया में भारी खलबली मची। एजेंसी अपना सबक़ लेने के बाद, इन मामलों में विशेष सावधानी बरतने लगी थी ताकि कोई गड़बड़ न हो। एजेंसी अपने सबसे बेहतरीन एजेंट को ही ऐसे काम सौंपती थी।

मेजर कामत ने आगे की योजनाओं का ख़ाका खींचा। एजेंट लीमा को उत्तराखंड में हलद्वानी नाम की जगह पर जाना था, वह उस इलाके से परिचित था। उसके लिए एक सुरक्षित ठिकाना पहले से तैयार कर दिया गया था। उसकी मदद के लिए कुछ स्थानीय लोग भी जुटाए गए थे पर उसे मिशन के अधिकतर हिस्सों पर अकेले ही काम करना था। लीमा के लिए एक नई पहचान भी तैयार की गई थी।

मेजर कामत ने दराज खोल कर एक टिकट, कुछ दस्तावेज़ और नक़द निकाला। "अगर ज़रूरत पड़ी तो और पैसा भेज दिया जाएगा।" वे बोले।

कर्नल वीरभद्र दबी हँसी के साथ बोले, "पर बहुत ज़्यादा ख़र्च मत करना।"

मेजर कामत ने लीमा को एक आई कार्ड थमा दिया। वह अपनी नई पहचान के हिसाब से चंडीगढ़ की ऑर्डनेंस फैक्ट्री का एक कर्मचारी था। परगई को परिष्कृत हथियारों से बहुत लगाव था और लीमा को उसे मौत

के नज़दीक ले जाने के लिए इसी कमज़ोरी का फ़ायदा उठाना था। इस काम को अंजाम कैसे देना था, यह सब लीमा पर छोड़ा गया था। वह ऐसे मिशन पूरे करने में उस्ताद था, यहाँ तक कि सीमा पार और दूसरे महाद्वीपों में भी ऐसे मिशन कर चुका था। वैसे भी हलद्वानी तो उसके अपने घर जैसा था।

कर्नल वीरभद्र उठे और कमरे के दूसरी ओर बनी खिड़की की ओर बढ़े। "कोई सवाल?" उन्होंने पूछा।

एजेंट लीमा ने सिर हिलाया। वह अपने सीनियर अधिकारियों से सवाल पूछने के बजाए, खुद ही सब बेहतर जानता था। आदेश दिया जा चुका था। और उसे पूरा करना था। बस इतनी सी बात थी! उसके दिमाग में पहले ही मिशन चालू हो चुका था। वह अपना मक़सद जानता था, राजू परगई का ख़ात्मा और अब वह मन ही मन अपनी योजना पर काम कर रहा था। वह सब कुछ देख पा रहा था, हालांकि अभी तस्वीर थोड़ी धुंधली थी पर उसे पूरा यकीन था कि ज़ल्द ही सब सही तरह से दिखने लगेगा।

"गुड लक एजेंट लीमा!" कर्नल वीरभद्रन ने कहा।

लीमा ने अपने सीनियर को सेल्यूट किया और बाहर निकल गया। अपने कमरे में वापिस आते ही उसने अपना हैंडबैग खोला और सारे कागज़ साइड वाली जेब में डाल दिए। फिर उसने अपनी शॉटगन ले कर उसे खोला और बैग में सही तरह से रख दिया। फिर उसने अपनी .9 एमएम की सेमी-ऑटोमेटिक राइफ़ल उसमें डाली। उसने कारतूसों के दो डिब्बे लिए। उसे बहुत ज़्यादा गोलियों की ज़रूरत नहीं पड़ने वाली थी क्योंकि परगई के पूरे गैंग का सफ़ाया नहीं करना था। ऐसा करने से बहुत शोर-शराबा हो जाता पर उसे हर हालात के लिए तैयार रहना था। अगर सब ठीक-ठाक रहा तो उसके दोनों निशानों के लिए एक गोली ही

बहुत होगी। लीमा ने हथियारों को अपने कपड़ों से ढका और उन पर एक ऊनी कंबल रख दिया।

उसने अपने मेज़ की दराज से एक छोटी नोटबुक निकाली। उसमें उसके लिए, उस इलाके में स्थानीय रूप से काम करने वालों के नाम और पते थे। नाम और पते कोड में लिखे गए थे जिन्हें केवल वही समझ सकता था। वे स्थानीय लोग उसके लिए काम पूरा होने के बाद साफ़-सफ़ाई की व्यवस्था देखने वाले थे।

उसने सुबह पाँच बजे का अलार्म लगाया और पलंग पर सीधा बैठ कर इस काम की गंभीरता पर विचार करने लगा। उसकी सफलता या असफलता के नतीजे बहुत दूर तक जाने वाले थे। हर मिशन की तरह, इस मिशन में भी उसकी जान को पूरा ख़तरा था। उसके काम में जान का ख़तरा सबसे पहले रहता था। हालांकि उसने पहले कितनी भी बार वह सब क्यों न किया हो, हर नए मिशन के साथ यह आशंका सिर उठाती ही थी। तो इस तरह अब वह थोड़ा घबराया हुआ था और उसे खुद को शांत करने के लिए कुछ करना था।

वह कंबल उतार कर उठा और फ़र्श पर आ कर पुश-अप्स करने लगा। एक घंटे के कड़े व्यायाम के बाद, उसके दिमाग का तूफान शांत हो चुका था और मन पूरी तरह से सहज हो गया था। अब उसके पास नींद लेने के लिए साढे तीन घंटे ही बचे थे। आठ घंटों की नींद आम आदमी की ज़रूरत होती है। उसे पहले ही कम नींद लेने के बहुत सारे अभ्यास करवाए जा चुके थे। लीमा के लिए साढे तीन घंटे नींद पूरी करने के लिहाज़ से बहुत थे।

वह फिर से पलंग पर लेटा और गहरी नींद में खो गया। अगली सुबह, सूरज उगने से पहले, एजेंट लीमा ने अपना अलार्म बंद किया और नहा कर सादे कपड़ों में तैयार हो गया। उसने अपना हैंडबैग उठा

कर कंधे पर लटका लिया। फिर वह रेलवे स्टेशन की ओर चल दिया जहाँ से वह हलद्वानी के लिए पहले रेल और फिर आगे सड़क यात्रा शुरू करने वाला था। अब उसके सामने एक ही लक्ष्य था : अपने टार्गेट को ख़त्म करना। उसी पल से जैसे राजू परगई की आख़िरी घड़ियों की उल्टी गिनती चालू हो चुकी थी। इस ऑपरेशन का कोड नाम था, *निम्लोच,* जिसका हिंदी में अर्थ होता है, 'सूर्यास्त'। सचमुच, परगई के जीवन का सूर्य अस्त होने वाला था।

11
अभियोग

सितंबर 2011

पुलिसवालों ने झट से एक प्रेस कांफ्रेंस बुलवाई ताकि यह एलान कर सकें कि उन्होंने बेरहमी से किए गए डबल मर्डर की गुत्थी को सुलझा दिया था जिसने पूरे उत्तराखंड को हिला कर रख दिया था। लकी को एसएसपी अनंत राम चौहान और आईपीएस पी. रेणुका, हलद्वानी के सीओ और कोतवाल, भवाली के इंस्पेक्टर और कई दूसरे उसी रैंक के अधिकारियों द्वारा मीडिया के आगे पेश किया गया। मीडिया भी भारी संख्या में मौजूद था। जब चारों ओर से कैमरे खटखटाए जा रहे थे तो लकी एसएसपी अनंत के पीछे खड़ा था। उत्साही रिपोर्टर एक-दूसरे की बात काट रहे थे ताकि उन्हें उनके प्रश्नों के उत्तर पहले मिल सकें और लकी अपनी आँखों को कैमरे की फ़्लैश से बचाने में लगा था।

"लक्ष्मण बिष्ट, तुमने किसके कहने पर ये क़त्ल किए?" एक रिपोर्टर ने पूछा।

लकी को उस चकाचौंध और मीडिया की भारी भीड़ के बीच सवाल पूछने वाले को खोजने में वक़्त लगा। फिर उसने उस रिपोर्टर को देख

कर कहा, "तुम ही कुछ नाम क्यों नहीं सुझा देते?" पत्रकारों का पूरा जमावड़ा यह सुन कर दंग रह गया और उनका वह कोलाहल चुप्पी से भरी बुदबुदाहटों में बदल गया। "अपनी पसंद के नाम बोलो।" लकी ने कहा। "और मेरी ओर से कल अपने-अपने अख़बारों में छाप देना।"

एसएसपी अनंत राम चौहान ने झट से दख़ल दिया और रिपोर्टर से कहा कि अभी जांच-पड़ताल जारी थी और उन्हें केस में आगे होने वाली प्रगति की जानकारी दे दी जाएगी। उसके बाद से वह स्वयं प्रश्नों के उत्तर देने लगा। लकी अविश्वास से पुलिसवालों और पत्रकारों के बीच होने वाले सवाल-ज़वाब को सुन रहा था। पुलिसवालों ने कहानी गढ़ ली थी कि उन्होंने एक ख़बरी से मिली टिप के आधार पर, लकी को 8 सितंबर, 2011 को तीन बजे भाखड़ा के जंगल से बंदी बनाया था।

"मीडिया को इन हत्याओं का मक़सद बताओ।" एसएसपी ने लकी से कहा।

लकी दूसरी ओर देखने लगा और एक भी शब्द नहीं कहा। पुलिसवाले बाकी बची कांफ्रेंस में शान से अपनी तारीफ़ों का आनंद लूटते रहे। जब मीडिया अपना मसाला जमा करने के बाद छितरा गया तो लकी एसएसपी की ओर झुक कर दबे सुर में बोला, "सर, आप मुझे जेल भेज रहे हो। मैं इसे सहन कर सकता हूँ। आप मेरे परिवार और दोस्तों को इससे परे रखना।" उसने अपनी बात को बीच में ही रोका और फिर बोला, "प्लीज़!"

एसएसपी ने अपना चेहरा घुमा कर लकी को देखा और हामी भरी। हथकड़ियों में जकड़े लकी को पुलिस वैन में बिठाया गया और कम से कम चार पुलिस वाहन उनके पीछे चल दिए। उसे नैनीताल जिला अदालत में ले जाया जा रहा था ताकि न्यायिक प्राधिकरण के आगे पेश किया जा सके।

सभी वाहन अदालत के प्रागंण में पहुँचे। लकी ने सलाखों वाली खिड़की से बाहर झाँका। अदालत का प्रागंण मीडिया रिपोर्टर, दर्शकों और लगभग दो सौ पचास लोगों से भरा था जिनमें उसके दोस्त, संबंधी और कई जिज्ञासु क़िस्म के लोग शामिल थे। उस जगह एक और दल था जो अलग कोने में खड़ा था, उनमें कई बड़े वकील, व्यवसायी और स्थानीय नेता शामिल थे। वे सभी उस आदमी की एक झलक पाना चाहते थे जिस पर राज्य के दो कुख्यात अपराधियों की हत्या का आरोप था। हवा किसी बिजली के खंभे की तरह तनी हुई थी।

लकी वैन से बाहर आया तो उसके पिता से मुलाक़ात हुई। लकी के पिता के पास ही काला कोट पहने एक मोटा-तगड़ा सा व्यक्ति खड़ा था। वे बलवंत सिंह थे, एक जाने-माने क्रिमिनल लॉयर, जिनके ग्राहकों में बाहुबली प्रकाश पांडे जैसे हाई प्रोफ़ाइल अपराधी शामिल थे। लकी के पिता लकी की ओर केस लड़ने के लिए बलवंत सिंह का परामर्श ले रहे थे।

लकी की आँखें पिता को देखते ही नम हो गईं। उसे हथकड़ियों में रखा गया था और उसके आसपास पुलिसवालों का घेरा था। हालांकि पिता और पुत्र का मिलन कुछ ही पलों का रहा क्योंकि पुलिसवाले लकी को कोर्ट की ओर खींच ले गए।

अदालत से लगातार वकील, ग्राहकों, अपराधियों और पुलिसवालों का रेला आ-जा रहा था। लकी का नाम पुकारा गया। उसे कठघरे में खड़ा किया गया। तीन पुलिसवाले उस पर पहरा देने के लिए वहीं खड़े थे।

वकील ने लकी को सिर से पैर तक देखने के बाद जज के आगे दस्तावेज पेश किए। जज की अनुमति मिलने पर, पब्लिक प्रॉसीक्यूटर यानी सरकारी वकील अपनी जगह से उठा और पुलिस की ओर से तैयार किया गया बयान पढ़ा। उसमें लिखा था : "क्राइम सीन से मिले सुबूतों

और परिस्थितिजन्य साक्ष्यों के आधार पर, पुलिस विभाग को पूरा यकीन था कि यह क़त्ल किसी उच्च प्रशिक्षित व्यक्ति ने किए थे जिसे हथियार चलाने में महारत हासिल थी। ऐसी दशा में, हमारा पहला शक़ लक्ष्मण बिष्ट की ओर ही गया क्योंकि वह इस डबल मर्डर के समय शहर में मौजूद था और यह भी सच है कि वह एक प्रशिक्षित ऑपरेटर है जो ऐसी असाधारण हत्याएँ कर सकता है।

हमें हमारे एक स्रोत से पता चला कि लक्ष्मण फ़रार हो रहा था और उसे भाखड़ा जंगल की ओर जाते देखा गया था। पुलिस विभाग ने एक मुठभेड़ की योजना तैयार की और उन्होंने 8 सितंबर को तीन बजे लक्ष्मण को गिरफ़्तार कर लिया। उस समय लकी के पास एक पिस्तौल और शॉटगन भी मिले, जो उसी समय ज़ब्त कर लिए गए।"

अभियोग पक्ष का वकील अपनी जगह बैठ गया। जज ने लकी से पूछा, "क्या तुम्हें अपने बचाव में कुछ कहना है?"

लकी और उसके वकील ने इस बात पर ज़ोर दिया कि उस पर लगाए गए सारे आरोप झूठे और बेबुनियाद थे और पुलिस ने राजनीतिक दबाव के चलते केस को झटपट दफ़ा करने के लिए ऐसा किया था। लकी ने अपनी बात पूरी करते हुए अपनी सफाई में कहा कि वह दोषी नहीं था।

अदालत को यह कह कर स्थगित कर दिया गया कि लकी को पुलिस की निगरानी में रखा जाए। पुलिस उसे अदालत से बाहर ले आई और नैनीताल जिला जेल ले जाने वाली वैन में धकेलने से पहले लकी को उसके पिता से मिलने के लिए कुछ क्षण का समय दिया गया।

लकी के पिता ने अपने बेटे को एक हैंडबैग पकड़ाया जिसमें कुछ जोड़ी कपड़े और उसका ज़रूरी सामान था। लकी ने झुक कर पिता के पैर छुए और उन्होंने उसका माथा चूम लिया।

उसके पिता ने दृढ़ शब्दों में कहा, "एक और जंग बेटा, पूरी बहादुरी से लड़ना।"

लकी ने किसी तरह आँखों में उमड़ आए आँसुओं को रोका और सिर हिला कर चल दिया। अब उसे नैनीताल जिला जेल ले जाया जा रहा था जो अदालत से लगभग दो कि.मी. दूर थी।

जेल जाते हुए, कुछ पुलिसवालों ने दो भयंकर अपराधियों के मौत पर सुकून ज़ाहिर किया। उन्होंने लकी से यह भी कहा कि उन्हें उससे कोई निजी दुश्मनी नहीं थी और उन्होंने लकी को जितनी भी तकलीफ़ दी, वह उनके काम का एक हिस्सा था और उन्हें अपने से बड़े अधिकारियों के कहे पर चलना पड़ता था। वे बोले, "इसके उलट, हमें तुमसे हमदर्दी है और हम तुम्हारी ज़ल्द रिहाई के लिए प्रार्थना करते हैं।"

जेल तक जाने की यात्रा पहाड़ी सड़कों से होते हुए पूरी हुई जिससे लकी का पेट बुरी तरह से हिल गया। कुछ देर बाद, लकी ने पुलिसवालों से कहा कि वे उसे सड़क किनारे बनी दुकान से पॉपकॉर्न का पैकेट ले दें। वह अपने दिमाग से उस सफ़र की परेशानी को भुलाने के लिए लगातार पॉपकॉर्न चबाता गया।

एसएसपी उसे हैरानी से देख रहा था और सोच रहा था कि उसने तीस साल के कैरियर में उसके जैसा आदमी नहीं देखा था। जेल से 200 मीटर की दूरी पर, पुलिसवाले और लकी वैन से उतरे और आगे पैदल चलने लगे। लकी के लिए आगे का रास्ता और भी पहाड़ी और पथरीला होने वाला था।

लकी को इस बात की हैरानी नहीं हुई कि उसकी बदनामी उससे आगे-आगे चल रही थी। जेल के कैदी बड़ी उत्सुकता से दम साधे उसके आने के इंतज़ार में थे। उसकी गिरफ़्तारी की ख़बर पूरे राज्य में जंगल में लगी आग की तरह फैल चुकी थी। लकी को जेल में कदम रखते ही

एक ओर ले जाया गया। इस दौरान लकी ने अपने पॉपकॉर्न्स का साथ नहीं छोड़ा।

जब लकी कैदियों की कोठरियों के आगे से निकला तो वे अपनी कोठरियों की सलाखों के आसपास झुंड बना कर खड़े दिखाई दिए। जेलर क़रीबन पचपन साल का गंदा सा आदमी था जो लकी को उसके सैल की ओर ले जा रहा था पर उसने लकी को उसके पॉपकॉर्न खाने से नहीं रोका।

"इस तरफ, कमांडर भाई।" जेलर ने कहा, वह सही तरह से कमांडो शब्द नहीं बोल सका।

"वेलकम कमांडर भाई!" एक युवा कैदी बोला।

वह हाथ मिलाने आगे आया। लकी ने हाथ मिलाने के बाद देखा कि उसका बैरक दूसरी बैरकों की तरह कैदियों से भरा नहीं हुआ था। उसमें बस पाँच ही कैदी रखे गए थे। वे चारों अलग-अलग आयु वर्ग के थे जिनमें बाईस साल से ले कर पचपन साल की उम्र के लोग शामिल थे मानो किसी ने उन्हें चुन कर एक साथ जेल में रखा हो।

बैरक में ऊँची दीवारों के अलावा बहुत जगह थी। जेल ब्रिटिश उपनिवेशवाद के युग का मज़बूत ढांचा थी। एक खिड़की से जेल का पिछला हिस्सा दिखाई देता था। लकी ने जो उम्मीद की थी, शौचालय उससे कम ही गंदा था।

लकी ने अपने हाथ का बैग एक कोने में रखा और नीचे बैठ गया। उसने अपनी थकी हुई टाँगें पसारीं। एक अजीब सा सुकून हासिल हुआ। 'बस कुछ ही समय की बात थी, एजेंसी ज़ल्द ही उसे रिहा करा लेगी।' लकी ने सोचा। उन लोगों को निश्चित तौर पर उसके बारे में पता चल गया होगा क्योंकि उसकी ख़बर जंगल की आग की तरह पूरे देश में फैल चुकी थी। उसने खिड़की को देखा जो पास होने पर भी बहुत दूर थी।

'दो सप्ताह', उसने अपने-आप से कहा। बस उसके बाद वह फिर से एक आज़ाद पंछी होगा। पर उसे कोई अंदाज़ा नहीं था कि वह अपने हालात का सही अनुमान नहीं लगा पा रहा था। उसकी मुसीबतों का काफ़िला तो अभी सफ़र पर निकला ही था।

12

चौदह सैकेंड की कॉल

लकी ने जेल में पहली ही रात को भांप लिया कि कोई भी कैदी उसके सोने तक सोने नहीं गया था। इस तरह उसके दिमाग में शक़ पैदा हुआ कि उन कैदियों को जेलर की ओर से उस पर निगरानी रखने को कहा गया था या वे परगई के आदमी हो सकते थे जो इस ताक़ में थे कि लकी के सोते ही उस पर वार करके, उसे मौत के घाट उतारा जा सके। हालांकि इन सभी आशंकाओं के बावजूद उसने गहरी नींद ली। एजेंसी उसे बचाने के लिए मौजूद थी, यही दिलासा उसे रात भर अच्छी नींद दिलाने में क़ामयाब रहा।

"कमांडो भाई।" एक कैदी ने सुबह होते ही उसे टहोका दिया। "उठो।"

लकी ने अधखुली आँखों से करवट ले कर कर देखा। लंगड़ा कर चलने वाला वह कैदी छोकरा उसके लिए एक पुराने गंदे से गिलास में चाय लाया था। उसने लकी को गिलास देते हुए कहा कि एक पुलिसवाला सबको जगाने आया था कि वे बाहर चल कर हाज़िरी के लिए लाइन में खड़े हों। पर लकी को पहचानने के बाद पुलिसवाले ने उसे उठाने की कोशिश नहीं की। फिर उस छोकरे ने लकी से आगे कहा कि वह चाहे

तो अपनी बैरक में आराम कर सकता था और उसे वहीं 'रूम सर्विस' मिलेगी। जिसका मतलब था कि लकी को वहीं कोठरी में चाय और खाना मिल सकता था। उसे बाकी कैदियों के साथ बाहर लाइन में लगने की ज़रूरत नहीं थी। लकी ऐसी मेज़बानी देख कर मस्कुराया। उसे जेल में आने के बाद होने वाली मेडिकल जांच के बाद डॉक्टर ने दवाई देने की पेशकश भी रखी थी ताकि उसके शरीर की थकी हुई नसों को आराम मिले और उसे अच्छी नींद आ सके। पर लकी ने मना कर दिया था। वह उस समय अपने लिए कोई दर्दनिवारक दवा या किसी भी तरह की दवा नहीं चाहता था।

सुबह ग्यारह बजे के क़रीब एक अर्दली सैल में आया। उसने लकी से कहा कि उसे भवाली पुलिस स्टेशन चलने के लिए तैयार हो जाना चाहिए क्योंकि विजय चौधरी आगे की पूछताछ के लिए उसका इंतज़ार कर रहे थे। इस बार कोर्ट की ओर से कानूनी आदेश आया था कि लकी को फिर से पूछताछ के लिए रिमांड में लिया जाए। लकी की मुस्कान गायब हो गई और उसने रोनी सी सूरत बना ली। उसने हाथ के इशारे से कहा कि वह थोड़ी देर में तैयार हो जाएगा। लकी को रिमांड में भेजने से पहले, एक बार फिर से मेडिकल जांच की गई।

कुछ ही समय बाद, वह भवाली के पूछताछ करने वाले कमरे में मेज़ के पीछे बैठा था। विजय चौधरी अंदर आए और उसके सामने कुर्सी खींच कर बैठ गए।

"मुझे यहाँ क्यों लाए हैं, मुझे अंदाज़ा है।" वह थोड़ा रुका और फिर बोला। "शहर में फिर से इंटेरोगेशन का सर्कस चालू हो गया है।"

इंस्पेक्टर चौधरी ने यह सुन कर एक भौं उठाई और लकी के पास आ गए। उन्होंने लकी के कंधों पर हाथ रखे, "हम तुम्हारे फ़ोन रिकॉर्ड देख रहे थे।"

लकी की छाती में झटका सा लगा और वह सोचने लगा कि इस बार पुलिसवाले उसके ख़िलाफ़ क्या निकाल लाए थे। लगता था कि चौधरी को ऐसा कुछ पता था जो लकी को मुसीबत में डाल सकता था।

चौधरी ने आगे की ओर झुक कर पूछा, "संजय आर्य कौन है?"

"एक रियल एस्टेट एजेंट।" लकी बोला।

संजय लकी के पड़ोस में रहता था। उनके घरों के बीच की दूरी मुश्किल से दो कि.मी. की थी पर लकी उससे पूरे जीवन में तीन बार ही मिला था। चौधरी टहलते हुए अपनी कुर्सी पर वापिस बैठ गए। उन्होंने फॉलो-अप सवाल पूछने चालू किए।

"तुमने क़त्ल की रात उसे कॉल क्यों किया था?"

"एक प्रॉपर्टी के बारे में पता करना था।"

"तुम्हारी पूछताछ बस चौदह सैकेंड ही चली?"

"मैं काफी फुर्तीला हूँ।" लकी बोला और फिर आँख दबाई।

चौधरी जानता था कि लकी उसे चिढ़ा रहा था, शायद वह उसे यह बताना चाहता था कि उसने इसी तरह फुर्ती से क़त्ल भी किया था। पुलिसवाले ने फ़ाइल उठा कर कुछ कागज़ देखे। लकी पहचान गया कि चौधरी उस पर 'फ़ाइल एंड डॉसियर' ट्रिक चला रहा था। अक्सर पूछताछ करते हुए इस तकनीक का इस्तेमाल होता है ताकि सस्पेक्ट को यकीन हो जाए कि पुलिस ने उसके जुर्म से जुड़े कई सुबूत जमा कर लिए हैं। पर लकी को यह भी अच्छी तरह पता था कि पुलिसवाले हमेशा आधे सच और पूरे झूठ बोलते थे। वे डीएनए, भौतिक सुबूत और अपराध के गवाहों के मिलने का भी दावा कर सकते थे जबकि उनके पास उनमें से कुछ नहीं होता था। इसके अलावा, उसने अपनी बुद्धि से यह भी परख़ लिया था कि चौधरी को उस जानकारी को देखने के लिए कागज़ खंगालने

की ज़रूरत नहीं थी जिनमें उसके हिसाब से केस से जुड़ी कोई पुख़्ता जानकारी हो सकती थी।

"राजू परगई की बीवी की गवाही के हिसाब से तुम राजू परगई और अमित आर्य को कम दामों पर बढ़िया हथियार खरीदवाने के बहाने चंडीगढ़ ले गए?" चौधरी ने पूछा।

"बकवास!" लकी खिलखिला कर हँस दिया। "उनकी लाशें जिस सड़क पर मिलीं, वह चंडीगढ़ की ओर नहीं जाती थी।"

लकी ने इस बात पर भी सवाल उठाया कि पुलिस के पास जो शुरुआती एफआईआर दर्ज की गई थी, उसमें लकी का कहीं नाम तक नहीं था। अगर परगई की पत्नी जानती थी कि परगई अपने क़त्ल की रात लकी के साथ था तो उसने एफआईआर दर्ज करवाते समय लकी का नाम क्यों नहीं लिया? यह तो साफ़ था कि पुलिसवालों ने उसे सिखा-पढ़ा कर यह बयान तैयार करवाया था।

फिर भी, चौधरी लकी को इतनी आसानी से नहीं जाने देने वाला था। एक घंटा बीत गया। चौधरी एक के बाद एक सवाल दागता गया और लकी आराम से उनके ज़वाब देता रहा। पुलिसवाले ने अपनी बाज़ी के आख़िरी पत्ते के तौर पर चौदह सैकेंड की कॉल वाली बात को फिर से उठाया।

"क्या योगेश सुनहरी का नाम जाना-पहचाना लगता है?"

लकी ने हामी भरी।

"बेशक़।" चौधरी बोला। "वह तुम्हारा दोस्त था जो राजू परगई के हाथों मारा गया। शायद तुम्हारे पास परगई को मारने की यही वजह रही होगी। है न?"

लकी उठ गया और चौधरी से तीखे लहज़े में कहा। "एक सीनियर ऑफ़िसर को ऐसी मज़ाकिया बातें नहीं करनी चाहिए और न ही यह

उम्मीद रखनी चाहिए कि कानून उन पर विश्वास करेगा। "योगेश सुनहरी मेरा जानकार था, दोस्त नहीं। और आपकी जानकारी के लिए बता दूँ, योगेश के दो भाई थे जिनके पास मेरे मुक़ाबले अपने भाई की मौत का बदला लेने के कहीं जायज़ कारण थे।"

हालांकि लकी थोड़ा आक्रामक हो गया था पर उसे अच्छी तरह पता था कि पुलिसवाले सुनहरी और उसके संपर्क को, इस क़त्ल का मक़सद बना कर पेश करना चाह रहे थे। लकी ने यह सवाल भी उठाया कि अगर उसे सुनहरी की हत्या का बदला लेना होता तो उसे दो साल तक इंतज़ार करने की क्या ज़रूरत थी?

लकी अच्छी तरह जानता था क़त्ल का हथियार और मारने का मक़सद पता चलते ही उसके ख़िलाफ़ केस दमदार हो सकता था। वह पहले ही पुलिसवालों को हथियार खोजने के नाम पर उल्लू बना चुका था। तो अब वे उस पर अपना बनाया हुआ मक़सद थोपने की कोशिश में थे। पर बातचीत का कोई सिरा नहीं निकला और लकी अपनी बैरक में वापिस आ गया, उसे चौदह सैकेंड वाली कॉल की बात पूरी तरह से भूल गई थी।

बैरक में कैदियों ने उसके लिए प्लेट में खाना तैयार रखा हुआ था। लकी को यह जान कर हैरानी नहीं हुई कि उन लोगों ने जेल का प्रबंधन देखने वालों को पंद्रह सौ रूपए दे कर रसोई और रसोईए की सेवाएँ ली थीं। लकी आलथी-पालथी लगा कर बैठ गया। वह अपने हाथों से खाना खाने लगा। दलिया पतला था इसलिए उसने उसमें गुड डे बिस्कुट तोड़ कर मिलाए और उसे निगलने लायक बना लिया।

खाने के बाद वह जेल के बरामदे में टहलने निकला। कैदियों ने उसके टहलने की जगह खाली कर दी थी। वह उन्हें कनखियों से देख सकता था, वे सभी कोनों में दुबके खुसर-पुसर करते हुए, उसकी ही बातें कर

रहे थे। वह उनके चेहरों पर डर के साए भांप सकता था। एक कैदी ने अपना हाथ माथे तक ले जा कर कहा, "सलाम, कमांडो भाई।"

जेलर को देख कर लगता था कि वह पूरी रात सोया नहीं था, वह भी लकी को दूर से देख रहा था। वह आगे आया और लकी को एक कोने में ले जा दूसरे कैदियों में न घुलने-मिलने की हिदायत दी।

"परगई छह महीने पहले इसी जेल में था।" जेलर बोला। "आज भी उसके प्यादे इसी जेल में हैं। संभल कर रहना। हो सकता है कि वे...।"

लकी ने हामी भरी, वह जानता था कि जेलर कहना चाहता था कि परगई के आदमी उसे नुकसान पहुँचा सकते थे। पर वह अपनी रक्षा करने में सक्षम था इसलिए उसने जेलर की बात पर कान नहीं दिया।

हालांकि जब लकी अपने बैरक में आया तो हैरान कर देने वाला नज़ारा उसके सामने था। कैदियों का एक नया दल जेल में आया था। उनमें से एक की ओर लकी का ध्यान ख़ासतौर पर गया। वह लाइन में चौथा व्यक्ति था। वह लकी का हमउम्र होगा पर चेहरे पर भूख और हताशा लिखी हुई थी। लकी ने आँखें मलीं, उसे यकीन नहीं हो रहा था।

"ओह भाई!" लकी चिल्लाया। "संजय आर्य? तू इधर क्या कर रहा है?"

संजय आर्य, यह वही इंसान था जिसे लकी ने चौदह सैकेंड की कॉल की थी, उसे गिरफ़्तार करने के बाद उसी जेल में रखा गया था। लकी संजय की ओर भागा जो उसे देखते ही ऐसे बच्चे की तरह बिलखने लगा जिसे बड़े बच्चों ने मिल कर सताया हो। पर पुलिसवालों ने उसे क्यों पकड़ा?

संजय योगेश सुनहरी का नज़दीकी दोस्त था। दूसरे, लकी ने क़त्ल से पहले उससे बात की थी। इस तरह पुलिसवालों को यकीन हो गया था

कि हो न हो संजय के पास से कोई न कोई ख़बर तो ज़रूर निकलेगी। फिर वे संजय को पूछताछ के लिए उठा लाए।

"इन्होंने मुझे घंटों पीटा।" संजय बोला। "ये चाहते हैं कि मैं क़त्ल के इल्ज़ाम में तुम्हें फँसा दूँ।"

उसने पजामा नीचे करते हुए अपनी पीठ से नीचे का शरीर दिखाया। लकी देख सकता था कि पिटाई की वजह से उसके नितंब काले पड़ गए थे। पहले तो संजय ने पुलिसवालों की बात मानने से इंकार कर दिया। पर जब उन्होंने उसके छोटे भाई को फँसाने की धमकी दी तो संजय के पास उनकी बात मानने के सिवा कोई चारा नहीं बचा। उसके छोटे भाई को हाल ही में वन विभाग में सरकारी नौकरी मिली थी। इलाके में सरकारी नौकरी लगना बड़े मान की बात मानी जाती थी। लोग यह सुविधा पाने के लिए अपना एकाध अंग तक कुर्बान करने को तैयार हो जाते थे।

"वह तो सच में हद हो गई थी।" संजय बोला। "मैंने उसी दबाव के चलते, उन क़ागजों पर हस्ताक्षर कर दिए जिन पर लिखा था कि तुम ही इस क़त्ल के मास्टरमाइंड थे और तुमने ही ये क़त्ल किए हैं।"

लकी का सिर बुरी तरह से चकरा गया। उसने सोचा कि इस सारे सीन में संजय का आना और उसका वह बयान, दोनों ही चीज़ें उसकी जेल से ज़ल्द रिहाई में अड़चन बन सकती थीं। वैसे भी, अगर पुलिसवाले किसी तरह अदालत को यकीन दिला देते कि लकी और संजय ने मिल कर सुनहरी की मौत का बदला लेने के लिए मर्डर किए थे तो जज को सज़ा-ए-मौत सुनाने में देर न लगती। अब वह चौदह सैकेंड की कॉल मौत के वारंट से कम नहीं लग रही थी। एक पल के लिए... लकी को ऐसा ही लगने लगा मानो फाँसी का फँदा उसके गले में कसा जा चुका था।

13

आकस्मिक मृत्यु

जेल में होने का मतलब था कि बस ख़ाली दीवारों को ताक़ते हुए अनिश्चित भविष्य के बारे में सोचते रहो। लकी बार-बार उन संभावनाओं पर विचार कर रहा था जो संजय की गिरफ़्तारी और उस नकली बयान से पैदा हो सकती थीं जो पुलिस ने उससे ज़बरन लिया था। लकी बड़ा बेचैन हो गया। उसने तय किया कि उसे एक बार फिर संजय से मिलना होगा ताकि इस विषय पर बातचीत करते हुए उसकी हालत का पता लगाया जा सके।

जेल में लकी को मिलने वाले सम्मान के चलते, जेल अधिकारियों की ओर से कुछ छूट बरती गई थी। वह पहरे पर खड़े सिपाहियों को मनाने में क़ामयाब रहा कि वे रात के खाने के बाद उसे संजय से कुछ देर मिलने दें।

छत पर लगे दो बल्बों से कमरे में रोशनी हो रही थी। जेल में कभी बत्तियाँ न बंद करने का नियम था। यह नियम पुलिसवालों ने इसलिए बनाया था ताकि कोई भी अनचाही घटना न घट सके। संजय ने सबसे पहले लकी से माफ़ी माँगी कि उसने जो भी किया, उसे पुलिस के दबाव

में आ कर करना पड़ा। लकी ने उसका कंधा थपथपा कर दिलासा दिया कि वह उसके हालात अच्छी तरह समझ सकता था। पर एक बात तो तय थी, लकी ने उसी समय निर्णय कर लिया कि उसने जो अपराध किया ही नहीं, वह कभी उसे कुबूल नहीं करेगा।

फिर भी वह जानता था कि वह गहरे पानी में था। वह इतना देखना चाहता था कि पानी की गहराई कितनी थी।

"तो तुम योगेश के गैंग से जुड़े थे?" लकी ने पूछा।

"नहीं, पूरी तरह से तो नहीं। कभी-कभार कोई छोटा-मोटा काम कर देता था।" संजय बोला।

उसने माना कि वह योगेश के लिए कुछ गैरकानूनी टाइप काम भी कर देता था। वह कभी-कभार अपने किन्हीं अमीर ग्राहकों के बारे में भी योगेश को बताता था जिसने योगेश भारी उगाही करता था पर संजय कभी किसी तरह के हिंसक मामलों में शामिल नहीं हुआ था। वह बस उनके अपराधों में सहायक था।

"और तुम उसके मारे जाने तक, लगातार उसके लिए काम करते रहे?"

"नहीं।" संजय बोला। "मैं जानता था किसी लड़ाई से कब पीछे हट जाना चाहिए। योगेश नहीं जानता था।"

संजय ने देख लिया था कि योगेश ने दूसरे गैंग वालों की तरह परगई के आगे झुकने से मना कर दिया था जो परगई के आगे घुटने टेक चुके थे। शायद, जब भी परगई जैसे शैतान से सामना हो तो अधिकतर लोगों की भलाई इसी में होती थी। कुछ स्थानीय गैंग के लोग अपने-आप ही पीछे हट गए ताकि परगई माफ़िया किंग के सिंहासन से राज कर सके। पर योगश किसी गुरिल्ले की तरह लड़ते हुए, परगई के गैंग को छोटी-मोटी चोट देने से बाज़ नहीं आ रहा था। ऐसे में परगई के लिए उसे लोगों के आगे मिसाल बना कर मौत के घाट उतारना स्वाभाविक ही था।

परगई ने पहले योगेश के गैंग के लोगों को धराशायी करना चालू किया। कुछ लोग परगई के वफ़ादार बन गए। जिन्होंने ऐसा नहीं किया, उनकी बोलती हमेशा के लिए बंद कर दी गई। और आख़िर में, परगई ने योगेश को भी मरवा दिया। हालांकि इसके बाद भी खून-खराबा नहीं रुका। योगेश की मौत के बाद, परगई और भी ज़्यादा बड़े अपराध करने लगा।

परगई को पुलिसवालों ने योगेश सुनहरी हत्याकांड में पकड़ लिया। पर परगई ने पुलिस की निगरानी के दौरान अपने जानकार नेताओं वाला रास्ता अपनाया। वह जेल प्रवास (चार्जशीट दाख़िल होने से पहले) के अधिकतर समय में झूठी बीमारी का बहाना बना कर अस्पताल में ही भर्ती रहा। वह जेल से इसलिए भी ज़ल्द बाहर आना चाहता था क्योंकि उसे किसी नरेश नामक युवक के बारे में पता चला था जो योगेश के ही गैंग से था और कोर्ट में इस बात की गवाही देने को राजी था कि योगेश के क़त्ल में परगई ही शामिल था।

परगई के राजनीतिक आकाओं को उसे अस्पताल में भर्ती करवाने में देर नहीं लगी। उसे बहुत पौष्टिक और आलीशान खाना परोसा जाता। तंदूरी। कबाब। अस्पताल के पलंग पर ही ड्रिंक्स परोसे जाते। एक बार उसने डॉक्टर से मज़ाक में कहा कि उसे ग्लूकोज़ के बजाए शराब की ही ड्रिप लगा दे।

उसका पूरी तरह से वातानुकूलित और टी.वी. आदि साजो-सामान से सजा प्राइवेट कमरा *सुशीला तिवारी अस्पताल* में था। परगई के चमचे कमरे के बाहर नियुक्त थे और उन्हें हुक्म दिया गया था किसी भी संदिग्ध व्यक्ति या वस्तु की भनक पड़ते ही उसे सूचित करें। जो भी मिलने आता, उसे वहीं रोक दिया जाता और सिर से पैर तक तलाशी ली जाती। फिर कई तरह के सवालों के ज़वाब मिलने पर ही अंदर जाने दिया जाता। पर जब परगई ने अमित आर्य से गवाही वाली बात के बारे में सुना तो वह आग-बबूला हो गया।

"राजू भैया, अब हम क्या करें?" अमित आर्य ने परगई से पूछा।

परगई अपने पलंग से उतर कर, अपने आदमियों की ओर लपका, "क्या तुम हिंदी फ़िल्में नहीं देखते, वह गरजा। "उसे अदालत पहुँचने से पहले ही ख़त्म कर दो।"

अमित आर्य ने हामी भरी और परगई की योजना पर अमल करने के लिए झटपट दरवाज़े की ओर बढ़ा। परगई को इस बात का गुस्सा था कि योगेश के आदमियों में से एक ने उसके ख़िलाफ़ बोलने की हिम्मत दिखाई थी, जबकि उसे यह अच्छी तरह पता होगा कि परगई ऐसा करने वालों का क्या हश्र कर सकता था। उसने एकाध जगह कॉल किया। और दो ही दिन बाद, नरेश के सिर पर प्वाइंट ब्लैंक गोली चली। फिर परगई ने पुलिसवालों के साथ मामला सुलझाया। पुलिस की ओर से आकस्मिक मृत्यु की एक झूठी रिपोर्ट बनाई गई। और योगेश मर्डर केस का इकलौता गवाह एक झटके से हवा में ओझल हो गया।

झूठी पुलिस रिपोर्ट में लिखा था कि वह आदमी अपनी ही गन की गोली लगने से मारा गया जिसे वह पैंट के नीचे कमर में रखता था। इसे एक्सीडेंटल फ़ायरिंग का केस माना गया। किसी ने परवाह नहीं की और न ही कोई परवाह करना चाहता था, या बुलेट की बुनियादी जानकारी भी नहीं जानना चाहता था। अगर उसने अपनी गन कमर में खोंसी होती और ग़लती से चल जाती तो इससे उसकी कमर के निचले हिस्से को नुकसान होता। जबकि गवाह को कनपटी पर गोली मार कर मौत के घाट उतारा गया था।

उन्हीं दिनों, परगई ने संजय आर्य को अस्पताल के कमरे में बुलवाया था। जब संजय उस जगह आया तो उसने परगई की बीवियों को उसके पास बैठा पाया। परगई के कमरे के बाहर पुलिस की सुरक्षा के अलावा, कमरे में उसके आदमी बंदूकें ले कर मौजूद थे।

परगई ने संजय को पास बुला कर चेतावनी दी, “बेहतर होगा कि तू सुनहरी मामले में, मेरे ख़िलाफ़ अपनी ज़ुबान बंद रखे।”

“मैं ऐसा क्यों करने लगा, भाई? मैं इस केस बारे में कुछ नहीं जानता। आपको योगेश के भाईयों पर नज़र रखनी चाहिए।” संजय ने कहा और झट से कमरे से तिड़ी हो गया।

अब जबकि परगई का मक़सद पूरा हो गया था तो वह अस्पताल से बाहर जेल वापिस आ गया। परगई ने दो क़त्ल किए थे, जबकि उस पर एक का ही आरोप लगा और उसे जेल में छह महीने से भी कम समय बिताना पड़ा। अदालत ने सुबूत और गवाह न मिलने पर उसे योगेश के क़त्ल के आरोप से बरी कर दिया।

उधर कोठरी में, लकी संजय के उदास चेहरे को ताक़ रहा था। हवा में उदासी घुली थी और रात धीरे-धीरे ढल रही थी। फिर संजय ने अपने उन दोस्तों के बारे में बताया, जिन्हें उसके साथ ही गिरफ़्तार किया गया।

“पुलिसवालों ने वीरेंद्र, प्रकाश और मोंटू आर्य को भी उठा लिया है।” वह बोला।

लकी ने वीरेंद्र बोरा और प्रकाश बोरा को देखा हुआ था। वे दोनों ही संजय के दोस्त थे और उसने उन तीनों को कई बार एक साथ देखा था। पर लकी को तीसरे आदमी के बारे में कोई पता नहीं था, “अब ये मोंटू आर्य कौन है?”

“ये ऐसा कुत्ता है जो मुफ़्त की शराब की गंध पाते ही कहीं भी पहुँच जाता है।”

जैसा कि पता चला, मोंटू संजय के घर के आगे से निकल रहा था, उसने देखा कि संजय और उसके दोस्त कार में बीयर और व्हिस्की की बोतलें रख रहे थे। वे लोग भवाली की ड्राइव पर निकलने वाले थे। मोंटू की जीभ लपलपाने लगी और आँखें फैल गईं। वह संजय के पीछे किसी

भिखारी की तरह ऐसे खड़ा था जैसे शराब की एक-एक बूंद को तरसा हुआ हो। संजय मुड़ते ही उससे अचानक टकराया।

"भाई!" उसने मासूम सा चेहरा बना कर कहा। "प्लीज़ मुझे भी साथ ले चलो!"

संजय ने बहाना बनाना चाहा पर मोंटू टलने वालों में से नहीं था। वह ज़बरदस्ती कार चलते समय सवार हो गया और जब उसे परगई हत्याकांड की जगह के आसपास पाया गया तो पुलिस ने उसे भी दबोच लिया। लकी और संजय इस बात पर दिल खोल कर हँसे कि मोंटू आर्य के लिए यह सब कहाँ से चालू हुआ और कहाँ जा कर निपटा। वह एकाध बीयर बोतल के चक्कर में जेल पहुँच गया था। इस मज़ाक के बाद लकी उठा और संजय को गुडनाइट कहने के बाद अपनी कोठरी की ओर रवाना हो गया।

वह अपनी जगह तक जाते-जाते सोए हुए कैदियों से टकराया। उनमें से एक ने जाग कर कनखियों से उसे देखा। यह देख कर लकी का शक़ यकीन में बदल गया कि असल में उन लोगों को उसकी हरकतों पर नज़र रखने के लिए उसके साथ रखा गया था। वह वहीं लेट कर पीले बल्ब को देखता रहा जो एक स्क्रू पर टिका था। किसी तरह रात कटी, वह अपनी उदासी दूर करने के लिए पहले किसी फ़िल्मी धुन पर सीटी बजाता रहा और फिर गहरी नींद में सो गया।

अगली सुबह, लकी को जेलर के ऑफ़िस में बुलाया गया। जेलर बोला, "कमांडर भाई! कोई तुमसे मिलने आया है।"

लकी का दिल बल्लियों उछल गया। उसे यकीन था कि कोई एजेंसी से ही मिलने आया होगा। उसे जान कर सुकून मिला कि उसकी संस्था उसका साथ देने के लिए आगे आ गई थी। पर यह मामला इस हद तक उलझ गया था कि जानी-मानी एजेंसी के लिए भी इसे भेद पाना मुश्क़िल होने वाला था।

14
पहली कोशिश

अगस्त 2011

बस कुछ देर के लिए हलद्वानी में रुकी और इससे पहले कि वह दोबारा धूल के बगूले उड़ाती उड़ान भरती, एजेंट लीमा टी-शर्ट, जींस और स्पोर्ट्स शूज़ पहने बस से उतर गया। यह बेनाम सी पहचान उसके मिशन का हिस्सा थी। लीमा ने इसी तरह खुद को छिपाते हुए रहना सीख लिया था और वह इसी पहचान का पूरा इस्तेमाल करने वाला था।

जब वह अपने छिपने के ठिकाने पर टिक गया तो उसने राजू परगई से संपर्क करने की कोशिशें शुरू कर दीं। माहौल बिल्कुल वाजिब था क्योंकि कॉलेज के चुनाव होने वाले थे। परगई छात्र राजनीति में दिलचस्पी ले रहा था। असल में, वह उन दिनों अपनी मर्जी से चुनाव में खड़े होने वाले दूसरे प्रत्याशियों को डराने-धमकाने की मुहिम पर था।

उन्हीं दिनों, लीमा ने खुद को कॉलेज के बाहर खड़े तमाशबीनों के बीच पाया। कॉलेज के सीनियर फैलो छात्रों में से एक को परगई और उसके आदमियों ने बुरी तरह से पीटा था और भीड़ में एक भी आदमी ऐसा नहीं था जो उनके ख़िलाफ़ कुछ बोल पाता। एजेंट लीमा का खून इस

नाइंसाफ़ी से ख़ौल गया पर उसे अपना मौका आने तक इंतज़ार करना था। उसकी बारी भी आने वाली थी।

लीमा को पूछताछ के बाद पता चला कि शिवाल नाम के एक बड़े कॉन्ट्रैक्टर को परगई और उसके गैंग के लोग धमका रहे थे। राजू परगई के अपराधिक साम्राज्य का साया पूरे उत्तराखंड में फैल चुका था। लीमा ने सदियों पुरानी कहावत को अपने लिए इस्तेमाल करने की सोची।

"आपके दुश्मन का दुश्मन, आपका दोस्त होता है।"

शिवाल को परगई की मौत का परवाना बनाया जा सकता था। लीमा के लिए अगला कदम यही था कि शिवाल का फ़ोन नंबर मिल सके। उस इलाके में शिवाल का नाम देखते हुए यह काम मुश्किल नहीं था। लीमा ने शिवाल को कॉल किया और कुछ निर्माण कार्य के नाम पर मिलना चाहा। पहले तो शिवाल ने दिलचस्पी नहीं ली। उसके पास और भी कई बड़े काम थे।

"पर परगई की मौत से बहुत सारी दौलत भी बच सकती है, है न?" लीमा ने पूछा।

शिवाल एक-दो सैकेंड तक उसकी बात पर गौर करता रहा और फिर अचानक उसकी आवाज़ में बदलाव आ गया। "किस जगह मिलना चाहते हो?"

"तुम बताओ।"

"मेरे घर।" शिवाल बोला। "मैं समय और पता मैसेज कर दूँगा।"

लीमा ने शिवाल को ही समय और जगह चुनने दिए ताकि उसका भरोसा जीता जा सके। चुने हुए दिन और समय पर लीमा शिवाल के बंगले पर पहुँचा। शिवाल भड़कीला सा आदमी था जो अपनी तोंद पर झक्क सफ़ेद कुरता पहनता था। वे लोग उस आलीशान घर के बरामदे में बैठे।

लीमा ने उस बड़े से तिमंज़िले घर पर सरसरी सी नज़र डाली जिसे देखते हुए समझ आ गया कि परगई शिवाल को क्यों दबाना चाहता था। उसे पता चला कि शिवाल आसपास ही कहीं एक और बड़ा घर बनवा रहा था। उसी जगह आंगन में सीमेंट के बोरों और बजरी के ढेर लगे थे। शिवाल कोई संत नहीं था और उसने भी हर अच्छे-बुरे तरीके से अपनी दौलत जमा की थी। लीमा उन मजदूरों को भी ध्यान से देख रहा था, जो बार-बार सीमेंट की बोरियों को लेने आ रहे थे। वैसे तो एजेंसी इस मिशन से प्रत्यक्ष और अप्रत्यक्ष तौर पर जुड़े सभी लोगों के फ़ोन टेप कर रही थी, लीमा अब भी इस संभावना से इंकार नहीं कर सकता था कि कहीं शिवाल उसकी मुख़बिरी न कर रहा हो। वह निश्चित होना चाहता था कि उन मजदूरों में कोई परगई का आदमी तो नहीं था।

लीमा ने शिवाल से कहा कि वह एक हिटमैन था जिसे एक विरोधी गैंग ने परगई का सफ़ाया करने के काम पर लगाया था। शिवाल को सुन कर अच्छा लगा पर उसने किसी तरह खुद पर काबू पा लिया।

"तो तुम मुझसे क्या चाहते हो?" शिवाल ने पूछा।

"परगई को अपने घर बुलाओ।" वह बोला। "उसे कहो कि वह तुमसे जो पचास हज़ार की रकम चाहता है, तुम उसे देने को तैयार हो।"

"ओए!" शिवाल बोला। "तेरा दिमाग ख़राब हो गया है?"

"बस उसे इधर बुलाओ।" लीमा ने अपने हाथ को बंदूक की तरह तान कर हवा में गोली चलाने की एक्टिंग की। "बाकी मैं संभाल लूँगा।"

"पर मेरे पास तो तिजोरी में चौदह लाख ही हैं।"

परगई ने उस समय शिवाल से पचास लाख की रकम की माँग रखी हुई थी और चेतावनी दी थी कि अगर जान प्यारी हो तो ज़ल्द ही सारा पैसा भेज दे। पर लीमा ने शिवाल को यकीन दिला दिया कि परगई एक भी नोट गिनने से पहले भगवान को प्यारा हो चुका होगा। शिवाल यह

जोखिम उठाने को तैयार था पर उसे अच्छी तरह पता था कि अगर परगई को किसी तरह उनकी योजना की भनक मिल गई तो वह उसे और उसके पूरे परिवार को ख़त्म कर देगा। लीमा ने शिवाल से कहा कि वह परगई से अपने बंगले के बाहर खुली जगह में मिले। इस तरह वह दूसरी ओर से आसानी से परगई को निशाने पर ले सकेगा। शिवाल ने परगई को कॉल किया और मिलने का समय तय कर लिया।

तयशुदा दिन पर राजू परगई आया। हैरानी की कोई बात नहीं थी, अमित आर्य भी उसके साथ ही था। शिवाल ने उनका स्वागत किया और फिर इधर-उधर की बातें होने लगीं। हालांकि मौसम सुहावना था पर शिवाल बार-बार माथे से पसीना पोंछ रहा था। वह उन दो भयंकर अपराधियों से बात करते हुए घबराहट के मारे बार-बार अपनी उँगलियाँ मरोड़ रहा था।

एजेंट लीमा सड़क के दूसरी ओर खड़ी वैगन-आर में था। वह कार उन लोगों से सात सौ मीटर की दूरी पर रही होगी। उसने पहले ही अपनी डीएसआर 7.62 एमएम गन तैयार कर ली थी। अब उसने खिड़की का काली फ़िल्म चढ़ा शीशा बस इतना सा नीचे किया जिससे गन का बैरल बाहर निकल सके। उसकी निगाहें पीएसओ 1 स्कोप पर सैट थीं। राजू का सिर निशाने पर था। लीमा ने अपनी उँगली को ट्रिगर पर रखा। उसके लिए यह सब बहुत ही सहज था। *शूट टू किल* का ड्रिल उसके सिस्टम में इस तरह बसा हुआ था कि वह अनजाने में ही हर काम बिल्कुल सही तरह से करता था।

पर ज्यों ही वह ट्रिगर दबाने लगा तो कुछ ऐसा घटा, जिसके बारे में उसने सोचा तक नहीं था। 'हद है!' वह बुदबुदाया।

छोटे बच्चों का एक दल परगई और आर्य के पीछे पड़ी रेत के टीले पर खेलने लगा। अगर वह गोली दागता तो गोली निशाने पर लगती पर इसके साथ ही उन अपराधियों के पीछे खेल रहे बच्चे भी न बचते। लीमा

को अच्छी तरह पता था कि अगर उसने अपने हाथों में पकड़ी गई गन को सही तरह से न चलाया तो वह बरबादी का मंजर रच सकती थी। एक ही शॉट से गोली बीसों खोपड़ियों को भेद सकती थी। उसने अपने शॉट का एंगल बदलना चाहा पर बात नहीं बनी। अब एजेंट लीमा को भी परेशानी महसूस हो रही थी। उसके कान के पीछे से पसीने की बूंद टपकती चली गई। अगर वह कार की जगह बदलता तो बेशक़ परगई की नज़र पड़ती और सारा मिशन ख़तरे में पड़ जाता।

एजेंट लीमा ने तय किया कि वह रेत के टीले से बच्चों के हटने का इंतज़ार करेगा। इधर शिवाल की हालत पतली हो चुकी थी। लीमा अपनी राइफ़ल के स्कोप से देख सकता था।

राजू परगई भी इतनी देर तक टाले जाने के बाद बेचैन हो गया था। वह अपने पचास लाख लेना चाहता था, जो शिवाल ने देने का वादा किया था। शिवाल हार कर कुर्सी से उठा और बंगले में चला गया। कुछ मिनट बाद, वह उस ब्रीफ़केस के साथ लौटा जिसमें उसने अपने चौदह लाख रखे हुए थे।

परगई को ब्रीफ़केस खोलते ही पता चल गया कि वे तो पूरे पचास लाख नहीं थे। शिवाल ने कुछ गहने भी सामने रखे जो वह परगई को शांत करने के लिए लाया था पर परगई कुछ सुनने को तैयार नहीं था। उसने शिवाल को धमकाने वाले अंदाज़ में गालियाँ बकना चालू कर दिया और शिवाल मारे डर के दुबक गया। पगरई और आर्य ने शिवाल से कहा कि वह जितनी ज़ल्दी बक़ाया रकम दे देगा, उसके लिए उतना ही बेहतर होगा। इसके बाद वे दोनों अपनी गाड़ी पर सवार हो कर चले गए।

एजेंट लीमा ने उनकी कार के ओझल होने का इंतज़ार किया और फिर झट से शिवाल की ओर लपका जो पीले पड़ गए चेहरे के साथ कुर्सी पर पसरा हुआ था। जब उसकी नसों में फिर से खून बहने लगा

तो वह लीमा को चुनिंदा गालियों से नवाज़ने लगा कि उसने अपना वादा नहीं निभाया।

जब लीमा ने उसे गोली न दागने की वजह बताई तो शिवाल फिर से कुर्सी पर ढह गया और भगवान का नाम ले कर बोला, “आज परगई मेरा भेजा निकाल सकता था।” फिर उसने सिर झटक कर, चैन से आँखें मूँद लीं।

एजेंट लीमा वहीं खड़ा, अपने चेहरे पर आई ठंडी मुस्कान को दबाने की कोशिश में था। लीमा उस दिन उन दो लोगों को मारने की ही तैयारी नहीं करके आया था, उसे उन हत्याओं के इकलौते गवाह को भी मिटाना था। इस तरह आज उन बच्चों की वजह से न केवल परगई और आर्य की जान बची थी बल्कि शिवाल भी मरते-मरते बचा क्योंकि दोनों अपराधियों के ख़ात्मे के बाद लीमा ने बिना किसी पछतावे के शिवाल को भी गोली मार दी होती। पर शिवाल के हाथ की जीवनरेखा अभी छोटी नहीं होने वाली थी। फिर लीमा ने राजू परगई को अपने जाल में फँसाने की एक और तरकीब सोची। और एक बार फिर, इस योजना में शिवाल को अहम रोल अदा करना था।

15

जहन्नुम का गन डीलर

परगई की हत्या के मिशन के असफल होने के कई दिन बाद, लीमा ने फिर से शिवाल से संपर्क किया। यह लीमा की ही दृढ़ता का नतीजा था कि शिवाल उससे दोबारा मिलने को मान गया। दुनिया के सबसे जानलेवा हत्यारों में यह ख़ूबी पाई जाती है कि भले ही उनके शुरुआती मिशन असफल हो जाएँ पर उनकी नज़र हमेशा निशाने पर बनी रहती है। फ्रांस के भूतपूर्व राष्ट्रपति चार्ल्स डि गॉल, अपने पर हुए तीस से अधिक हमलों से बचने में क़ामयाब रहे जिनमें से एक वह भी शामिल था जिसने हॉलीवुड फ़िल्म *डे ऑफ़ द जैकाल* को प्रेरित किया। लीबिया के भूतपूर्व शासक मुआमार गद्दाफ़ी भी 20 अक्टूबर, 2011 में गठबंधन सेना के हाथों मारे जाने से पहले कई हमलों के शिकार रहे।

एजेंट लीमा भी उन्हीं हत्यारों में से था जो अपने शिकार को इतनी आसानी से नहीं छोड़ते। लीमा ने शिवाल से मिलते ही एक और पेशकश रखी। उसने शिवाल से कहा कि वह परगई से एक और मीटिंग रखे और उस मीटिंग में लीमा का परिचय अपने भतीजे के तौर पर करवाए जो चंडीगढ़ की ऑर्डनेंस फैक्ट्री (आयुध कारखाना) में काम कर रहा था।

लीमा अच्छी तरह जानता था कि परगई हथियारों का दीवाना था और वह यही दाना डाल कर परगई को आराम से फँसा सकता था।

पर शिवाल यह सुन कर हताश हो गया। वह अविश्वास से लीमा को ताकता रहा। अभी उस जानलेवा हालात को बीते कुछ दिन भी नहीं हुए थे और ये बंदा फिर से उसे मौत से दो-दो हाथ करने के लिए मना रहा था। शिवाल के कंधे ढुलक गए।

उसने दोनों हाथ जोड़ कर माफ़ी माँगते हुए कहा, "ऐसा करने से बेहतर होगा कि मैं मगरमच्छ के जबड़े में अपना सिर दे दूँ।" उसने विनती की।

लीमा ने उसे बार-बार दिलासा दिया कि इस बार उसका प्लान फुलप्रूफ़ था। शिवाल बार-बार सिर हिलाता रहा, वह सहयोग देने को तैयार नहीं था। अचानक लीमा ने अपना सुर बदला और शिवाल से कहा कि वह इंकार सुनने वालों में से नहीं था। उसने अपनी शर्ट उठा कर अपना हथियार भी दिखाया और कुछ कहे बिना अपनी मंशा ज़ाहिर कर दी। तरीका काम आ गया और शिवाल ने समझौते के लिए हामी भर दी।

"अब करना क्या है?" उसने हौले से पूछा।

लीमा ने शिवाल से कहा कि उसे परगई को इस बहाने से अपने बंगले पर बुलाना होगा कि वह उसे तोहफ़े में स्कॉर्पियो कार देना चाहता है। लीमा भी यहीं मौजूद होगा। और शिवाल उसे अपना भतीजा कह कर मिलवाएगा जो चंडीगढ़ की ऑर्डनेंस फैक्ट्री में काम करता है। लीमा बोला, "और मैं उसे क्लाश्निकोव दिलवाने की पेशकश रखूँगा। सवाल ही पैदा नहीं होता कि वह इससे इंकार कर जाए।"

लीमा ने शिवाल से यह भी कहा कि वह कार की डाउन पेमेंट के नाम पर दस लाख रूपए दे दे। शिवाल ने माथे का पसीना पोंछ लिया। वह पिछली बार भी परगई को चौदह लाख दे चुका था। पर राजू परगई

के हाथों जान गँवाने के मुक़ाबले यह पैसा कुछ नहीं था। शिवाल ने हामी भर दी।

ज़ल्द ही, लीमा शहर के इकलौते कार डीलर के पास गया जो स्कॉर्पियो कार बेचता था। डीलरशिप स्टोर पर टाईधारी सेल्समैन ने मुस्कुरा कर लीमा का स्वागत किया। लीमा ने कार के रंगों के बारे में पूछा और बेस मॉडल से शुरू करते हुए फुली लोडिड मॉडल तक सारी जानकारी हासिल की। उसे पता चला कि उनके पास भारी माँग की वजह से काले रंग की कार के मॉडल नहीं थे।

"काले रंग की कार आने में कितना समय लगेगा?" लीमा ने पूछा।

"सर," सेल्समैन बोला। "एक महीने का वेटिंग टाइम है। मैं सफ़ेद कार ज़ल्दी मँगवा सकता हूँ।"

"नहीं।" लीमा बोला। "मैं काले रंग के लिए इंतज़ार करूँगा।"

और इस तरह लीमा स्टोर से बाहर आ गया, भौंचक्का सा सेल्समैन खड़ा रह गया। हालांकि लीमा के इस बर्ताव की भी एक वजह थी। वापसी पर उसे शिवाल का कॉल आया जिसने बताया कि परगई ने नई कार का नाम सुनते ही मिलने का समय दे दिया था। अगले दिन सुबह ग्यारह बजे मिलना तय हुआ था।

"लालची पागल कुत्ता है ये।" शिवाल बोला।

"कुछ ही दिन में कुत्ते की मौत ही मरेगा।" लीमा बोला।

मीटिंग वाले दिन राजू परगई अपने उसी रूआब में आया और जैसा कि उम्मीद थी, अमित आर्य भी नत्थी था। शिवाल ने दोनों गैंगस्टरों का स्वागत करते हुए उन्हें अपने भतीजे से मिलवाया। लीमा ने मुस्कुराते हुए हाथ मिलाया। वह हमेशा की तरह चौकस था। शिवाल तो लीमा की सोच से बढ़ कर एक्टर निकला। उसने लीमा की ओर इशारा किया।

"मेरा भतीजा, ये चंडीगढ़ की ऑर्डनेंस फैक्ट्री में काम करता है और आपकी तरह हथियारों का दीवाना है।" शिवाल बोला। "देश और यहाँ तक कि नेपाल के बेहतरीन हथियारों तक पहुँच है इसकी।"

ऑर्डनेंस फैक्ट्री का नाम सुनते ही परगई की बाँछें खिल गईं जहाँ से कुछ अनूठे हथियार मिल सकते थे। आर्य भी खुश दिखाई दिया। लीमा ने बड़े ही गूढ़ और जटिल हथियारों की जानकारी से दोनों को चारों खाने चित्त कर दिया। परगई और आर्य ध्यान लगा कर उसकी बातें सुनते रहे और शिवाल अपनी घबराहट छिपाने के लिए मेज़ पर रखा नाश्ता टूँगता रहा।

"फैक्ट्री में कौन से डिपार्टमेंट में काम करते हो?" परगई ने पूछा।

लीमा जानता था कि परगई उसे परख़ रहा था। लीमा ने उसे यकीन दिलाने के लिए अपना आई कार्ड दिखा दिया जो एजेंसी ने उसके लिए पहले ही तैयार करवा दिया था। कार्ड पर लिखा था कि वह वर्क्स मैनेजर था। परगई प्रभावित तो हुआ पर अभी लीमा के बारे में और जांच-पड़ताल करना चाहता था। उसने अपनी पीठ में खोंसी हुई 9 एमएम पिस्तौल निकाली और मेज़ पर लहराई।

"इसके बारे में क्या ख़्याल है?" परगई ने पूछा।

लीमा ने कहा कि वह देसी मेक आठ हज़ार से ज़्यादा का नहीं था। परगई का चेहरा उतर गया। लीमा ने बिना कुछ कहे, इतनी फुर्ती से गन को खोल दिया कि परगई को कुछ कहने का मौका ही नहीं मिला। गन के अलग-अलग हिस्से जैसे बैरल, बुशिंग, स्प्रिंग और एक्स्ट्रेक्टर मेज़ पर पड़े थे। लीमा ने उसी बारीकी से फ़ायरिंग पिन निकाली और उँगलियों में पकड़ ली। वह हथियार का सबसे ख़ास पुर्जा थी। उसके बिना गन पत्थर के टुकड़े की तरह थी।

"राजू भाई।" लीमा बोला। "तुमने इसके लिए कितने पैसे भरे?"

"डेढ लाख।" राजू ऐंठ कर बोला।

"हद है, नहीं भई!"

"क्यों?" परगई बोला। "कुछ ग़लत हो गया क्या?"

लीमा ने एलान किया। "ये तो कचरा गन है। मुंगेर का बना हुआ माल है।"

परगई तो जैसी अपनी कुर्सी में ही धंस गया। चेहरे पर मायूसी थी पर लीमा की हथियारों के बारे में जानकारी और हुनर ने उसे दंग कर दिया था। लीमा ने परगई के आगे रशियन-मेड एके-47 दिलवाने का चुग्गा बिखेर दिया। परगई ने दूसरी साँस में पूछा कि उस हथियार की अंदाज़न लागत क्या होगी।

"उत्तराखंड के भाई के लिए स्पेशल दाम।" लीमा बोला। "पैंतीस हज़ार रूपए बस।"

"क्या कह रहे हो? ब्लैक मार्केट में भी कम से कम 80 हज़ार की पड़ रही है।" राजू बोला।

परगई की लार टपकने लगी। शायद वह कल्पना में खुद को ग्लैमरस स्कॉर्पियो में, हाथ में रशियन-मेड एके-47 लिए बैठा देख रहा था। वह हाई स्पीड में कार चलाते हुए, आसपास से निकलते हुए लोगों के जिस्म छलनी कर रहा था। लीमा ने उसके ख़्याली पुलाव को झटके से बिखेर दिया।

"राजू भाई, क्या यह सच है कि शिवाल अंकल तुम्हें स्कॉर्पियो कार दे रहे हैं?" उसने पूछा।

परगई ने सिर हिलाया।

"कौन सा रंग चुना है?" लीमा ने पूछा।

"सफ़ेद।"

"अच्छा रंग है।" लीमा बोला। "पर मुझे लगता है कि आपके रौब के हिसाब से काला रंग सही रहेगा, राजू भाई।" फिर वह जान कर चुप हो गया। "क्यों अमित भाई, तुम क्या कहते हो?"

अमित आर्य ने भी मशीनी अंदाज़ में सिर हिलाया।

"डन जी, डन।" परगई बोला। "स्कॉर्पियो तो काली ही होनी चाहिए। बस काली। और काली के सिवा कोई नहीं।"

इशारा समझते ही शिवाल ने ऑटोमोबाइल डीलरशिप को फ़ोन लगा दिया जहाँ लीमा एक दिन पहले ही हो कर आया था। उसने सेल्समैन को ऑर्डर दिया और काली कार बुक हो गई। शिवाल को सेल्समैन ने बताया कि कार अभी नहीं मिल सकती थी। शिवाल ने फ़ोन को होल्ड पर डाल कर परगई को बताया।

"ये लोग कह रहे हैं कि काले रंग की कार तो महीने तक मिलेगी।" वह बोला।

परगई ने शिवाल से फ़ोन छीन लिया और सेल्समैन से बोला, "राजू परगई बोल रहा हूँ भैन@#$, क्या तेरी अम्मा मर गई है? नहीं, बता मुझे। तो फिर तुझे काली गाड़ी मँगाने में महीना क्यों लग रहा है?"

सेल्समैन परगई का नाम सुनते ही होश गँवा बैठा हागा। इससे पहले कि वह परगई को होल्ड करने को कहता, कुछ देर सन्नाटा छाया रहा। उसने डीलरशिप के मालिक से पूछा कि क्या काली गाड़ी ज़ल्दी मिल सकती थी। जब मालिक को पता चला कि काली गाड़ी परगई को चाहिए थी तो उसने ज़िम्मेदारी ली कि वह अगले दस दिन में खुद कार असेंबल करवा कर, पुणे की प्रोडक्शन फैक्ट्री से उत्तराखंड मँगवा देगा। सेल्समैन ने परगई को यह भी कहा कि उसकी कार में सारी एक्सेसरीज़ मुफ्त लगवा कर दी जाएँगी। परगई का अहं शांत हो गया। उसने कॉल काट दी।

शिवाल अब भी खुद को संभालने की कोशिश में था। उसने परगई और आर्य को दस लाख से भरा ब्रीफ़केस थमा दिया। दोनों ने अपने दिलदार मेज़बान से हाथ मिलाए और चलने को तैयार हुए। परगई ने लीमा का कंधा थपथपाते हुए वादा किया कि वह क्लाश्निकोव खरीदने के सिलसिले में उससे बात करेगा।

ज्यों ही परगई और आर्य घर से बाहर निकले, शिवाल फिर से कुर्सी पर ढह गया और दोनों हाथों से बाल नोचने लगा। वह चाहता था कि इन सारी बातों की कोई तुक तो समझ आए। पर एजेंट लीमा जानता था कि अब सब कुछ उसके हिसाब से चल रहा था। परगई और आर्य कार बुक कर चुके थे। और अगर सब कुछ लीमा के हिसाब से चलता तो वे उसे चलाने के लिए बहुत समय तक ज़िंदा नहीं रहने वाले थे।

16

चीता के साथ चाय

अक्टूबर 2011

लकी अपनी कोठरी से बाहर निकला और बैरक से बाहर आ कर खुले बरामदे में आ गया। वह सीधा मुलाक़ात कक्ष की ओर बढ़ा जहाँ जेबों में हाथ दिए एक मुलाक़ाती उसका इंतज़ार कर रहा था। लकी के दिमाग में बहुत सारी बातें चल रही थीं। एजेंसी ने उससे संपर्क करने में इतना समय क्यों लगा दिया? उन्हें उसकी परवाह थी भी या नहीं?

पर पहले तो उसे यह देखना था कि एजेंसी की ओर से भेजे जाने का दावा करने वाले बंदे की बात में कितनी सच्चाई थी? एजेंसी ने अपने लोगों को कई तरह के कोड दे रखे थे जिनकी मदद से वे एक-दूसरे की विश्वसनीयता की जांच कर सकते थे। पुलिसवाले दूर से उन पर नज़र रखे हुए थे। लकी ने इतनी धीरे से कोड बोला कि बस वही बंदा सुन सके।

“1-8-4-9।”

“2-0।” उस आदमी ने कहा।

उस आदमी ने सही कोड बोला था। लकी को यकीन हो गया कि उसे एजेंसी ने ही भेजा था और उसने हामी भरते हुए सिर हिलाया। वे लोग आपस में नाम नहीं ले सकते थे। लकी को यकीन था कि अगर वह नाम पूछता भी तो वह बंदा उसे कवर आइडेंटिटी ही देता। एजेंसी के बंदे ने उसे दिलासा दिया कि एजेंसी अपनी ओर से उसे जेल से बाहर निकालने की पूरी कोशिश कर रही थी।

"तुम्हारा आईडी कार्ड किधर है?" एजेंसी वाले ने पूछा।

एजेंसी ने लकी को आइडी प्रूफ़ दिया था। यह ज़रूरी था कि वह कार्ड पुलिस के हाथ न लगे वरना लकी की पहचान सामने आ सकती थी। लकी ने कार्ड को छिपा कर रखा था। उसने एजेंसी वाले से कहा कि वह उसके घर जाए और उसके पिता से कार की चाबी ले ले। लकी ने कुछ ही साल पहले एक हुंडई कार खरीदी थी। हुंडई की बैकसीट के कवर में आई कार्ड छिपा कर रखा गया था जो उसके घर के गैराज में खड़ी थी।

उसने शिष्टाचार दिखाते हुए मुस्कान दी और लकी को यकीन दिलाया कि वह ज़ल्द ही जेल से बाहर होगा। लकी जानता था कि उसके वादे में कितनी सच्चाई थी पर वह उस पर यकीन करना चाहता था। जेल में हर क्षण एक साल के बराबर था और लकी अपनी ओर से उम्मीद की हर डोर थामना चाहता था। दोनों ने हाथ मिलाए और एजेंसी का बंदा चला गया।

जैसा कि उसे बताया गया था, वह लकी के घर गया और उसके पिता से कार की चाबी ली। कार का बैकसीट कवर फाड़ कर आई कार्ड निकाला और दिल्ली लौट गया। लकी वहीं बैठा सोचता रहा। उसकी रिहाई के रास्ते धुंधले दिखने लगे थे।

देर शाम, लकी ने अपनी भूख और कुंठा दूर करने के लिए खाना खाया। फिर वह दीवार की टेक लगाए आँखें बंद करके बैठ गया। तभी

दूसरे बैरक से एक कैदी अंदर आया। लकी ने आँखें खोलीं तो देखा कि वह कैदी सब ओर देख रहा था मानो किसी को तलाश रहा हो। फिर अचानक उसकी नज़रें लकी पर आ कर रुकीं।

"कमांडो भाई," वह बोला। "ग्रांउड फ़्लोर की बैरक वाले ज़हिद चीता ने आपको चाय पर बुलाया है।"

लकी ने भौं उठाई। "कब?"

"कल सुबह?"

ख़बर बिजली की तरह सबके बीच फैल गई। उनके चेहरे पर कई तरह के रंग दिखने लगे। वे सब लकी के आसपास झुंड बना कर खड़े हो गए और उसे चेतावनी देने लगे कि वह ज़ाहिद चीता के चाय के बुलावे पर न जाए।

"ज़ाहिद राजू परगई का आदमी है।" एक कैदी बोला।

"वह उन लोगों में से एक है जिनके बारे में जेलर ने तुम्हें सावधान रहने को कहा था।" एक सबसे पुराना कैदी बोला। "शेखर जोशी भी इनके गैंग का है और इन्हें एक ही बैरक में रखा गया है।"

ज़हिद ख़ान उर्फ़ ज़ाहिद चीता का जुर्मों का ख़ाता भी उसकी तरह लंबा-चौड़ा था। गहरे रंग का चीता छह फ़ीट लंबा था। उसे देख कर आम आदमी की पैंट गीली हो जाती थी। ज़ाहिद का व्यक्तित्व ठीक वैसा ही था जो देश के किसी भयंकर अपराधियों में से किसी का हो सकता था। पर एक चीज़ अपवाद थी - उसकी हकलाहट।

ज़ाहिद बोलते हुए हकलाता था। हालांकि उसके जुर्मों की गिनती नहीं हो सकती थी पर उनमें से मिद्‌धू ख़ान का क़त्ल सबकी जुबान पर रहता था। मिद्‌धू ख़ान भी बाईस लोगों की जान ले चुका था। एक बार ज़ाहिद का मिज़ाज पहले से उखड़ा हुआ था और ऐसे में मिद्‌धू ने उसकी

हकलाहट का मज़ाक उड़ा दिया। उनकी बातचीत देखते ही देखते झड़प में बदली और दो हत्यारों के बीच आपस में ठन गई। दोनों ओर से एक-दूसरे पर जानलेवा हमले होने लगे। कुछ समय तक उनमें बेहतरी के लिए जंग चलती रही और फिर ज़ाहिद दो कदम आगे आ गया। उसने मिद्धू को दबोचा और मौत के घाट उतार दिया।

वहीं दूसरी ओर, शेखर जोशी दोहरे क़त्ल के जुर्म में सज़ा काट रहा था। उसने एक आदमी की जान ली और उसे जेल में डाल दिया गया। वह किसी तरह जमानत कराने में क़ामयाब रहा। जब वह बाहर निकला तो एक और क़त्ल कर दिया और इस तरह वह दोबारा जेल की सलाखों के पीछे आ गया।

ज़ाहिद चीता और शेखर जोशी की मुलाक़ात परगई से तब हुई, जब वह कुछ समय के लिए जेल में था। उसे योगेश सुनहरी की हत्या के आरोप में अंदर किया गया था। चीता और जोशी ने परगई को मना लिया था कि वह अपनी राजनीतिक पहुँच का इस्तेमाल करते हुए उनकी रिहाई का बंदोबस्त करवा दे।

जब परगई जेल से बाहर निकलने के बाद मारा गया तो ज़ाहिद और जोशी की रिहाई पाने की उम्मीदों पर पानी फिर गया, अब परगई उनके लिए कुछ नहीं कर सकता था। जेल से रिहाई की कोई संभावना नहीं बची थी।

लकी को लगा कि ज़ाहिद और जोशी उसके खून के प्यासे होंगे क्योंकि यही माना जाता था कि लकी ने परगई की जान ली थी। चाय का यह बुलावा उसकी जान लेने का बहाना भी हो सकता था। दोनों ही ऐसा कर सकते थे। लकी ने दूसरे कैदियों के सामने उस बुलावे के लिए उदासीनता ही दिखाई। उसी समय, वह स्वयं विचार करने लगा कि उसे चीता से मिलने जाना चाहिए या नहीं।

चाय का बुलावा स्वीकार करने का मतलब होता कि उनके बीच किसी बात पर झड़प हो सकती थी। हो सकता है कि उसका नाम भी ज़ाहिद की ओर से किए गए क़त्लों वाली लिस्ट में आ जाता। चाय का बुलावा न लेने का मतलब होता कि लकी ज़ाहिद से डर गया। फिर वह कभी ज़ाहिद से नज़रें मिला कर बात नहीं कर पाता। दूसरे कैदी उसे कुछ कहे बिना ही फट्टू मान लेते। और चाहे जो हो, वह ऐसे किसी लेबल के साथ नहीं जी सकता था। उसने तय किया कि वह ज़ाहिद से मिलने जाएगा - ज़ाहिद के साथ एक प्याला चाय! पर वह अपनी ओर से हर तैयारी के साथ जाना चाह रहा था। वैसे भी, उसके पास तैयारी के लिए पूरी रात पड़ी थी।

लकी सारे कैदियों के चादर से मुँह ढाँप कर गहरी नींद सोने तक इंतज़ार करता रहा। उसने झट से अपनी चादर पलटी और दबे पैर दीवार के पास जा कर, अपने जूते से एक चम्मच निकाल लिया। उसे पहले ही दिन जेल में थाली, गिलास और चम्मच दिए गए थे।

फिर उसने अपने चम्मच को हथियार में बदल दिया। उसने चम्मच के गोल हिस्से को तोड़ दिया और बाकी हिस्सा नुकीला कर दिया जो पूरी तरह से नुकीला नहीं था। उसने उस हिस्से को पत्थर की दीवार से घिसना चालू कर दिया, वह ज़ाहिद से मिलने के तैयारी में अपना हथियार पैना कर रहा था। ज़ाहिद से आमने-सामने की मुलाक़ात थी। कुछ ही घंटों बाद, हथियार इतना पैना हो चुका था कि वह अपने हाथ पर उसकी चुभन महसूस कर सकता था। वह अपने काम से ख़ुश था। उसने अपने हथियार को दोबारा जूते के अंदर छिपाया और आराम से सो गया।

अगली सुबह, जेल अधिकारी बौखलाए हुए थे। ग्राउंड फ़्लोर पर होने वाली मीटिंग के चर्चे चारों ओर फैल चुके थे। जेलर नहीं जानता था कि इसका नतीजा क्या होने वाला था। कैदी भी काफी उत्साहित दिखे।

लकी ने नीचे जाते हुए एक बार फिर से अपने जूते में रखे हथियार को टटोल लिया। जब वह ज़ाहिद चीता की कोठरी की ओर बढ़ा तो उत्तराखंड के कुछ कुख्यात अपराधी उसे ही देख रहे थे। आख़िर में वह अपनी मंज़िल पर पहुँचा और कोठरी का दरवाज़ा खोला। धातु का गेट आवाज़ के साथ खुल गया।

चीता और जोशी के दो लोग और भी थे। उन सबने लकी से हाथ मिलाया। चीता ने भी यही किया। लकी को चीता से बात करने के लिए ऊपर देखना पड़ रहा था। उसे लंबे-चौड़े आदमी को देख कर लकी विस्मित हुआ पर उसने अपने चेहरे पर कोई भाव नहीं आने दिए।

लकी ने बिखरे हुए और अव्यवस्थित कमरे पर नज़र डाली। सामने दीवार में लगे लकड़ी के छोटे से स्टैंड पर टी.वी. रखा था, जिसका शोर चारों ओर सुनाई दे रहा था। वे लोग आसपास बैठ गए, एक नौजवान कैदी ने डगमग सी मेज़ पर बिस्कुट और पाँच कप चाय की ट्रे रख दी।

लकी ने मेज़ के कोने में रखा रिमोट उठाया और आवाज़ कम करने के लिए बटन खोजने लगा।

"क...कमां...डो भाई!" चीता हकलाया। उसने रिमोट लेने के लिए हाथ आगे बढ़ा दिया।

"ये... मुझे... दे दो।"

लकी ने किसी तरह अपनी हँसी रोकी। वह नहीं चाहता था कि मिद्‌धू की तरह चीता का मज़ाक उड़ाने की क़ीमत जान दे कर चुकानी पड़े। लकी ने टी.वी. बंद कर दिया ताकि खुद को शर्मिंगदी से और चीता के गुस्से से बचा सके।

वे ज़ल्द ही काम की बात पर आए। "प-प-परगई हमें जेल से बाहर निकालने की आख़िरी उम्मीद था, कमांडो भाई।" चीता बोला। "उसकी मौत के साथ ही हमारे जेल-ल-ल से बाहर आने की कोई उम्मीद नहीं बची।"

लकी ने कुछ नहीं कहा। वह खुद को तैयार कर रहा था कि ज़रूरत पड़ते ही अपना तैयार किया हुआ चाकू निकाल सके। तभी चीता हकलाया, "पर हम मर्द... ब-ब-बड़ी देर तक मरे हुओं का रोना नहीं रोते ओर आगे बढ़ते हैं।"

चीता ने कहा कि उन्हें सब पिछला भुला कर नई शुरुआत करनी चाहिए। और उसने चाय का प्याला उठा कर लकी के आगे कर दिया जो यह देख कर हैरान था कि जिस इंसान को उसके खून का प्यासा होना चाहिए था, वही उसके आगे दोस्ती का हाथ बढ़ा रहा था। लकी के पूरे शरीर में शक़ की लहर दौड़ गई। उसने चीता के बढ़ते हुए हाथ को बीच में ही रोक दिया।

फिर लकी ने अपना प्याला लिया और उससे हर कप में थोड़ी-थोड़ी चाय पलट दी जिनमें चीता और जोशी का कप भी शामिल था। वह बस यही सुनिश्चित करना चाहता था कि कहीं चीता ने उसकी चाय में ज़हर तो नहीं मिलाया। वह चाहता था कि अगर उसके लिए कुछ ऐसा किया गया तो वही नसीब बाकी सबका भी हो।

"मैं चाय का इतना शौक़ीन नहीं हूँ।" लकी मासूमियत से मुस्कुराया।

इसके बाद ठहाकों और दोस्ताना थपकियों के बीच बातचीत जारी रही। लकी ने ध्यान रखा कि वह अपने कप से पहला घूँट न भरे। वह बार-बार कप को अपने पास लाता और फिर कुछ बोलने या बिस्कुट उठाने के बहाने उसे फिर से नीचे रख देता। आख़िर में चीता ने एक घूंट में अपनी सारी चाय गले से नीचे उतार ली और फिर दिली बातचीत के बाद लकी का भरोसा जीतने में क़ामयाब रहा और उनके बीच दोस्ती की नींव रखी गई। लकी ने अपनी ओर से आदर दिखाते हुए, अपनी चाय को भी एक घूँट में हलक से उतार दिया।

अगले कुछ दिनों में जेल अधिकारियों ने देखा कि लकी चीता से बार-बार मिलने जाने लगा था। लकी और चीता गैंग के बीच आपस में खाने-पीने के सामान का लेन-देन् जारी रहता। ऐसी ही एक मुलाक़ात के दौरान, ज़ाहिद और शेखर ने लकी को एक फ़ोन भी दिखाया जिसे वे जेल में ले आए थे और अपने टॉयलेट में छिपा कर रखते थे। लकी उनकी हिम्मत और निडरता देख दंग रह गया।

लकी और चीता गैंग की दोस्ती होने के बाद कैदियों की नज़रों में उसका मान और बढ़ गया था। अधिकारियों को लकी की और ज़्यादा चिंता होने लगी क्योंकि वह चीता गैंग के निकट होता जा रहा था। एक रात, जब लकी के सैल के कैदी सोने की तैयारी में थे तो उसने उन्हें अपने आसपास जमा होने को कहा। फिर उसने उनमें से सबसे कम उम्र के कैदी को कहा कि वह गेट के पास खड़ा हो कर पहरा दे। लकी उनके बीच खड़ा हुआ, अपने जूते के अंदर से चाकूनुमा चम्मच वाला हथियार निकाला और उसे दिखाते हुए ख़तरनाक लहज़े में बोला, "मैं जानता हूँ कि तुम सभी जेलर के ख़बरी हो पर अगर मेरे काम की एक भी बात जेलर के पास पहुँची तो इस चाकू से गर्दन चीर दूँगा।"

कैदी उस चमचमाती धार को देख कर ही काँप गए। वे लकी के आगे हाथ जोड़ कर उसे शांत करने लगे कि उसने उनके बारे में जो भी सुना, वह सही नहीं था और अगर वह चाहेगा तो वे दूसरे सैल में अपने तबादले की अर्ज़ी दे देंगे। लकी ने उन्हें गरियाते हुए धमकी दी कि अब उन्हें उस सैल को छोड़ने के बारे में सोचना भी नहीं चाहिए।

"अब तुम लोगों का नसीब मेरे नसीब से बँधा है।" लकी बोला। "अगर मुझे कुछ हुआ, तो नतीजा तुम लोग भुगतोगे।"

सारे कैदी दया की भीख माँगने लगे। फिर वे अपनी-अपनी जगह सोने चले गए। लकी अपने इस रूआब के बीच मग्न था। उसने अजीब तरह के लोगों से दोस्ती गाँठ ली थी। उसने जेलर के ख़बरियों को ठिकाने

लगा दिया था। अब वह जेल के जीवन का आदी हो रहा था और अपना दबदबा बना पा रहा था। ज़िदगी कितनी आगे तक आ गई थी - एक एनएसजी कमांडो से ले कर उत्तराखंड जेल के भयभीत कैदी तक। पर लकी कहाँ जानता था कि उस जेल में उसके गिनती के दिन रह गए थे और उसे एक नई जेल में भेजा जा रहा था, जहाँ अपराधियों की नई खेप उसका इंतज़ार कर रही थी।

17
टेल्कम पाउडर में फ़ोन

लकी अपनी कोठरी के एक कोने में दुबका हुआ था। वह अपने चम्मच वाले चाकू से टेल्कम पाउडर की बोतल खोलने की कोशिश कर रहा था। संजय बाहर से आने वाले किसी भी संतरी पर नज़र रखने की कोशिश कर रहा था। लकी किसी तरह अपने चाकू से बोतल के ऊपरी हिस्से तक काटने में क़ामयाब रहा, इस दौरान संजय बार-बार उसके आसपास इस तरह चक्कर लगाता रहा ताकि किसी की लकी पर सीधी नज़र न पड़े। बोतल का ऊपर वाला हिस्सा निकल आया। लकी ने बोतल को पलटा तो बहुत सारा पाउडर बाहर गिर गया। पर लकी को अपना चेहरा चमकाने के लिए उस पाउडर की ज़रूरत नहीं थी। वह तो उस मोबाइल फ़ोन का इस्तेमाल करना चाहता था, जो उस बोतल में छिपा था!

ज़ाहिद चीता के बाद, लकी ने भी जेल में मोबाईल फ़ोन लाने की हिम्मत कर ली थी। लकी और संजय मिल कर सारी योजना बनाते थे। फ़ोन वाली पाउडर की बोतल, लकी का एक दोस्त दीपक मुलाक़ात के समय ले कर आया था। उसने काँपते हाथों से पाउडर की बोतल उसे दी। दीपक को डर था कि कहीं वह फ़ोन के साथ पकड़ा गया तो उसे

भी हवालात में दिन बिताने होंगे इसलिए वह जितनी ज़ल्दी हो सके, उस जगह से तिड़ी हो गया।

लकी को उसके पिता ने मिलने के दौरान कुछ फल भी दिए थे जिन्हें लकी ने वापिस आ कर, अपनी कोठरी के साथियों के बीच बाँट दिया था। वकील बलवंत सिंह, लकी से मिलने आया और उन्होंने इसी बातचीत में काफ़ी समय लगाया कि उस झूठे किस्से के ख़िलाफ़ क्या कारवाई की जानी चाहिए, जिसे पुलिस विभाग अदालत के आगे पेश करने जा रहा था।

लंबे समय के बाद, लकी को घर के खाने का स्वाद नसीब हुआ जो माँ ने टिफिन में भर कर भेजा था। जब उसने पहला कौर मुँह में डाला तो उसकी आँखें भर आईं। लकी अपनी माँ के बहुत निकट था पर उसने ख़ासतौर पर पिता को कहा था कि वे माँ को अपने साथ जेल में न लाएँ क्योंकि वह अपने लाडले को इस हाल में नहीं देख सकेगी। माँ ने लकी के लिए अपने हाथों से बहुत प्यार और परवाह से बना खाना भेज कर अपनी उपस्थिति दर्ज करवा दी थी।

अगले कुछ दिन, लकी ने मोबाइल का इस्तेमाल बखूबी किया। जब वह बाथरूम जाता तो चुपके से मोबाइल चलाता। रात को खाने के बाद आंगन में टहलते हुए, अपने कंबल में मोबाइल छिपा कर उससे बातें किया करता। मोबाइल का इस्तेमाल बहुत सोच-समझ कर करना पड़ता था क्योंकि वह फ़ोन को किसी तरह अंदर तो ले आया था पर वह किसी भी हाल में उसे जेल में चार्ज नहीं कर सकता था।

लकी अपने मोबाइल की बैटरी ख़त्म होने से पहले आख़िरी कॉल अपने पड़ोस में रहने वाले दोस्त को करता था। लकी उससे कहता कि वह जेल की चारदीवारी के बाहर एक ख़ास जगह और समय पर इंतज़ार करे। फिर तयशुदा समय पर लकी और संजय उस जगह चुपके से जाते और जेल के दूसरी ओर अपना फोन फेंक देते। लकी का दोस्त बाहर

से फ़ोन को लपक लेता। फिर वह फ़ोन को चार्ज करता और उसमें पैसे डलवा कर, शाम को तयशुदा समय पर दीवार पर उसी जगह से अंदर फेंक देता।

लकी के ऐसे साहसी और रोमांचक कारनामों की ख़बर किसी तरह जेलर तक पहुँच ही गई। जेलर लगभग डेढ साल में रिटायर होने वाला था और वह नहीं चाहता था कि उसे लकी की हरकतों की वजह से सस्पेंशन का मुँह देखना पड़े।

जेलर चीफ़ ज्यूडीशियल मैजिस्ट्रेट के पास भागा और उनसे आग्रह किया कि वे लकी को उसकी जेल से किसी और जेल में भेज दें। सीजेएम ने पहले तो बात को टाल दिया पर जेलर उनके पैरों पर गिर गया।

"सर," जेलर बोला। "अगर ये कमांडो कुछ और दिन मेरी जेल में रहा तो शायद मुझे पेट भरने के लिए सड़कों पर भीख माँगनी पड़ेगी।"

जब जेलर ने किसी भी हाल में उनके पैर नहीं छोड़े तो उन्हें लकी के तबादले के ऑर्डर देने ही पड़े। लकी को यह जान कर सदमा लगा कि उसका फिर से अचानक तबादला कर दिया गया था। इस जेल में सब कुछ सही तरह से चल रहा था। एक नई जेल, और नया माहौल; मानो सब कुछ नए सिरे से शुरू करने वाली बात थी, वह बहुत मायूस हो गया।

हलद्वानी स्थित नई जेल, इस जेल से चालीस कि.मी. की दूरी पर थी।

जेल से छह पुलिसकर्मियों का जत्था उसके साथ नई जेल की ओर चला, वे लोग जेल से बाहर खड़ी वैन में जा बैठे। वैन चल दी और वह जेल स्टेशन को तब तक ताकता रहा, जब तक वह छोटी, और छोटी होते हुए ओझल नहीं हो गई। फिर लकी ने वैन की जालीनुमा सलाखों से सिर टिका कर आँखें मूंद लीं। उसने हथकड़ियों में बँधे हाथ जांघों पर पटके और हार कर एक बोझिल सी नींद में खो गया। लक्ष्मण बिष्ट को

उसकी पहली जेल में दाख़िल होने के पच्चीस दिन बाद ही दूसरी जेल में भेजा जा रहा था।

दूसरी जेल के कैदियों को पहले ही लकी के आने की भनक मिल गई थी। वे लोग 'लकी बिष्ट' उर्फ़ कमांडो भाई को देखने के लिए बेताब थे - जिसके बारे में वे कुछ समय से अख़बारों और न्यूज़ चैनलों पर पढ़ते और देखते आ रहे थे। अब उसी लकी के साथ रहने की उत्सुकता भी कुछ कम नहीं थी।

हलद्वानी जेल की इमारत नैनीताल जेल से बड़ी थी और थोड़ी साफ़ भी थी। जेलर, टी.डी. जोशी ने अपनेपन से भरी मुस्कान के साथ लकी का स्वागत किया। वे उसे अपने साथ कोठरी तक ले गए। "तुम्हें मेरी जेल में किसी बात की चिंता करने की ज़रूरत नहीं है।" उन्होंने लकी से कहा। *"वक्त गुज़र जाएगा।"*

वाकई जेल में विचाराधीन कैदियों को आमतौर पर यही सलाह दी जाती, *"वक्त गुज़र जाएगा"*, जिनका अपनी क़िस्मत पर कोई बस नहीं रहता। यह सलाह उन्हें अपने हालात से जूझने की ताकत देती। पर लकी इतनी आसानी से घुटने टेकने वालों में से नहीं था। वह उन लोगों में से था जिन्हें हर हालात का डट कर सामना करने का प्रशिक्षण दिया गया था। अब तो यह जज़्बा उसके खून में बस गया था।

"उन दिनों हम एक बड़ी परेशानी से जूझ रहे थे, जेल में रहने वाले अपने पास चोरी से मोबाइल फ़ोन रखते थे।" हलद्वानी जेल के जेलर टी.डी. जोशी ने बताया। "पहले, हमारे पास जेल में जगह की कमी थी और स्टाफ की भी कमी थी क्योंकि राज्य हाल ही में बना था। इन कैदियों को मुलाक़ात के दौरान सिम कार्ड मिल जाते जिन्हें वे अपने जूतों के तलों या साबुनों में छिपा लेते। अगर हम उनकी छानबीन भी करते, तो उनकी ओर से सिम कार्ड छिपाने के ठिकानों का पता नहीं लगा पाते थे।"

जेलर ने मुलाहिज़ा बैरक का दरवाज़ा खोला जो लकी को दी गई थी। मुलाहिज़ा बैरक में ऐसे लोगों को रखा जाता था जो अभी अपराधी घोषित नहीं हुए थे इसलिए उस बैरक में ही लकी को रखा जाना था। उसी बैरक में उसके जैसे तीन और लोग शामिल थे : वसीम कालिया, विमल शर्मा और जावेद।

वे तीनों ही कुख्यात अपराधी थे जिन्हें जेल के अधिकारियों ने उनके हाल पर छोड़ दिया था। उन्हें मुलाहिज़ा बैरक में डाल कर दूसरे कैदियों से अलग कर दिया गया था ताकि उनके बुरे असर को फैलने से रोका जा सके।

वसीम कालिया, तीनों में से सबसे भयानक था, एक बड़ा सा मांसल आदमी जो पाँच वक़्त की नमाज़ भी उतनी पाबंदी से पढ़ता था, जैसे वह जेल में जुआ खेलता था या नशा किया करता था। छह फ़ीट से लंबे वसीम कालिया से कॉन्स्टेबल नज़रें मिलाने तक से डरते थे। विमल शर्मा और जावेद अपराध की दुनिया में साझेदार थे जो अपने शिकार को अगुवा करते और फिरौती की रक़म न दिए जाने पर जान से मार देते।

लकी पहले ही पूरे राज्य के दो सबसे भयंकर और कुख्यात अपराधियों से मिल चुका था इसलिए इस जगह के उन कैदियों के बीच उसे पूरा सम्मान और आदर मिला, शायद वे उससे डरे भी हुए थे। हलद्वानी जेल में भी लकी को गर्म खाना, नहाने के गर्म पानी और हाजिरी की लाइन में न लगने जैसी सुविधाएँ पिछली जेल की तरह मिलने लगीं। केवल जेलर और दूसरे कैदी ही नहीं बल्कि पुलिस विभाग के कुछ उच्च-पदासीन अधिकारी भी राजू परगई के हत्यारे की एक झलक देखने आया करते।

टी.डी. जोशी ने हलद्वानी जेल में लकी के प्रवास के दौरान हुआ एक वाक्या याद करते हुए बताया : "लकी एक अच्छा एक्टर था"। वे बोले, "एक बार उसने पुलिसवालों को धमकाया कि चाहे कोई पुलिसिया हो या

कोई और, अगर किसी ने उससे टकराने की कोशिश की, तो वह जेल में रिवॉल्वर मँगवा कर, किसी का भी काम तमाम कर सकता था। इस तरह लकी ने उस जेल में भी अपना दबदबा बनाए रखा।"

कुछ ही दिन बाद जेल में अच्छा-ख़ासा हल्ला हो गया। कैदियों को मैदान में हाजिरी देने को कहा गया क्योंकि सब डिवीज़नल मैजिस्ट्रेट (एसडीएम साहब) जेल के दौरे पर आ रहे थे। आधे घंटे बाद, एसडीएम ने लकी को बुलाया जो कैदियों के बीच से उठ कर आगे आ गया।

लकी जेल के अहाते में कुछ अधिकारियों के साथ खड़ा था। एसडीएम ने कुछ रूटीन सवालों से पूछना आरंभ किया। कुछ ही देर बाद उन्होंने लकी से पूछा कि वह किस एजेंसी के लिए काम करता था। वे उसके रैंक और काम के बारे में जानना चाहते थे।

"सर, मैं सरकार के लिए काम करता हूँ।" लकी ने विनम्रता से कहा।

"पर कौन सा विभाग?"

"आदरणीय सर, आपको इस मामले में मुझसे पूछताछ करने के लिए अदालत से अनुमति लेनी होगी।"

लकी ने बड़ी बेबाक़ी से अपनी बात कही। एसडीएम के माथे पर बल आ गए पर साफ़ दिख रहा था कि उनके पास कोई ज़वाब नहीं था। उन्होने जेलर जोशी को बुलाया और लकी पर निगरानी रखने के कड़े आदेश दिए गए। फिर लकी की ओर एक बार भी देखे बिना दनदनाते हुए वापिस चले गए।

"कमांडो भाई, तुमने तो अपने ज़वाब से उसे चारों खाने चित्त कर दिया।" ज्यों ही लकी ने सारा ब्यौरा वसीम को बताया तो वह हँस कर बोला। वे दोनों ही लकी के इस पलटवार को याद करके ठहाके लगा रहे थे कि अचानक एक कॉन्स्टेबल ने उनकी बात में ख़लल दिया।

"कमांडो भाई!" कॉन्स्टेबल बोला। "किसी ने आपको सलाम भेजा है।"

"किसने?" लकी बोला।

"कोई ऐसा जो अभी तो यहाँ नहीं है पर कुछ ही दिन में इधर होगा"

"अबे दार्शनिक की औलाद, बेकार में फ़िलॉसफ़ी मत झाड़।" लकी बोला। "सीधा काम की बात पर आ।"

"अंडरवर्ल्ड डॉन प्रकाश पांडे ने आपको नमस्ते कहलवाया है, सीधे तिहाड़ जेल से!"

लकी वसीम कालिया को घूर रहा था, वह भी यह बात सुन कर सकते में आ गया था। प्रकाश पांडे उर्फ़ बंटी पांडे टॉप गैंगस्टर था जो छोटे शकील और दाउद इब्राहिम के लिए काम कर चुका था। उसे इंटरपोल ने, 2010 में हनोई, वियतनाम में गिरफ़्तार कर लिया था। कॉन्स्टेबल ने कहा कि पांडे कुछ ही दिन में नैनीताल जेल आने वाला था। लकी यह सुन कर परेशान तो हुआ पर उसे यह भी जानना था कि इतना ख़तरनाक अपराधी प्रकाश पांडे उससे क्यों मिलना चाह रहा था।

18

कभी न ख़त्म होने वाली दौड़

10 जुलाई 2003, ट्रेनिंग कैंप, तेल अवीव

लकी दर्द से कराहते हुए अपने बिस्तर में करवटें बदल रहा था। उसने खुद को ऐसी पोज़ीशन में रखा हुआ था कि उसके नितंब बिस्तर का स्पर्श न करें क्योंकि ज़ोरा सिंह के हाथों मिली मार की वजह से नितंबों पर खून जम गया और वे काले पड़ गए थे। इसके साथ ही, वह खुद को बिस्तर से उठाने की पुरज़ोर कोशिश में था ताकि उस कम दूरी की दौड़ के लिए तैयार हो सके जो अगले कुछ घंटों में होने वाली थी। लकी को अपनी इस हालत को देखते हुए नहीं लग रहा था कि वह इस दौड़ में हिस्सा ले सकेगा, यह उनके प्रशिक्षण की ऐसी कड़ी क़वायद थी जिसमें अपनी पूरी क्षमता का जी-तोड़ प्रदर्शन करना पड़ता था।

ज़ोरा सिंह से डंडा ट्रीटमेंट मिले एक हफ़्ता होने को आया पर अब भी वैसा ही दर्द था जैसा पहले दिन हो रहा था, उसी दिन दो डॉक्टर कैंप में आए थे ताकि देख सकें कि कोई कैडेट किसी गंभीर बीमारी या तकलीफ़ में तो नहीं था। कैडेट्स को हुक्म मिला कि वे मेडिकल चैकअप सैशन के लिए प्रशिक्षण मैदान में जमा हों। कुछ देर में वे सब मैदान में

दिखाई दिए और उनमें से किसी ने भी ऐसी वर्दी नहीं पहनी हुई थी जो उसे पूरी तरह से फ़िट आती हो। उन्हें कभी यह पता लगाने का समय ही नहीं मिलता था कि असल में उनकी अपनी वर्दी कौन सी थी क्योंकि वर्दियों को धुलाई के बाद एक अंबार बना कर पटक दिया जाता था। लगभग पचास देशों से आए जवान क़तारों में खड़े थे। उनके सामने दो डॉक्टर खड़े थे। ज़ोरा सिंह गोल्फ खेल कर लौटा था, वह अपने गठे हुए हाथों में गोल्फ स्टिक लिए खड़ा था। लकी उसकी मजबूत कलाईयों की नसें देख सकता था।

डॉक्टर ने कैडेट्स से कहा, "क्या आपमें से कोई कैडेट ऐसा है जिसे थकान या कमज़ोरी महसूस हो रही हो या फिर उसके शरीर में कहीं ऐसी तकलीफ़ हो जिसके इलाज की ज़रूरत है?"

कुछ ही देर की चुप्पी के बाद लकी ने अपना हाथ उठाया। और उसे ऐसा करते ही समझ आ गया कि उससे भूल हो चुकी थी क्योंकि उसकी ही तरह कई और कैडेट भी थे जो चाहे उससे ज़्यादा नहीं, पर उसकी ही जितनी थकान और दर्द में थे पर उसके सिवा किसी दूसरे इंसान ने हाथ नहीं उठाया था। ज़ोरा सिंह की सिकुड़ी हुई आँखों ने लकी को चिंता में डाल दिया। पर अब वापसी का कोई रास्ता नहीं था। वह अपना हाथ उठा चुका था और अब आगे बात करनी ही होगी। नतीजे भी खुद ही भुगतने होंगे। ज़ोरा सिंह ने लकी को एक कदम आगे आने को कहा।

लकी के पास प्रशिक्षण में पहनने के लिए जूते और जुराबें सीमित संख्या में ही थे। कैंप में अक्सर बारिश की वजह से नमी और गीलापन रहता और दूसरा जोड़ी जूता और जुराबें पहनने से पहले कभी पूरी तरह से सूखे नहीं मिलते थे। उसे उन्हें गीला ही पहनना पड़ता और बारिशों में तो हालत और भी बदतर हो जाती। इस तरह, उसके पैरों के तलवों का रंग बदल गया था और उनमें खुजली रहने लगी थी।

"कमांडो, क्या परेशानी है तुम्हें?" ज़ोरा सिंह ने पूछा।

"सर, मेरे पैरों में स्किन इंफेक्शन हो गया है।"

ज़ोरा सिंह अपनी गोल्फ स्टिक को बाईं हथेली पर थपथपाने लगा और उसने देखा कि लकी चुपचाप अपनी बात पूरी करने के बाद वापिस अपनी जगह खिसक चुका था। उसने लकी की बात डॉक्टरों तक पहुँचाने की भी जहमत नहीं उठाई और कैडेट्स को दूसरे प्रशिक्षण मैदान में जाने का हुक्म दे दिया। जब लकी ने दूसरे कमांडोज़ के साथ जाने की कोशिश की तो ज़ोरा ने आवाज़ दे कर वहीं रोक दिया।

"तुम वहीं रहो, जहाँ खड़े हो।" वह बोला।

लकी ने हामी भरी। दूसरे कमांडो मैदान की ओर निकल गए और चेहरे पर नारज़गी लिए खड़े ज़ोरा के साथ लकी अकेला रह गया, जिसके चेहरे का रंग फ़ीका पड़ चुका था।

लकी ने अपने इंस्ट्रक्टर की ओर देखा और पूरी कोशिश की कि उसका डर आँखों से न झलके। ज़ोरा सिंह ने लकी से कहा कि वह अपने शरीर के प्रभावित अंग दिखाए। लकी ने एक-एक कर जूते उतारे और अपने फ़क्क पड़ चुके तलवे दिखाए। डॉक्टरों ने कोई प्रतिक्रिया नहीं दी। लकी को यह बड़ा ही अजीब लगा।

ज़ोरा सिंह ने लकी से कहा कि वह 'कुर्सी' पर बैठने की मुद्रा में आए। लकी ने अपने हाथ आगे किए और आधा उकडूँ हो गया। हालांकि उसे यह इलाज थोड़ा अटपटा सा लगा पर उसे हुक्म तो मानना ही था।

ज़ोरा सिंह ने पीछे हट कर जगह बनाई। फिर उसने अपने हाथ में पकड़ी गोल्फ स्टिक को पूरे ज़ोर से इस तरह घुमाया कि वह लकी के नितंबों पर सटाक से आ कर पड़ी।

लकी ज़ोर से चिल्लाया और ज़मीन पर वापिस आने से पहले हवा में दो फ़ीट तक उछल गया। वह दर्द से चिल्लाते हुए, अपने दोनों हाथों से पिछवाड़े को लगातार मल रहा था। डॉक्टर भी मुँह बाए खड़े थे।

"कमांडो", ज़ोरा सिंह गरजा। *"मैदान में लगी चोट का इलाज भी मैदान में ही होता है।* ऐसी छोटी-मोटी बातों के लिए दूसरों को परेशान नहीं किया जाता।"

लकी ने उस दिन एक अहम सबक़ सीख लिया था। उसका मिशन और मक़सद किसी भी दर्द या इंफ़ेक्शन से कहीं परे थे। उसे उन्हें उपेक्षित करते हुए आगे बढ़ना था। पर वह सबक़ एक गोल्फ स्टिक की मदद से दिया गया।

अब उसे उसी दर्द को सहन करते हुए अपने प्रशिक्षण के सबसे कड़े अभ्यास के लिए तैयार होना था। कमांडोज़ को सोलह कि.मी. आने और जाने की इस दूरी के दौरान अपने हथियारों के अलावा क़रीबन 25 किलो बजरी से भरा बोरा भी उठाना था। वे बोरे इंस्टीट्यूट की मोहर लगा कर बंद किए गए थे ताकि कोई कमांडो अपना भार कम न कर सके।

सड़क पर हाँफते हुए कमांडो भरे हुए थे जो पहाड़ी रास्ते में रुक कर, दम साधने की कोशिश कर रहे थे। लकी ने आधे रास्ते में पहुँच कर खुद को उन लोगों के बीच पाया जो इसका हिस्सा नहीं बन सके थे। उसकी आँखें इधर-उधर भटक रही थीं कि उसे उनके साथ चलती एंबुलेंस दिखाई दी। जो कमांडो आगे नहीं जा पा रहे थे, वे एंबुलेंस में बैठ रहे थे। लकी ऐसा नहीं करना चाहता था। उसके लिए हार मानने से बड़ी शर्मिंदगी कोई नहीं थी।

वह अपने ही पसीने में डूबा हुआ था। ज़ोरा सिंह की निगाहें उसी पर टिकी थीं। इंस्ट्रक्टर भी साथ भाग रहा था - किसी बॉस की तरह

– वह अपने जवान कमांडोज़ को सिखाना चाहता था कि ये काम कैसे करने चाहिए। लकी जानता था कि ज़ोरा ने कभी सबके बीच लकी को नहीं सराहा था पर वह उससे बड़ी उम्मीदें रखता था।

लकी लड़खड़ाने लगा। अब केवल वही बचा था। बाकी सब हार मान चुके थे। पर अब उसमें आगे जाने की हिम्मत नहीं बची थी। उसे लगा कि उस भार तले दब कर टाँगें कुचल जाएँगी। उसने अपना बैग परे हटा कर, एंबुलेंस को हाथ से इशारा किया। फिर वह वाहन में जा कर बैठ गया। अभी लकी सही तरह से बैठा तक नहीं था कि ज़ोरा सिंह एंबुलेंस में चढ़ा और लकी का कॉलर पकड़ लिया।

ज़ोरा सिंह आग उगल रहा था, "जिस कोख से जन्म मिला है, तू तो उसी के नाम पर लानत है।"

लकी को लगा मानो किसी ने मुँह पर तमाचा जड़ दिया हो। ज़ोरा के ताने ने उसके अहं और अभिमान को गहरी ठेस दी थी। उसे खुद भी ज़ोरा सिंह को नीचा दिखा कर अच्छा नहीं लगा था जिसे वह अपने प्रशिक्षण के दौरान आदर्श मानने लगा था। वैन तेज़ी से ट्रेनिंग कैंप की ओर चल दी और दिन भी ढल रहा था।

रात को ग्यारह बजे के आसपास ज़ोरा सिंह ने देखा कि उसके कैडेट अलसाने लगे थे। उसने हमेशा की तरह उन्हें जमा होने और एक साथ बोलने का हुक्म दिया ताकि उसकी बीवी को पता लगा सके कि वह घर वापिस आ रहा था।

"कमांडो। *लाइन तोड़।*" वह रात के उस गहरे सन्नाटे में चिल्लाया।

"कमांडो...डो... डो।" सारे कैडेट इतने कड़े अभ्यास के बाद अपना बचा-खुचा पूरा दम लगा कर चिल्लाए। लकी पहले से जख़्मी नितंबों और आहत अभिमान के साथ कमरे में लौटा, मन बहुत दुखी था। उसने रात को सोते समय संकल्प लिया कि अगली बार चाहे जो हो जाए, वह

अपनी दौड़ पूरी करेगा और ज़ोरा सिंह की नज़रों में खोया हुआ सम्मान वापिस पाएगा।

19

प्यार मायने रखता है

फरवरी 2012

हलद्वानी जेल में, लकी के हाथों में थामा हुआ मोबाइल फ़ोन जैसे प्लास्टिक का खिलौना बन कर रह गया था। पर उसके भीतर खौल रहे लावे ने उसे फ़ोन को कुचलने से ज़्यादा कुछ करने पर मज़बूर कर दिया। मामले को और आगे ले जाते हुए, उसने टॉयलेट के कमोड में फ़ोन को फ़्लश कर दिया। जब वह टॉयलेट से बाहर आया तो गुस्सा थम चुका था पर चेहरे पर भावात्मक उथल-पुथल साफ देखी जा सकती थी।

वसीम कालिया ज़मीन पर बैठा था, पीठ दीवार से टिकी थी और वह बीड़ी में चरस भर कर पी रहा था। उसने लकी से पूछा कि उसकी हालत इतनी पस्त क्यों लग रही थी? लकी ने उसे बताया कि वह फ़ोन का क्या हश्र करके आया था। कालिया पैरों पर उछल कर खड़ा हो गया।

“कमांडो भाई।” वह बोला। “मैंने उस फ़ोन को आपके लिए जेल में स्मगल करने को एक लाख रूपया लगाया था।”

लकी ने कंधे झटके। उसे किसी बात की परवाह नहीं थी। उसने वसीम से कहा था कि उसके लिए फ़ोन का इंतज़ाम करे ताकि वह उससे

बात कर सके जिससे वह प्यार करता था। बाकी दूसरी लड़कियों की तरह, वह लड़की लकी की सच्ची पहचान से अनजान थी क्योंकि लकी ने उससे अपनी पहचान छिपाने के लिए एक नई पहचान बना रखी थी।

वसीम ने बाहर अपने आदमियों को बोल कर जेल में फ़ोन मँगवाने में देर नहीं की थी। एक हाई-एंड मॉडल खरीदा गयाा। कॉन्स्टेबलों का सहयोग पाने के लिए और भी ज़्यादा पैसा लगा जिन्होंने आश्वासन दिया कि वे जेल में वसीम के पास सही-सलामत फ़ोन पहुँचा देंगे।

ज्यों ही फ़ोन लकी के हाथों में आया, उसने अश्मिता भंडारी का नंबर मिला दिया - वही लड़की जिसे वह चाहता था - फिर वह उसके कॉल उठाने का इंतज़ार करने लगा। अश्मिता ने कॉल ली, उसे नहीं पता था कि वह लकी से बात करने जा रही थी। लकी को उसकी आवाज़ सुन कर राहत मिली। फिर दोनों के बीच अजीब सा सन्नाटा पसर गया। लकी जानता था कि लकड़ी समझ चुकी थी कि किसका फ़ोन था जबकि अभी उसने एक भी शब्द नहीं कहा था।

"मैं हूँ।" आख़िरकार वह बोला।

अश्मिता ने एक भी सैकेंड गँवाए बिना कॉल काट दी। लकी ने तीन बार और कॉल मिलाई पर अश्मिता ने फ़ोन नहीं लिया। लकी के अंदर का गुस्सा लावा बन रहा था और उस पर हावी होता जा रहा था। उसने मैसेज बॉक्स खोला और उसे मैसेज किया : *मेरे साथ बात करो। बस एक बार!*

स्क्रीन पर सेंट की नोटिफिकेशन उभरी और अगले पाँच मिनट तक उस पर और कोई हलचल नहीं दिखी। फ़ोन पर एक मैसेज आने की 'बीप' सुनाई दी। उसने मैसेज खोला :

मेरा पीछा छोड़ दो।

एक और बीप

मुझसे दोबारा मिलने की कोशिश मत करना। मुझे एक गैंगस्टर और झूठे इंसान से बात करने में कोई दिलचस्पी नहीं है।

लकी ने आह भरी। उसका दिमाग अचानक मार्च 2006 की ओर चला गया, जब वह उस लड़की से पहली बार मिला था। वह इज़रायल में ट्रेनिंग के बाद कुछ समय के लिए अपने शहर लौटा था। वह माँ का बताया कुछ काम करने के लिए बाइक पर बाज़ार जा रहा था और अचानक एक लड़की की सुंदरता का दीवाना हो उठा जो अपने स्कूटर पर उसके सामने से आ कर निकल गई। वह एक जादुई पल था। उसने अपनी बाइक मोड़ी और उसका पीछा करते-करते एक चार मंज़िला इमारत तक जा पहुँचा। लड़की ने सीढ़ियों के पास ही अपना स्कूटर लगा दिया। गेट पर बोर्ड लगा थाः शर्मा कोचिंग क्लासिज़, दसवीं से बारहवीं और ग्रेजुएशन।

शाम के चार बजे थे। वह जानता था कि वह अपनी क्लास पूरी होने पर बाहर आएगी। वहीं पास में चाय का एक खोखा था। उसने चाय के लिए बोला और वहीं बैठ कर लड़की का इंतज़ार करने लगा। सात कप चाय और दो घंटे बाद, लड़की इमारत से बाहर आई और पार्किंग एरिया की ओर चल दी। उसके साथ एक और लड़की थी, शायद साथ पढ़ती होगी। दोनों बाइक के पास खड़े हो कर बातें करने लगीं। इस दौरान लकी ने झट से चायवाले को पैसे दिए और गेट की तरफ लपका ताकि उसे पास से देख सके।

वह अपनी सहेली से बातें करते हुए खिलखिला रही थी। उसकी खिलखिलाहट ने सुंदरता में चार चांद लगा दिए थे। उसने अपने काले घने बालों को सिर पर मुकुट की तरह सजा रखा था। उसकी पोशाक, रंगत को और भी निखार रही थी। उसके नैन-नक़्श लकी के दिल पर क़ब्ज़ा कर चुके थे।

तभी एक लड़का इमारत से नीचे आया और उन दोनों की ओर बढ़ा, उन्होंने कुछ देर बात की और फिर गेट से बाहर हो गए। लकी ने उस लड़के को पीछे से जा पकड़ा। लड़का डर से उछला तो लकी ने दिलासा दिया और अपना हाथ उसके कंधे पर रख दिया। उसने उससे पूछा कि क्या वह उन लड़कियों को जानता था।

“ये कोचिंग क्लास में मेरे साथ पढ़ती हैं।” लड़के ने कहा।

बेशक़ उसे यही लगा कि लकी उन दोनों लड़कियों में से किसी का रिश्तेदार था और उसे छोकरे पर शक़ हो रहा था।

“कौन सी क्लास में हो तुम?” लकी ने पूछा।

“बीएससी, फर्स्ट ईयर”

लकी ने जेब से पाँच सौ का नोट इतना बाहर निकाला कि लड़के को आराम से दिख जाए।

“ये पाँच सौ का नोट मेरी जेब को काट रहा है।” लकी बोला। “इससे पीछा छुड़ाना है। क्या तुम पीली ड्रेस वाली लड़की के बारे में कुछ और बता सकते हो?”

छोकरे के चेहरे पर खुशी की लहर दौड़ गई। लड़के ने मुड़ कर एक बार इमारत को देखा और सिर हिला दिया। लकी ने जो भी पूछा, उसने सब कुछ बता दिया। लड़की का नंबर तक दे दिया। उसने लकी से वादा लिया कि वह उस लड़की को नहीं बताएगा कि उसे वह नंबर किधर से मिला। लकी ने हामी भरी तो वह उससे पाँच सौ का नोट ले कर खिसक लिया।

लड़की का नाम अश्मिता भंडारी था। लकी ने शाम को घर जाते ही उसे कॉल लगाया। लड़की ने तब तक हैलो के आगे बात करने से मना कर दिया, जब तक लकी ने उसे यह नहीं बताया कि उसे लड़की का नंबर किसने दिया था। लकी ने लड़की से हमेशा के लिए रिश्ता

जोड़ने और उस छोकरे को धोखा देने के विकल्पों पर गौर किया और बेशक़ लड़की की बात मानने का विकल्प ही बेहतर लगा। उसने अपना वादा तोड़ा था। पर इसमें कोई हर्ज़ नहीं था। प्यार और जंग में सब जायज़ होता है।

पहली ही कॉल के बाद आपस में मिलने का समय तय हो गया और दो महीने में ही एक के बाद एक कई मुलाक़ातें हुईं। हालांकि लकी अपने काम के बारे में नहीं बता सकता था इसलिए उसने लड़की से कहा कि वह दिल्ली के एक कॉल सेंटर में काम करता था और उसका नाम अनुज त्रिवेदी था। उनकी दोस्ती आगे बढ़ी और दोस्ती से दो कदम आगे जाने ही वाली थी कि लकी को ड्यूटी पर वापिस जाने का कॉल आ गया।

लकी अपनी ड्यूटी के दौरान भी कॉल सेंटर कर्मचारी के तौर पर अश्मिता के संपर्क में रहा। पर परगई की हत्या के बाद, अश्मिता मीडिया कवरेज देख कर डर गई। न्यूज़ चैनल और एंकर्स इस मर्डर में लकी की भूमिका को ले कर मनगढंत किस्से बुन रहे थे और उनका कहना था कि लकी का माफ़िया सिंडीकेट से संपर्क था। जब अश्मिता को पता चला कि उससे झूठ बोला गया था तो उसे लकी बनाम अनुज त्रिवेदी पर जो भी भरोसा था, वह काँच की तरह चूर-चूर हो कर बिखर गया।

इधर हलद्वानी जेल में, लकी की कुंठा का अंत नहीं था। कोर्ट की सुनवाई से वापिस आते ही उसने एलान किया कि कैदियों से मिलने के लिए आने वाले लोगों से कोई भी पुलिसवाला रिश्वत या बख़्शीश नहीं लेगा।

जेलर को लगा कि इससे पहले कि लकी अपनी मनमानी पर उतरे, उसके लिए कुछ करना होगा। लकी बख़्शीश की सदियों पुरानी प्रथा को तोड़ कर बागी बनना चाह रहा था। जेलर ने हुक्म दिया कि लकी को एकांत कारवास में रखा जाए। दूसरे कैदियों को भी चेताया गया कि जब

तक लकी उस जगह था, कोई उसके पास फटकेगा भी नहीं। लकी एकांत कारावास में अपनी ही सोच और अश्मिता के ख़्यालों से घिरा रहता। एजेंसी भी जैसे उसे भूल ही गई थी। लगता था कि उसके कष्टों का कहीं कोई अंत नहीं होने वाला था।

20
आख़िरी मंज़िल

सितंबर 2011

एजेंट लीमा परगई और अमित के साथ अच्छी तरह से दोस्ती गाँठने के बाद यही चाहता था कि उनके साथ उसका मेलजोल गुप्त ही रहे ताकि जब उन्हें ठिकाने लगाया जाए तो उनके बारे में जानने या गवाही देने वाले लोग बहुत कम हों। वह इसी सोच को ध्यान में रखते हुए, अपनी आगे की योजनाएँ बनाने लगा कि परगई और आर्य उसके बारे में अपने परिवार के लोगों या यार-दोस्तों से बात न करें।

लीमा ने निशाने को अपने बस में करने के लिए कुछ मनोवैज्ञानिक चालों में महारत हासिल कर ली थी। हथियार चलाने के साथ-साथ उसे सामने वाले के दिमाग को भी क़ाबू करना आता था। उसने एजेंसी में सीखा था कि सामने वाले इंसान की कोई न कोई कम़जोर नस ज़रूर होती है।

उस इंसान की इसी कम़जोर नस का फ़ायदा उठा कर उसे अपने बस में किया जा सकता था। हालांकि आर्य की कमज़ोर नस तो बहुत दुःखती थी। यही उसकी ढाल का सबसे बड़ा छेद भी था।

आर्य बॉलीवुड फ़िल्मों और ग्लैमर का दीवाना था। उसने किसी फ़िल्म में हीरो का रोल करने के सपने सजा रखे थे। वह पिछले कुछ समय से बॉलीवुड फ़िल्मों के कुछ दृश्यों को फिर से अपने पर फ़िल्मा कर अपने सोशल मीडिया हैंडल्स पर अपलोड करता आ रहा था। इसी काम के बल पर उसने अच्छे फॉलोअर्स भी बना लिए थे।

लीमा ने अमित को रेस्त्राँ में बुलवाया ताकि एक मूवी के बारे में बातचीत की जा सके। मूवी का नाम सुनकर अमित अगला-पिछला सब भूल कर अकेला ही रेस्त्राँ की ओर भागा। परगई अक्सर उसकी बॉलीवुड दीवानगी का मज़ाक उड़ाता था क्योंकि उसे डर था कि कहीं अमित को बॉलीवुड में क़दम रखने का मौका मिल गया तो वह उसकी पकड़ से निकल जाएगा।

लीमा ने कहा, "मुंबई का एक जाना-माना फ़िल्म निर्माता मेरा जानकार है, वह अपनी अगली फ़िल्म के लिए किसी नए चेहरे को लॉन्च करना चाहता है। उसकी नई फ़िल्म का बेस पहाड़ों का ही है इसलिए उसे एक अच्छा दिखने वाला पहाड़ी हीरो चाहिए। क्या तुम किसी ऐसे इंसान को जानते हो जो यह रोल करने में दिलचस्पी रखता हो?"

आर्य को इस ख़बर को पचाने में कुछ पल लगे। फिर वह तन कर बैठा और अपनी शर्ट के बटन से उलझते हुए सीना फुला दिया।

"कोई दूसरा क्यों?" "हीरो तो तुम्हारे ठीक सामने बैठा है।"

लीमा ने हैरान होने का दिखावा किया और मुस्कुराया। "अरे, मैंने इस बारे में पहले क्यों नहीं सोचा?"

लीमा ने आर्य से कहा कि उसने उसके बहुत सारे वीडियोज़ देखे हुए थे और उसे वे पसंद भी आए थे। लीमा को इस झूठी चापलूसी और उसके साथ ही आर्य के चेहरे के बदलते हुए रंग देखने में बड़ा मज़ा आ रहा था। हालांकि उसे अपने झूठ के दौरान सपाट सा चेहरा बनाए रखना था। असल में आर्य के वे वीडियो हद बचकाने थे।

लीमा ने आर्य की नज़रों में उसे ऊँचा दिखाने में कोई कसर नहीं छोड़ी। इतना ही काफ़ी नहीं था, लीमा ने आर्य से कहा कि बॉलीवुड में ऐसी अनेक हीरोइनें होंगी जो उसके जैसे सुंदर और ताज़ातरीन चेहरे के साथ काम करना चाहेंगी।

"मुझे लगता है कि तुम्हारी जोड़ी करीना के साथ खूब जमेगी," लीमा बोला। "या फिर शायद दीपिका।"

आर्य का चेहरा मारे ख़ुशी के लाल हो गया। वह सातवें आसमान पर था। पर लीमा ने उसे चेताया कि वह उस बात को उन दोनों तक ही रखे। अगर दूसरों को लीमा के बॉलीवुड में जान-पहचान होने की भनक मिल जाती तो वे भी उससे ऐसे ही काम करवाने के लिए ज़ोर देने लगते। आपस में इसी समझौते के बीच उनकी मुलाक़ात ख़त्म हुई।

अमित रेस्त्राँ से निकला तो उसकी चाल में दोहरी ख़ुशी झलक रही थी। बड़े बजट की फ़िल्म में हीरो का रोल और इसके साथ ही इंडस्ट्री की किसी सुंदरी का साथ मिलने की भी पूरी संभावना दिख रही थी। लीमा वहीं बैठा सोच रहा था कि इतना बड़ा हाई-प्रोफ़ाइल हत्यारा ऐसा सीधा और बेवकूफ़ कैसे हो सकता था।

लीमा ने चिकन टंगड़ी के आख़िरी टुकड़े को खाने के बाद, एक गिलास पानी पिया और रेस्त्राँ से बाहर निकल आया। उस दौरान वह यही सोच रहा था कि राक्षसों के मुखिया, राजू परगई को भी ऐसे ही किसी जाल में कैसे फँसाया जा सकता था। फिर लीमा ने परगई को कॉल किया और कहा कि उसने सिर्फ़ एक लाख दस रूपए में तीन एके-47 राइफ़लें लेने का इंतज़ाम कर दिया है। उसने कहा, "और ज़्यादा जानकारी लेनी है तो मुझसे आ कर मिलो।"

एक मशहूर टी-स्टॉल पर मीटिंग रखी गई। परगई के आते ही वेटर बिना कुछ कहे दो कप गरमागरम चाय रख गया। लीमा ने राइफ़ल डील

का सारा ब्यौरा परगई के आगे रख दिया। उसने परगई से कहा कि उन्हें यह डील करने के लिए उत्तराखंड-चंडीगढ़ सीमा के बाहरी इलाके में जाना होगा। सारा भुगतान नक़द में होना था।

राजू ने आँख दबाई, “क्लाश्निकोव खरीदने के लिए पैसे की कोई कमी नहीं है।”

फिर उसने आगे बढ़ कर लीमा का हाथ अपने हाथ में लिया और मुँह बना कर बोला, “मैं पहले इन तीन क्लाश्निकोव राइफ़लों के फ़ोटो देखना चाहूँगा जिनमें राइफ़लों के पास एक कागज़ रखा हो, जिस पर मेरा नाम और आज की तारीख़ डाली गई हो।”

राजू भी कोई ऐरा-गैरा नहीं था, वह अपने बल के साथ-साथ बुद्धि के लिए भी जाना जाता था। पर लीमा एजेंसी का टॉप कर्मचारी होने के नाते, इतनी आसानी से सड़क-छाप गैंगस्टर से हारने वालों में से नहीं था। वह जानता था कि राजू की ओर से इस तरह की क़ोई न कोई माँग ज़रूर की जाएगी और उसने एजेंसी को पहले ही तीन एके-47 राइफ़लों की फ़ोटोज़ भेजने के लिए कह दिया था। अब बस एजेंसी को इतना ही करना था कि उन्हें राजू के नाम और आज की तारीख़ वाली पर्ची भी राइफ़लों के साथ दिखानी थी।

“कोई बड़ी बात नहीं है,” लीमा बोला, “कल सुबह तक फ़ोटो मिल जाएँगे।”

फिर लीमा ने परगई को भी चेतावनी दी कि उनके बॉर्डर वाले दौरे और उनकी दोस्ती के बारे में किसी को कानों-कान पता नहीं चलना चाहिए। परगई ने अंगूठा उठा कर अपनी मंजूरी दी और बिल भरे बिना ही दुकान से निकल गया। वैसे भी किसी में इतनी हिम्मत नहीं थी कि राजू के आगे बिल रखता।

लीमा अपने कमरे में वापिस आया, अपनी जेब का सारा सामान मेज़ पर ढेर कर दिया और पलंग पर औंधे मुँह जा गिरा। पूरे राज्य के दो सबसे भयंकर अपराधियों को धोखा देना और इस दौरान सपाट चेहरा बनाए रखना; वाकई काफ़ी जीवट का काम था। वह पूरे दस मिनट तक पलंग पर उसी तरह लेटा रहा, जब तक उसका मन पूरी तरह से शांत नहीं हो गया। उसे फिर से अपनी उठती-गिरती छाती और साँस का पता चलने लगा। इसके बाद वह अपनी अगली चाल के बारे में सोचने लगा।

5 सितंबर, 2011 को देर शाम, एजेंट लीमा एक कॉफ़ी शॉप के पास खड़ा परगई और आर्य का इंतज़ार कर रहा था। जब से लीमा ने परगई को तीन नई-नकोर एके-47 राइफ़लों के साथ उसके नाम और तारीख़ वाले कागज़ की फ़ोटोज़ दिखाई थीं, उसे तो जैसे काठ ही मार गया था। परगई उन हथियारों को हाथ में लेने के लिए जैसे मरा जा रहा था।

लीमा ने एक दिन पहले ही उसे और आर्य को फ़ोन करके कॉफ़ी शॉप के पास मिलने के लिए बोल दिया था, जहाँ से वे एके-47 राइफ़ल की डील पूरी करने का सफ़र चालू कर सकते थे। उसने पहले ही उस इलाके की सारी छानबीन कर ली थी कि कहीं सीसीटीवी कैमरे तो नहीं लगे थे। उस जगह ऐसा कोई कैमरा नहीं था। एजेंसी भी इस मामले से जुड़े हर व्यक्ति का फ़ोन टैप कर रही थी, ख़ासतौर पर शिवाल का। अतिरिक्त सुरक्षा के लिहाज़ से, लीमा ने अपने ही कुछ लोगों को शुरू से आख़िर तक उसकी सारी गतिविधियों पर ध्यान रखने को कह दिया था। एजेंसी को भी उसके इन लोगों की ख़बर नहीं थी। उसके पीछे कॉफ़ी शॉप पर लगे बोर्ड पर लगी लाइटें बार-बार जल-बुझ रही थीं।

उसने अपनी जींस को थपथपाया, नाइन-मिलीमीटर पिस्तौल अपनी जगह पर सही-सलामत थी। लॉक्ड और लोडिड। इस्तेमाल के लिए पूरी तरह से तैयार। उन दो लोगों की जो सज़ा लंबे समय से टलती आ रही थी, आज उसे पूरा करने में इस पिस्तौल की अहम भूमिका होने वाली

थी। लीमा तयशुदा समय के बाद से आधे घंटे से उनका इंतज़ार कर रहा था पर उसने अपनी ओर से यह ध्यान रखा कि उनमें से किसी को भी फ़ोन नहीं किया। पुलिस अपनी छानबीन के दौरान, क़त्ल वाले दिन किए गए कॉल्स पर ख़ासतौर पर नज़र रखती है। वह सब्र से इंतज़ार करता रहा। तभी उस इलाके में एक सफ़ेद फोर्ड आई और कॉफ़ी शॉप के पास तेज़ आवाज़ के साथ ब्रेक लगा दिए। लीमा ने सुकून की साँस ली और मन में उस योजना के सारे हिस्से दोहराने लगा जो उसने उस रात पलंग पर बैठ कर बनाए थे। परगई और अमित उसके पास आए और रस्मी हालचाल के बाद लीमा ने हौले से पूछा कि क्या वे लोग अपने साथ हथियार लाए थे। परगई ने हामी भरी।

"बंदूकों की डील के दौरान किसी भी तरह की गड़बड़ी हो सकती है।" लीमा बोला।

जब लीमा ने देरी से आने की वजह पूछी तो परगई ने अपनी ओर से सफ़ाई दी कि वे उसके दोस्त के बेटे के जन्मदिन में गए हुए थे।

"यह ठीक है।" लीमा बोला। "तो क्या तुम्हें उन्हें बताना पड़ा कि तुम बाहर कहाँ जा रहे हो?" लीमा ने पूछा। "नहीं भाई, मैंने तो ऐसे ही बहाना सा बना दिया।"

लीमा मुस्कुराया और बोला। "और तुम्हारे हथियार, क्या उनकी ठीक-ठाक सर्विस हो चुकी है?"

लीमा ने उन्हें खोल कर समझाया कि उनकी पिस्तौलों की सर्विस होनी बड़ी ज़रूरी थी ताकि वे अच्छे हाल में हों। परगई को लीमा की बात में समझदारी लगी। उसने अमित को हुक्म दिया कि वह पास वाले सेंटर से पिस्तौलों की सर्विस करवा कर ज़ल्दी वापिस आ जाए।

"राजू भाई, इसकी ज़रूरत नहीं पड़ेगी।" लीमा बोला। "मैं ही देख लेता हूँ कि उनमें कोई कमी तो नहीं है।"

परगई को लीमा के हाथ अपने हथियार सौंपने में कोई हिचक नहीं हुई क्योंकि वह लीमा से हुई पहली मुलाक़ात में ही हथियारों के लिए उसके हुनर को देख चुका था। परगई ने आर्य से कहा कि वह भाग कर पास वाली पान की दुकान से बहुत सारे गुटकों के पैकेट ले आए ताकि वे लोग सारे सफ़र में अपने गले तर रख सकें। अमित पान की दुकान की ओर लपका। लीमा को यह देख कर खुशी हुई कि परगई ने उसका आधा काम कर दिया था और उसे वह मौका दे दिया था जो लीमा अमित को कहीं भेजने के लिए खोज रहा था। अब लीमा को उन बंदूकों के साथ कुछ मिनट चाहिए थे ताकि वह उन्हें इस लायक कर दे कि वे काम ही न आ सकें।

"राजू भाई, आज तो कौड़ियों के दाम में एके-47 राइफ़लें मिलने वाली हैं, सोने की खदान हाथ लगेगी।" लीमा बोला। "आज तो जश्न बनता है।"

"तू क्या चाहता है? बोल? चिकन? कबाब?" परगई ने पूछा। उसने अपनी उँगली से उसके नाक को छुआ, "या फिर कुछ और?"

"अभी के लिए तो आइसक्रीम से काम चल जाएगा।" लीमा बोला।

सड़क के दूसरी ओर एक आइसक्रीम पार्लर था। परगई आइसक्रीम लाने के लिए सड़क के दूसरी ओर चल दिया।

लीमा उन दोनों से छुटकारा पा चुका था और अब उसे अपना हुनर दिखा कर उनकी पिस्तौलों को ऐसा बनाना था कि वे बिल्कुल काम न कर सकें। उसने अपना पहले दोहराया हुआ हुनर दिखाते हुए दोनों पिस्तौलों को कुछ ही मिनटों में पूरा खोल दिया। अब उसके पास कुछ ही मिनट बचे थे, वे दोनों कभी भी वापिस आ सकते थे। उसने सेफ़्टी लॉक खोला, पिस्टन एक्सटेंशन को हटाया और फ़ायरिंग पिन निकाल दिया। फिर उसने दूसरी गन के साथ भी ऐसा ही किया। दोनों पिस्तौलों

से फ़ायरिंग पिन निकालने का मतलब था कि अब वे हथियार पत्थर के टुकड़े से ज़्यादा नहीं थे।

तभी आर्य कार के पास वापिस आ गया और उसने खिड़की से अंदर झाँका। पिस्तौल पहले की तरह पूरी तरह से असेंबल, लीमा के हाथों में थी। परगई भी ज़ल्द ही आ गया और लीमा ने उनकी पिस्तौलें वापिस कर दीं। परगई ने अपनी लाई हुई आइसक्रीम लीमा की ओर बढ़ा दी।

"और मेरी आइसक्रीम कहाँ है, राजू भाई?" आर्य ने बचकाने सुर में कहा।

परगई और लीमा ने एक-दूसरे को देखा और एक साथ ठहाका लगाने लगे। लीमा ने परगई का आइसक्रीम वाला हाथ अमित की ओर घुमा दिया।

"ले।" लीमा बोला। "मेरी आइसक्रीम खा ले।"

शायद एजेंट लीमा एक मरने वाले इंसान की आख़िरी इच्छा पूरी करना चाहता था। इतने बड़े मक़सद को पूरा करने के लिए एक स्ट्रॉबेरी कोन का त्याग करना मामूली बात थी। वे तीनों कार में अपनी जगह बैठ गए। परगई ने इंजन चालू करते हुए एसीलिरेटर पर पैर रख दिया। लीमा उन दोनों को उनकी आख़िरी मंज़िल की ओर ले जा रहा था, यह सोचते ही उसके चेहरे पर मुस्कान खेल गई।

21
एकांत कारावास

अप्रैल 2012

लकी अपने एकांत कारवास के दौरान जेलर को मज़ा चखाने के लिए बुरी तरह से तड़प रहा था। वे लोग इस जगह को *तन्हाई* कहते थे और वह अपने साथ हुई इस बेइज्ज़ती को सह नहीं पा रहा था। किसी भी दूसरे इंसान के साथ कोई मेलजोल न होने की वजह से उसका दिमाग बुरी तरह से भन्ना गया था। वह जेलर के मुँह पर ज़ोरदार घूँसा जड़ने के सिवा कुछ और नहीं चाहता था। और उसने उसी काम के लिए मंसूबा बनाना चालू कर दिया था।

एक सिपाही उसे खाना देने आया। लकी ने उससे यूँ ही पूछा कि क्या वह उसकी ओर से वसीम कालिया को एक संदेसा दे देगा।

"क्या कहना है?" सिपाही ने पूछा।

"वसीम से कहना कि मुझे कॉल करे।"

सिपाही के तो सुनते ही होश गुल हो गए। हालांकि लकी उसके साथ चाल चल रहा था पर वह पूरी तरह से उसके जाल में फँस गया था।

लकी ने उसकी जेब में इनाम के तौर पर पाँच सौ का नोट भी ठूँस दिया ताकि वह मुँह बंद रखे, इस तरह यह सब और भी असली लगने लगा। उसकी चाल काम कर गई और सिपाही को यकीन हो गया कि जेल में लकी के पास अपना फ़ोन था और अब एकांत कारवास में भी उसे साथ ले आया था। वह सीधा जेलर के पास गया और लकी की ओर से वसीम को दिया गया संदेसा सुना दिया। जेलर ने भी तय किया कि वह खुद लकी की कोठरी में जा कर उस फ़ोन की तलाश करेगा, हालांकि उसे भनक तक नहीं थी कि वह लकी के हाथों का खिलौना बनने जा रहा था।

जेलर के लकी की कोठरी में आने से पहले, लकी पहले से दीवारों में ठोकरें मार रहा था, अश्मिता की ओर से प्यार के बदले में प्यार न मिलने को याद करके दाँत पीस रहा था। वह लगातार चक्कर काटते हुए, उस दृश्य की कल्पना कर रहा था जब वह जेलर का जबड़ा तोड़ता। आख़िरकार, जेलर अपने साथ पाँच-छह पुलिसवाले लिए *एकांत* कारावास में आया। लकी पुलिसवालों के बूटों की आहटें सुन सकता था।

जेलर ने लोहे का गेट खोल कर अंदर कदम रखा। उसके साथ दो पुलिसवाले भी अंदर आए। बाकी लोग कोठरी के बाहर, गेट के पास ही खड़े रहे।

जेलर उसके पास आया। लकी ने हाथ की मुट्ठी बाँध रखी थी। ज्यों ही शिकार निशाने पर आया, लकी ने जेलर के मुँह पर ज़ोरदार घूँसा रसीद कर दिया। जेलर एक-दो क्षण के लिए हवा में रहा और फिर पीछे की ओर उछला। वह धड़ाम से चारों खाने चित्त गिरा। लकी उस पर धावा बोलने ही जा रहा था कि बाहर खड़े चार पुलिसवाले अंदर लपके और उसे वहीं दबोच लिया। बाकी दो पुलिसवालों ने लहू-लुहान जेलर को खड़ा होने में मदद की और कंधों से सहारा देते हुए किसी तरह बाहर ले गए।

यह ख़बर पूरी जेल में जंगल की आग की तरह फैल गई। जब जेल के कैदी अदालत में जाते तो वे अलग-अलग जेलों से आए साथी कैदियों से मिलते और उन्हें बताते कि लकी ने किस तरह एक ही मुक्के में जेलर की नाक तोड़ दी थी। इस तरह, यह घटना, उत्तराखंड की सभी जेलों के लिए एक ख़बर हो गई।

इस घटना के तीन दिन बाद, पुलिस कॉन्स्टेबल अपने सुपरवाइज़रों के साथ सारी जेल के मुआयने पर थे। वे लोग बारी-बारी से हर कोठरी में जा रहे थे। वे जेल के चप्पे-चप्पे की सफ़ाई करने के मूड में थे। उन्होंने एकांत कारावास में लकी के सामने वाली कोठरी में कुछ ज़्यादा ही दिलचस्पी से काम किया। लकी को पहले ही उस बात की भनक हो चुकी थी जिसकी वजह से इतना तहलका सा मचा हुआ था। देश के सबसे वांछित अपराधियों में से एक, प्रकाश पांडे को तिहाड़ जेल से, इस जेल में भेजा जा रहा था।

अगली सुबह, ग्यारह बजे लकी ने गलियारे में बहुत सारे पुलिसवालों को उनके सीनियर इंस्पेक्टर के साथ देखा। वे उस गलियारे में दो क़तारें लगा कर खड़े हो गए। उसने उनके बीच वार्डन को एक थैला लटकाए आते देखा। उसके पीछे-पीछे हथकड़ियों में बँधा एक आदमी आ रहा था। उस आदमी की चाल उतनी ही सधी हुई और अनुशासित दिखी जैसे एकांत कारावास में क़तारों में खड़े पुलिसवाले लग रहे थे। हथकड़ियों में जकड़ा हुआ वह कैदी कोई और नहीं, अंडरवर्ल्ड डॉन प्रकाश पांडे था।

ऐसा आदमी जो तब से देश की मोस्ट वांटेड लिस्ट में था, जब से उसे वियतनाम में पकड़ा गया। वह उस जगह पर चालीस साल के मजदूर विजय शर्मा की झूठी पहचान के साथ रह रहा था। उस समय उस पर 34 मुकदमे चल रहे थे, जिनमें से 13 मुंबई की न्याय-सीमा और बाकी उत्तराखंड के अधिकार क्षेत्र में आते थे। इनमें उगाही से ले कर अपहरण

और फिर एसीपी की हत्या तक सब शामिल था, उसकी शीट में कई तरह के अपराधों का ब्यौरा था।

प्रकाश पांडे उर्फ़ बंटी पांडे नैनीताल का रहने वाला था, जिसे माफ़िया की सीढ़ियों से शिखर तक जाने में देर नहीं लगी। वह एक फ़र्जी करेंसी रैकेट में शामिल था और उस पर छोटा शकील और दाउद इब्राहिम के साथ काम करने का आरोप था। वह दिल्ली पुलिस के एसीपी, एनकाउंटर स्पेशलिस्ट राजबीर सिंह की हत्या के मामले में भी दोषी पाया गया था।

एसीपी राजबीर सिंह के ख़ाते में पचास एनकाउंटर दर्ज थे और वह 2000 में लाल किले और 2001 में भारतीय संसद में हुए हमले की जांच-पड़ताल में सहायक था। उसे प्रॉपर्टी डीलर विजय भारद्वाज के ऑफ़िस में मारा गया, जो उसका एक जानकार था। उन दोनों के बीच पचास लाख रूपए के पीछे विवाद हो गया था। 24 मार्च, 2008 में भारद्वाज ने राजबीर को अपने ऑफ़िस में बुलवाया। दोनों ने एक साथ शराब पी। पर पैसे की बात पर अनबन हुई तो भारद्वाज ने राजबीर पर दो गोलियाँ चला दीं जिससे वह वहीं मारा गया। कहा जा रहा था कि जब राजबीर का क़त्ल हुआ तो प्रकाश पांडे के आदमी भारद्वाज के ऑफ़िस में मौजूद थे।

पांडे औसत क़द का आदमी था और उसकी तोंद निकली हुई थी। जब उसे सामने वाली कोठरी में ले जाया जा रहा था तो उसने मुड़ कर लकी को देखा। वह तो दिखने में एक आम नागरिक जैसा लगा। उसे देख कर कहीं से भी नहीं लगता था कि उसने इतने जुर्म किए होंगे। वह बीच-बीच में कनख़ियों से लकी को देख लेता जो एकांत कारावास की गर्मी से बुरी तरह से चिढ़ा हुआ था। आख़िरकार, वह बोला : "तुम्हें जो छाया चाहिए, वह एक बड़े पेड़ के नीचे ही मिल सकती है।"

लकी के लिए प्रकाश पांडे की बात का मतलब समझना मुश्किल नहीं था। वह चाहता था कि लकी उत्तराखंड में उसके नेटवर्क को बढ़ाने में

मदद करे। उसके बदले में वह अंडरवर्ल्ड में अपनी पहचान और रूतबे के बल पर लकी को जेल से छूटने में मदद कर सकता था। लकी ने उससे कहा कि वह इस बारे में सोचेगा।

पांडे लकी से जो बातचीत करना चाहता था, वह लगभग आधे घंटे तक चली। हालांकि लकी ने बस उसके तिहाड़ से तबादले के बारे में पूछा पर पांडे मौका पाते ही दाउद और छोटा शकील के सारे किस्से भी सुनाने बैठ गया। दाउद और छोटा राजन के बीच दरार आने के बाद, पांडे ने राजन का साथ चुना और कहते थे कि उसने ही 2001 में, छोटा शकील पर हमले की योजना बनाई थी। पांडे एक लड़की के प्यार में दीवाना था और अब वह लड़की उसके साथ अपना नाम तक नहीं लेने देती थी।

लकी अपनी कोठरी के कोने से उठ कर आगे आया और अपनी सलाखों के पीछे से बोला, “पांडे भाई, एक औरत ही इस समय मेरे दुःख की वजह है।”

उस एकांत कारवास में दोनों के बीच पल भर को अटपटी सी चुप्पी छाई रही। वे दोनों ही अपनी-अपनी प्रेमिकाओं में खोए थे। तभी एक कॉन्स्टेबल ने उनकी कोठरियों के बीच कदम रखा और कहा कि लकी से मुलाक़ात कमरे में कोई मिलने आया था।

“कौन आया है?” लकी ने कॉन्स्टेबल से पूछा।

“मुझे नहीं पता। दिखने में तो कोई खिलाड़ी सा लगता है।”

लकी ने झट से उठ कर पैंट झाड़ी, वह उससे मिलने को बेताब था। कॉन्स्टेबल ने कोठरी का ताला खोला ताकि वह बाहर आ सके। और वह एक भी शब्द कहे बिना मुलाक़ात कमरे की ओर चल दिया। उसे पूरा यकीन था कि कोई एजेंसी से ही उससे मिलने आया था।

22

मुलाक़ाती

लकी अपने कानों पर यकीन नहीं कर सका। उसके हमउम्र नौजवान ने मुलाक़ात कमरे में कुछ ही पल पहले बुरी ख़बर दी थी। लकी पहले ही उसके साथ एजेंसी से मिला पासकोड बाँट चुका था जिससे पुष्टि हो गई थी कि वह एजेंसी से ही आया था। उस आदमी ने अगले दो मिनट तक एक शब्द भी नहीं कहा। उसे जिस ख़बर के साथ भेजा गया था मानो वह उसके बोझ तले दबा जा रहा था।

लकी इस मनहूस चुप्पी से परेशान था और इसके बाद सामने आने वाली बदतर ख़बर के लिए खुद को तैयार कर रहा था। आख़िर में, उस आदमी ने जेल में लकी के बारे में पूछने के लिए मुँह खोला कि क्या उसे किसी तरह की कानूनी मदद तो नहीं चाहिए। लकी ने व्यंग्य से होंठ भींचते हुए कहा कि उसे कुछ नहीं चाहिए, वह आराम से है।

"मुझे बस इस जगह से बाहर निकालो, प्लीज़।" फिर वह बोला।

उस आदमी ने उससे नज़रें मिलाते हुए अपनी बात सामने रख ही दी। "सरकार ने तय किया है कि तुम आउट ऑफ़ कमीशन हो इसलिए तुम्हारा वेतन कम कर दिया जाएगा।"

"पर कितना?"

"तुम्हें इस महीने से केवल बेसिक सेलरी ही दी जाएगी।"

लकी हैरान रह गया, उसने मन ही मन गुणा-भाग किया। "तुम अपनी आदरणीय सरकार से जा कर क्यों नहीं कहते कि एक महीने की ग्यारह हजार की बेसिक सेलरी भी अपने पास ही रखें, भाड़ में झोंक लें ये पैसे!!!"

लकी की बुलंद आवाज़ ख़ाली कमरे में गूंज रही थी। वह आदमी शर्मिंदा सा हो गया और लकी से शांत होने को कहने लगा। लकी ने उसे कहा कि उसे एजेंसी की हमदर्दी नहीं चाहिए। उसे अपनी सेलरी चाहिए ताकि वह वकील की फ़ीस भर सके, कोर्ट में हर बार पेशी के नाम पर तेईस हज़ार की फ़ीस भरनी पड़ रही थी।

"मैं तो बस उनकी बात पहुँचाने आया था।" वह आदमी बोला।

लकी को एहसास हुआ कि वह आदमी सही कह रहा था, इस हालात में वह आदमी कुछ नहीं कर सकता था। उसने लकी को वह बैग दिया जो एजेंसी ने देने को कहा था, उसमें कुछ फल और बिस्कुट के पैकेट थे। लकी ने लेने से मना कर दिया।

"ये वापिस ले जा कर उन्हें ही दे दो।" वह झपटा, "उनके चार पैसे बच जाएँगे।"

वह आदमी बाहर जाने लगा तो लकी ने उसे बुला कर पूछा कि क्या वह उसका एक काम कर देगा। अपनी बुरी ख़बर से लकी का हौसला पस्त करने के बाद उस आदमी को लगा कि उसे लकी के लिए कुछ करना चाहिए। वह राजी हो गया। लकी ने उसे अश्मिता का नंबर दिया।

"इस लकड़ी को कॉल करो। इसे बताना कि मेरे ख़िलाफ़ मीडिया की रिपोर्ट झूठी हैं। इसे मनाओ कि मुझे एक बार मिलने आए।"

उस आदमी ने अपनी ओर से पूरी कोशिश करने का वादा किया। एजेंसी उसे जेल से बाहर निकालने के नाम पर कुछ नहीं कर रही थी, लकी इसी उधेड़-बुन में अपनी कोठरी की ओर वापिस चल दिया। एजेंसी की ओर से लगी हुई उम्मीद टूट चुकी थी।

उसी शाम, लकी से जेलर के ऑफ़िस में रिपोर्ट करने को कहा गया। मुँह पर घूँसा खाने के बाद जेलर पहली बार ड्यूटी पर आया था। लकी को पूरा यकीन था कि अब जेलर अपना बदला ले कर रहेगा। उसे यही लगा कि कॉन्स्टेबलों के हाथों पिटने का वक्त आ गया था पर जेलर तो खुश दिखाई दिया।

जेलर ने उसे प्यार से बैठने को कहा और एक पिता की तरह फटकार लगाई कि उसे जेल में रहने वाले कुख्यात अपराधियों से बच कर रहना चाहिए। उसने लकी से कहा कि वह समाज में शरीफ़ ख़ानदान का लड़का है और उसे ऐसे लोगों के बहकावे में नहीं आना चाहिए जो अपनी भड़काऊ बातों से लोगों को बहला कर अपने दल में शामिल कर लेते हैं।

"वैसे भी, कम से कम तुम्हें तो सरकार के ख़िलाफ़ नहीं जाना चाहिए।" जेलर ने अपनी सलाह देते हुए बात पूरी की। "तुम हममें से एक हो, है न?"

लकी ने सिर हिलाया। उसने जेलर से माफ़ी माँगते हुए कहा कि उस दिन वह किसी निजी परेशानी के चलते गुस्से में आ गया था और उसी वजह से हाथ उठा बैठा। जेलर ने माफ़ी क़बूल कर ली। ज्यों ही लकी वापिस जाने लगा तो जेलर की ओर से एक आवाज़ सुनाई दी।

"अपराध की दुनिया एक ऐसा गड्ढा है जिसका कोई छोर नहीं है।" जेलर बोला। "एक बार गिर जाओ तो इससे बाहर आने का कोई रास्ता नहीं बचता।"

श्री नरेंद्र मोदी के साथ लकी, जब वे वर्ष 2010 में, पश्चिम बंगाल में चुनाव अभियान पर थे

लकी अपनी सर्विस के दौरान नागालैंड में हथियारों का मुआयना करते हुए

लकी उत्तर-पूर्व में भारतीय सेना के बुलेटप्रूफ वाहन के अंदर

लकी 2018 में अपने इंटेल के लिए एक कर्नल से सम्मान प्राप्त करते हुए

जब लकी 2004 में इज़रायल में प्रशिक्षण ले रहा था।

जब लकी को 2012 में देहरादून जेल में रखा गया और वह फ़ोन का इस्तेमाल करते हुए पकड़ा गया।

कांगो में एक ऑप्रेशन के दौरान

जब लकी को 2011 में, गुजरात के मुख्यमंत्री श्री नरेंद्र मोदी का सुरक्षा अधिकारी नियुक्त किया गया।

राजू के खिलाफ दर्ज हैं नौ मामले

योगेश हत्याकांड में बरी हो चुके थे दोनों

दो पत्नियां हैं

राजू परगई की मौत के बाद स्थानीय अख़बार की क़तरन, जिसमें कहा गया कि परगई के ख़िलाफ़ नौ केस चल रहे थे।

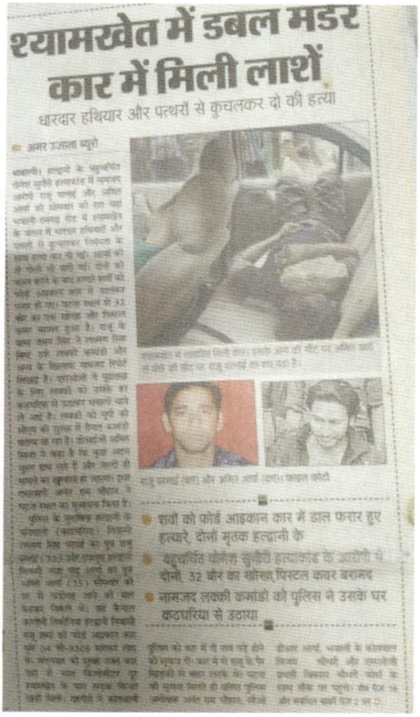

परगई और अमित आर्य के डबल मर्डर केस पर रिपोतार्ज

एक स्थानीय अख़बार की ओर से परगई के मर्डर केस की कमियों पर रिपोर्टिंग

बदला लेने को तो नहीं हुई हत्याएं!

तीसरे शख्स और लाल कार की खोज

बारबार राजू को कौन कर रहा था फोन, कॉल डिटेल से चलेगा पता

सुनौरी का अजीज दोस्त है कमांडो

साहूकार भी था

नौ बजे के बाद का ठेका राजू उठाता था

दबंगों की पंचायत

परगई की मौत के बाद स्थानीय अख़बार की हेडलाइन, जिसमें कहा गया कि पोस्ट-मार्टम रिपोर्ट की फिर से छानबीन होनी चाहिए।

स्थानीय अख़बार की हेडलाइन : 'पुलिस कार और परगई केस के तीसरे सह-अभियुक्त को खोजने की कोशिश कर रही है'।

पोस्टमार्टम रिपोर्ट का

रि-एक्सामिन होगा

नैनीताल। एसएसपी अनंत राम चौहान ने बताया कि पोस्टमार्टम रिपोर्ट में चिकित्सकों के पैनल ने एंटी मार्टम इंजरी, शॉक तथा ब्रेन हैमरेज को मौत का कारण बताया है। वारदात स्थल पर कमांडो ने अपनी पिस्टल से गोली भी चलाई। गोली किसको लगी? इसकी जानकारी उसे नहीं है। हालांकि, पोस्टमार्टम रिपोर्ट में राजू को गोली लगने की ठीक तरह से पुष्टि नहीं हुई है। घटनास्थल से 32 बोर की पिस्टल का खोखा बरामद और पिस्टल का कवर मिला था। कमांडो के पास पिस्टल का लाइसेंस है। पीएम रिपोर्ट को री-एक्सामिन के लिए चिकित्सकों के पास भेजा जा रहा है।

वीरेंद्र चौहान और जितेंद्र कुमार की आरंभिक तस्वीर, जब वे एसओजी में एक साथ थे।

वीरेंद्र चौहान और जितेंद्र कुमार जो हलद्वानी स्पेशल ऑप्रेशन्स के साथ काम करते थे और लकी बिष्ट की गिरफ़्तारी में इनका बड़ा हाथ रहा।

ह्देश कुमार और उनके कज़िन, दोनों लकी के साथ केस में सह-अभियुक्त थे, ह्देश के घर के बाहर। ह्देश की माँ एक पार्षद हैं।

डॉ. शरण दयाल, उत्तराखंड के फोरेंसिक विशेषज्ञ। उन्होंने ही परगई और अमित आर्य की लाशों और कार के फोरेंसिक किए थे।

टी.डी. जोशी, हलद्वानी जेल के भूतपूर्व जेलर,
जब लकी सलाखों के पीछे था।

हलद्वानी कोर्ट, जहाँ लकी की रिहाई का एलान किया गया।

हलद्वानी कोतवाली

हलद्वानी जेल, जहाँ लकी को रखा गया था।

कोतवाली काठगोदाम। लकी की छानबीन इसी पुलिस थाने में हुई और टस से मस न होने वाले लकी को बयान देने के लिए विवश किया गया।

(ऊपर और नीचे) :
नैनीताल जेल,
जहाँ लकी को
रखा गया था।

कोतवाली भवाली, जिसके न्याय क्षेत्र में अपराध हुआ।

हत्यास्थल

प्रशांत रेखारिया, अलग-अलग जेलों में लकी के साथ रहा।

लकी एक-दो सैकेंड वहीं खड़ा रहा, उसने विनम्रता से सिर हिलाया और वापिस चल दिया। जेलर ने छिपे शब्दों में लकी को चेता दिया था कि उसे पांडे की ओर से मिलने वाली पेशकश पर ध्यान नहीं देना और खुद को उस संगठित अपराध की दुनिया से परे रखना है। लकी उसकी कही बात का मतलब अच्छी तरह समझ गया था

इस दौरान, जेल के बाहर, लकी के दोस्त और उससे थोड़ी सी भी जान-पहचान रखने वाले लोग मौज ले रहे थे। वे लोग बड़े क़ारोबारियों और बिल्डरों से उगाही कर रहे थे और जुआरियों के अड्डों से ख़ासा बड़ा हिस्सा हथिया रहे थे जो उन दिनों शहर में बड़ी तेज़ी से कुकरमुत्तों की तरह उग आए थे। मीडिया चैनलों की ओर से चलाए गए बदनामी अभियान को क़ारोबारियों और जुए के अड्डों के बीच दहशत फैलाने के लिए इस्तेमाल किया जा रहा था। वे लोग कमांडर भाई का नाम लेते और लोग पैसा उगल देते। लकी एजेंसी के आदमी से मिलने के बाद अपनी कोठरी में वापिस आ रहा था तो उसे एक कैदी से यह ख़बर मिली पर उसने इतना गौर नहीं किया।

अगली सुबह नाश्ते के समय, वसीम का भेजा हुआ एक कैदी लकी की कोठरी के पास आया और उसे पुकारा।

"क्या बात है?" लकी ने पूछा।

"अच्छी ख़बर।" कैदी बोला।

लकी को पेट में हल्की सी ऐंठन महसूस हुई। "जाने कब से कोई अच्छी ख़बर नहीं सुनी थी।"

"कमांडर भाई," लड़के ने कहा, "राजू परगई के मामले में पकड़े गए एक सह-अभियुक्त को कल जमानत मिल गई।"

"कौन है यह क़िस्मतवाला हरामजादा।" लकी ने झट से पूछा।

"प्रकाश बोरा।"

लकी को यह जान कर सुकून मिला कि राजू परगई के मामले में पकड़े गए एक सह-अभियुक्त को जमानत मिल गई। अगर वह जमानत के लिए आवेदन करता तो उसे भी छूट मिलने की संभावना हो सकती थी। प्रकाश बोरा को बयालीस दिन में जमानत मिल गई और लकी को भी उम्मीद थी कि वह भी जेल में दो महीने से ज़्यादा नहीं टिकेगा। उसने मन ही मन तय कर लिया कि इस मामले में वकील से बात करनी होगी।

उसी रात बाद में, लकी अशिमता के बारे में सोचने लगा। जिस बेरूख़ी से उसने लकी से मिलने और बात करने की पेशकश को ठुकराया था, उसे याद करने से अब भी मन दुखता था और अहं को चोट लगती थी। उसका बहुत दिल था कि काश एक बार अशिमता से मिल कर सारी बातें साफ करने और समझाने का मौका मिल जाता। इन्हीं ख़्यालों की उधेड़बुन के बीच पूरी रात जागते हुए निकली। वह रात काटने के लिए प्रकाश पांडे से बात करने लगा। हैरानी की बात यह रही कि उसी बातचीत के दौरान लकी को अगली सुबह तक कुख्यात डॉन से दाउद, उसके छिपने के संभावित ठिकानों और उसके सक्रिय शूटर्स के बारे में सब कुछ पता चल गया।

अगली सुबह अपने साथ एक और अच्छी ख़बर लाई, जब कॉन्स्टेबल ने आ कर लकी को बताया कि एक लड़की उससे मिलना चाह रही थी। लकी के पेट में खलबली होने लगी। उसने कॉन्स्टेबल के लिए पाँच सौ का नोट निकाला तो चेहरा दमक रहा था। पुलिसवाला आगे को लपका और नोट छीन लिया। लकी ने उसे जेलर के लिए संदेसा देते हुए कहा कि जो भी मिलने आया है, उसके साथ बैठने के लिए कम से कम एक घंटा चाहिए होगा। उसने अपने बेहतरीन कपड़े पहने और उसके साथ चमचम करते प्यूमा के जूते पहन लिए।

लकी को मुलाक़ात वाले कमरे की ओर जाते हुए इतना हल्का महसूस हो रहा था मानो वह चलने के बजाए तैर रहा हो। मुलाक़ात वाले कमरे

के बाहर खड़े कॉन्स्टेबल ने उसका स्वागत किया और बख़्शीश चाही। लकी ने मुस्कुरा कर कहा कि वह वापसी में बख़्शीश ज़रूर देगा। कॉन्स्टेबल ने सिर हिलाया और अपनी उम्मीद बरक़रार रखते हुए खड़ा रहा।

अश्मिता ने नीली जींस के साथ गुलाबी टी-शर्ट पहनी थी। लकी उसे देखते ही बेताब हो गया। उसके मन में कुछ उसी तरह के भाव उमड़ आए जो अश्मिता को पहली बार देखने पर महसूस हुए थे। उसे अपने आगे खड़े देखना किसी इलाज से कम नहीं था, मानो वह पिछले कुछ महीनों की परेशानी और तकलीफ़ों को भूल गया था। कितना कुछ कहना था; कितना कुछ सुनना था। उसने सोचा कि एक घंटा भी बहुत नहीं होगा।

अश्मिता ने कहा, "सुनो, मेरे डैड बीमा कंपनी के लिए काम करते हैं। समाज में उनका नाम है। मॉम प्राइमरी स्कूल में प्रिंसीपल हैं।"

लकी को समझ नहीं आया कि क्या कहे। हालांकि वह जानता था कि वह बात का सिरा किस ओर ले जा रही थी।

अश्मिता ने घबरा कर बड़बड़ाते हुए कहा, "मेरे पेरेंट्स कभी इस रिश्ते की हामी नहीं देंगे। हमारा कोई भविष्य नहीं है। मुझे भूल जाओ। भूल जाओ कि मैं कभी तुम्हारे जीवन में थी।"

फिर वह वापिस जाने के लिए मुड़ी और लकी के दिल के हज़ार टुकड़े हो गए। अश्मिता कॉरीडोर से होते हुए जेल से बाहर जा चुकी थी। लकी मुलाक़ात वाले कमरे से बाहर आया। कॉन्स्टेबल अब भी अपनी बख़्शीश के इंतज़ार में दाँत निपोर रहा था।

"इस बारे में सोचना भी मत।" लकी ने उसे देखे बिना ही कहा। फिर वह पैर पटकते हुए अपनी कोठरी में वापिस चला गया और ऐसे तरीके खोजने लगा जिनसे वह अपने दिल के अंदर जल रही आग को बुझा पाता।

23
एक और तबादला

"जो तुम्हारे साथ मुश्क़िल से मुश्क़िल घड़ी में खड़ा होता है, उसने ही वफ़ादारी की परीक्षा पास की है।" प्रकाश पांडे ने कहा।

वह एकांत कारवास की दो कोठरियों के बीच वाली खाली जगह में लकी के सामने बैठा था। उन दोनों के बीच दो प्याली चाय और एक प्लेट में अधूरा नाश्ता पड़ा था। पांडे जेल में सबसे ज़्यादा सुविधा पाने वाले कैदियों में से था। अब वह अपने ज्ञान के मोती बाँट रहा था जो उसने अपराध की दुनिया में बरसों काम करने के बाद बटोरे थे।

"बदनसीबी से, इस समय तुम्हारी ज़िंदगी की वाट लगी हुई है।" पांडे ने कहा, वह देख सकता था कि उसके शब्द लकी पर अपना असर दिखा रहे थे। "अच्छी ख़बर यह है कि तुम एक ही तरीके से इस गड्ढे से निकल कर, ऊपर की ओर जा सकते हो।"

पिछले आधे घंटे से पांडे जो सलाहें पिला रहा था, उनका इतना फ़ायदा तो हुआ कि लकी फिर से अपने उन ख़्यालों में घिरने से बच गया था कि अश्मिता ने उससे दोबारा मिलने से मना कर दिया था। हालांकि चुस्त और चालाक पांडे का भी अपना एक मक़सद था। उसकी

सारी सलाहें बस इसलिए थीं कि लकी उससे हाथ मिला ले। लकी बड़ी ही सावधानी से उसकी सलाहों को सुना-अनसुना करते हुए अपने ताज़ा जख़्म भर रहा था।

लकी के पास खोने के लिए कुछ नहीं था। एजेंसी उसे जेल से छुड़वाने के लिए कुछ नहीं कर रही थी और इसके साथ ही उसकी तनख़्वाह में कटौती के सरकारी फ़ैसले और अश्मिता के इंकार ने हौसला चकनाचूर कर दिया था। पर पांडे के दिलचस्प भाषण के बाद, लकी ने पक्का इरादा कर लिया था कि वह खुद को बरी कराने में कोई कसर नहीं रखेगा और इसके साथ ही पैसा और ताकत भी बटोरेगा।

उसने अपने दोस्तों को संदेश भिजवा दिया कि वे उससे जेल में आ कर मिलें। वे लोग अगले ही दिन आ गए। लकी ने उन्हें चेतावनी दी कि वे वेश्यावृत्ति और नशीले पदार्थों के धंधे के लिए उसके नाम का इस्तेमाल नहीं करेंगे, उसने कहा कि वे लोग जुए और सट्टे के धंधों में उसके नाम पर उगाही कर सकते थे पर उसका हिस्सा नियमित रूप से उस तक पहुँचना चाहिए। उसने अंदाज़ा लगा लिया था कि अब जब उसने हिसाब से काम करना था तो इसके लिए बहुत सारे पैसे की ज़रूरत पड़ने वाली थी।

इसके बाद पांडे को चारों खाने चित्त करना था। पांडे का बड़ा मन था कि लकी उससे हाथ मिला ले और उसका पूरा साथ दे, लकी ने तय किया कि वह दिखावे के लिए पांडे के काम में दिलचस्पी दिखाएगा। इस तरह वह पांडे का भरोसा जीत कर, अंडरवर्ल्ड और जेल के काम करने के तौर-तरीकों के बारे में सब सीख सकता था। उसने तय कर लिया था कि वह उस जानकारी को अपने फ़ायदे के लिए इस्तेमाल करेगा। वह पांडे के बड़बोलेपन का भी फ़ायदा उठाना चाह रहा था ताकि अंडरवर्ल्ड की खुफ़िया बातें निकलवाई जा सकें।

उन दोनों के बीच अक्सर मुलाक़ातें होने लगीं। अगले कुछ दिनों तक जेल में हर ओर दो तन्हाई कैदियों की आपसी यारी के चर्चे ज़ोरों पर रहे। दोनों साथ ही खाना खाते। कई बार तो उनकी कोठरियों के पास होने वाली मुलाक़ातें घंटे-घंटे से भी ज़्यादा की होतीं जिसके बीच उनके ठहाके गूँजते। उनके पास से निकलने वाले कॉन्स्टेबल कुछ न सुनने का दिखावा करते हुए दबी हँसी हँसते।

लकी ने इस दौरान पांडे से हर वह बात उगलवा ली थी जो वह जानना चाहता था, अब उसके पास हर वह तरीका और उपाय मौजूद थे जिनके बल पर सिस्टम से लड़ कर रिहाई ली जा सकती थी। समय-समय पर जुए और सट्टे के धंधों में उसका हिस्सा पहुँचने लगा, एक बार में अक्सर लाख रूपए से ज़्यादा की वसूली हो जाती थी।

हालांकि अधिकारियों को उनकी सांठ-गांठ पसंद नहीं थी। एजेंसी का बड़ा अधिकारी और मोस्ट वांटेड लिस्ट का अपराधी, इन दोनों के आपस में मिलने का मतलब था कि कानून और व्यवस्था लागू करने वाली एजेंसियों की नींद हराम हो सकती थी। इसके अलावा, लकी गरीब कैदियों के बीच दिल खोल कर पैसा बाँट रहा था और यह नाता अधिकारियों के लिए जोखिम को और बढ़ा रहा था। उन्हें लगा कि चिंगारी को लपट बनने से पहले ही बुझा दिया जाना चाहिए।

इस दिशा में सबसे पहला कदम यही उठाना तय हुआ कि पांडे को वापिस तिहाड़ जेल भेज दिया जाए। हालांकि, इससे लकी को कोई फ़र्क नहीं पड़ा क्योंकि उसकी यारी वसीम, जावेद और विमल के साथ थी। पांडे के साथ तो मतलब की यारी थी जो उसने ज़रूरी बातें और जानकारी निकलवाने के लिए की थी।

पांडे के तबादले के कुछ दिन बाद ही लकी की अदालत में अगली सुनवाई होनी थी। वह हमेशा की तरह हथकड़ियाँ पहने, पुलिसवालों के घेरे के बीच अदालत पहुँचा। अदालत का एक और दिन, हाज़िरी भरी

गई, कुछ फ़ॉर्म भरे और अगली सुनवाई की तारीख़ मिल गई। हालांकि उसे यह भी पता चला कि एक और सह-अपराधी मोंटू आर्य को उस दिन जमानत मिल गई थी। इस ख़बर से लकी का हौसला बढ़ा और उसे लगा कि वह दिन दूर नहीं था जब उसके ख़िलाफ़ अदालत में चार्जशीट दाख़िल होते ही, उसे भी जमानत मिल जानी थी।

वह बड़े हल्के मन से जेल वापिस आया पर आते ही एक ख़बर का धक्का लगा, उसका तबादला अल्मोड़ा जेल में कर दिया गया था। उसे दूसरी जेल में ले जाने वाली वैन बाहर इंतज़ार कर रही थी। लगता है कि किसी बदले की भावना से एक ही झटके में तबादले का हुक्म दिया गया था। उसने आह भरी। एक बार फिर उसे उन लोगों का साथ छोड़ना पड़ा जिनके साथ रहना अच्छा लगने लगा था।

हथकड़ियों में जकड़ा हुआ, कई पुलिसवालों से घिरा लकी बाहर खड़ी वैन के पास पहुँचा। अल्मोड़ा जेल रानीखेत जिले में पड़ती है जिसे ब्रिटिश राज के औपनिवेशीकरण युग में बनाया गया था और जेल में जवाहर लाल नेहरू जैसे राजनीतिक कैदी रखे गए थे। इसका रास्ता बहुत खड़े और संकरे रास्तों से हो कर जाता था जो विशाल पहाड़ों को काट कर बनाए गए थे। कुछ ही समय में दो बार तबादला हो चुका था, लकी सोच रहा था कि पता नहीं अभी उसके लिए क्या-क्या देखना बदा था।

अल्मोड़ा जेल के जेलर आर्यन सक्सेना को देख कर लगा कि बंदा पता नहीं कब से नहाया नहीं था। सक्सेना ने जेल में उसका स्वागत किया। वह लकी को उसकी बैरक में ले गया और फिर लकी से कहा कि वह अपना सामान रखने के बाद मेडिकल जांच के लिए आ जाए।

मेडिकल जांच के बाद लकी बैरक में वापिस आया तो उसने देखा कि उसके साथ उसी कोठरी में आठ-नौ लोग और थे। पिछली जेलों में उसके साथ कोई एक-दो बड़े कैदी रखे जाते थे पर ये सब चिंदी चोर थे। तीसेक साल का एक आदमी दहेज के मामले में जेल में था

और एक अधेड़ लूटमार के चक्कर में आया था। बाकी कैदी भी कुछ ऐसे ही थे, जेल में बीतते हर दिन के साथ उसे उनके बारे में भी पता चल गया था।

बाद में, लकी ने जेलर से मिलने की इच्छा ज़ाहिर की। लकी को जेलर को देख कर लगा था कि वह शायद अपने लायक पैसा नहीं कमा पा रहा था। लकी ने इसी बात का फ़ायदा उठाने की सोची। वह जेलर से ऑफ़िस में मिला और इधर-उधर की छोटी-मोटी बातों के बाद, लकी ने सीधा दस हज़ार रूपए उसकी मुट्ठी में ठूँस दिए। जेलर की आँखें हैरानी से फैल गईं और उसने झट से हाथ का पैसा जेब के हवाले कर दिया। उसका चेहरा खुशी से दमक रहा था।

"कमांडो भाई, किसी भी चीज़ की ज़रूरत हो, बस ख़बर भेज देना, कुछ भी!" वह बोला।

"मुझे क्रिकेट किट चाहिए। इस तरह मेरी चुस्ती बनी रहेगी।" लकी बोला।

उसने तीन हज़ार रूपए और निकाले और जेलर की शर्ट की जेब में डाल दिए। जेलर ने दबी सी मुस्कान के साथ पैसों को जेब में और नीचे तक दबा दिया।

"हाँ, कमांडो भाई।" जेलर बोला। "जितना जी चाहे, चौके और छक्के मारो। पर बल्ले से किसी का सिर मत फोड़ना।"

लकी ने हामी भरी और बैरक में वापिस आ गया। कुछ ही देर में एक कॉन्स्टेबल ने आ कर कहा कि जेलर उसे अपने कमरे में बुला रहा था। लकी ने ऑफ़िस में जा कर देखा कि जेलर अपनी मेज़ पर बैठा था और उसके आगे छोटे-बड़े, कई तरह के डिब्बे खुले हुए थे। टिफिन बॉक्स से निकले डिब्बों में घर की बनी बहुत सारी चीज़ें थीं जिनकी खुशबू पूरे कमरे में फैली हुई थी।

“प्लीज़ आओ।” जेलर बोला। “आज अचानक ही मेरी बीवी ने इतना कुछ बनाने का फ़ैसला कर लिया और मझे लगा कि क्यों न ये लज़ीज खाना तुम्हें भी खिलाया जाए।”

लकी मुस्कुराया और सोचने लगा कि उसने जेलर को जो पैसा दिया था, उसने तुरंत अपना जादुई असर दिखा दिया था। उसने मेज़ पर झाँका तो शाकाहारी और मांसाहारी, दोनों तरह का खाना मौजूद था। मीठा भी रखा गया था। जेलर को देख कर हैरानी हुई कि लकी कैसे पेट भर कर खाना ठूँस रहा था पर वह अपनी जेबों में भरे नोटों को हाथ से दबाए उनका सुख लेता रहा।

लकी खाने बाद कुछ देर गपशप के लिए वहीं ठहरा और फिर उसने विदा ली।

वह बैरक में वापिस आ कर एक कोने में लेट गया। वह किसी तरह जेल में फ़ोन लाने की जुगत लड़ा रहा था। नई जेल की पहली ही रात पेट और मन संतुष्ट थे। उसे पहले भी दो जेलों में भेजा गया था और हर बार उसे नए माहौल में पैर जमाने के तरीके आज़माने पड़ते थे। यह भी कैसा व्यंग्य था कि लकी ऐसा कैदी था जिसे कोई भी जेल रखना ही नहीं चाहती थी।

24

जंगल में जान बचाना

जनवरी 2005, ट्रेनिंग कैंप, इज़रायल

लकी और डि हेंचो एक ऊँची जगह खड़े थे और अपने आगे रखे हुए मिलिट्री टोपोग्राफिक नक़्शे का मुआयना कर रहे थे। वे जिस जगह खड़े थे, उस जगह से आसानी से जंगल से बाहर जाने का रास्ता मिल सकता था ताकि वे दिए गए समय में जंगल से बच कर निकलने की ड्रिल पूरी कर सकें।

"हम दो डिग्री उत्तर में जाएँगे। फिर हम पानी के पास होंगे।" लकी ने टूटी-फूटी अंग्रेज़ी में अपने साथी से कहा।

"हाँ, हम कोशिश करते हैं।" हेंचो बोला।

लकी ने अपने सामान में रखी पानी की इकलौती बोतल से कुछ बूँद पानी निकालने की कोशिश की। यह ड्रिल दो दिन और एक रात का था, जिसमें एक कमांडो और उसके साथी को उस जगह से जंगल में रास्ता बना कर वापिस आना था, जहाँ उन्हें सेना का चॉपर छोड़ गया था। उनका सामान तेज़ी से ख़त्म हो रहा था, जिसका मतलब था कि उन्हें

कैंप में सीखे गए कौशल आज़माने होंगे ताकि अपनी जान बचा सकें। उनके दूसरे सामान में थोड़ी मात्रा में सूखा राशन, एक तिरपाल, छोटा चाकू और बंदूक शामिल थे।

वे दोनों खड़ी ढलान पर आपस में हाथ पकड़ कर उतरने लगे ताकि उनमें से एक भी लड़खड़ा कर गिरने को हो तो दूसरा उसे हाथ से खींच कर संभाल ले। पेड़ों के झुरमुट ने ढलते सूरज की किरणों को भी ढका हुआ था। जंगल को चारों ओर से घेरे हुए पहाड़ों ने उस अंधेरे को और भी गहरा बना दिया था। लकी जानता था कि जंगल में काटी गई रात अपने साथ अलग ही तरह के जोखिम लाती है। डूबते हुए सूरज का एक मतलब यह भी था कि अब वे उस तरीके का इस्तेमाल नहीं कर सकेंगे जो अब तक रास्ता दिखाने में मददगार रहा था; सूर्य की दिशा और इसके अनुसार पेड़ों की परछाईं देख कर अंदाज़ लगाना। उसे लगा कि उनके पास रोशनी का एक साधन होना चाहिए ताकि उन्हें आगे का रास्ता देखने में आसानी हो और इसके साथ ही अंधेरे में होने वाले ख़तरों से बचाव हो सके।

लकी ने ज़मीन पर छानबीन करते हुए पैरों के पास से पेड़ की काली सी छाल उठा ली जो पत्तों, टूटी हुई टहनियों और शाखाओं के बीच पड़ी थी। हेंचो समझ गया कि लकी रगड़ की मदद से आग जलाना चाहता था। फिर वे उस आग से मशाल जला सकते थे। डि हेंचो ने झट से अपने चाकू की मदद से लकड़ी से एक तकली तराश ली। लकी ने छाल को तराश कर इस तरह लंबा कर लिया कि उससे तकली को रगड़ा जा सके।

फिर उसने छड़ी को वी के आकार में छील कर, बाकी हिस्से को लंबाई में चीर दिया ताकि चिंगारी ईंधन तक पहुँच सके जिसे डी हेंचो ने नीचे जमा कर लिया था। लकी उस वी के निशान पर तकली से रगड़ने लगा। वह अपने हाथ को बार-बार लंबाई में ऊपर-नीचे ले जा रहा था।

यह अभ्यास सुनने में भले ही आसान लगे पर असल में इसे पूरा करने में बहुत मेहनत लगी।

लकी तकली को तब तक ऐसे ही रगड़ता रहा, जब तक उसमें से छोटी सी चिंगारी नहीं निकली जिसे डि हेंचो ने तुरंत ईंधन की ओर धकेल दिया। फिर वह उस पर लगातार फूंक मारता रहा, जब तक चिंगारी आग में नहीं बदल गई और इस तरह दोनों के लिए रात के अंधेरे में रोशनी जगमगा उठी। डि हेंचो मशाल पकड़ कर आगे चल रहा था और लकी ने हाथ में चार्ट ले रखा था। लकी ने चांद और सितारों की मदद से दिशाएँ जानने के कौशल का भरपूर प्रयोग किया जो उसने प्रशिक्षण के दौरान सीखा था।

आख़िर में दोनों एक नदी के पास पहुँचे। उन्होंने बोतलों में पीने का पानी भरा, तरोताज़ा हुए और वहीं कुछ दूरी पर, एक सुरक्षित जगह रात बिताना तय किया। डि हेंचो एक बड़े से बलूत के पेड़ के नीचे खड़ा था उसने ज़मीन पर इशारा करते हुए वहीं डेरा डालने को कहा। उन्होंने अपने तिरपाल को बिछाया और उसके आसपास छोटी सी खाई खोद दी।

डि हेंचो उस खाई में कूदा और फिर दोनों ने उसमें पेशाब करते हुए, उसे आधा भर दिया। फिर वे उससे बाहर आ गए। यह पेशाब भी बदबू की वजह से उनके लिए जंगली जानवरों और सरीसृपों से बचाव का काम करने वाला था। कोई भी भयंकर जंगली जानवर इस बदबू की वजह से उनके पास न फटकता। और पेशाब से निकलने वाली बदबू सरीसृपों को परे रखती। यह अपना इलाका चिन्हित करने का पशुवत् तरीका था जो इन हालात के हिसाब से बिल्कुल सटीक था।

जैसे रात ढली थी, वैसे ही सुबह भी हो गई। जंगल एक बार फिर पक्षियों की चहचहाहट से गूंजने लगा। सूरज की किरणों ने सारे जंगल को रोशन कर दिया था। लकी ने अपने बैकपैक से बचा हुआ सूखा राशन

निकाला और भकोस लिया। फिर उसने नक़्शा फैला कर, ध्यान से देखा और आगे का रास्ता तय करने के बाद, वे दोनों ड्रिल का आख़िरी दिन पूरा करने चल पड़े।

मिलिट्री का नक़्शा पढ़ना किसी गोपनीय अभ्यास से कम नहीं होता। इस कौशल में माहिर लोग ही उलझन से भरी उन रेखाओं और कागज़ पर उभरे ग्राफ़ों का मतलब समझते हैं। लकी और डि हेंचो उन मुट्ठी भर लोगों में से थे जो अपनी विशेषज्ञता के बल पर सही रास्ते पर चल रहे थे।

अब सूरज पूरी तरह से उग आया था। वनस्पति घटने लगी थी। वे हर बढ़ते कदम के साथ जंगल के छोर की ओर आ रहे थे। लकी अपने माथे का पसीना पोंछ रहा था कि अचानक उसे अपने आगे पत्तों के ढेर के हिलने और उसमें से फुफकारने की आवाज़ सुनाई दी। वह एक कोबरा था। लकी और डि हेंचो ने एक-दूसरे को उत्साही नज़रों से देखा। उनके लिए दोपहर के खाने की व्यवस्था हो गई थी!

लकी ने पत्तों की सरसराहट का पीछा करते हुए मध्यम आकार का कोबरा देख लिया। वह तेज़ी से उसकी ओर बढ़ा ताकि सांप को उसके मुँह से पकड़ा जा सके। और वह सांप को सही तरह से जकड़ने में क़ामयाब रहा।

सरीसृप की गर्दन मरोड़ने के बाद, उसे खाने लायक बदलने की प्रक्रिया आसान थी जिसके लिए ज़ोरा सिंह के प्रशिक्षण को धन्यवाद दिया जा सकता था। लकी को ज़ोरा सिंह की कही बात भी अच्छी तरह याद थी कि जो कमांडो एक सांप खा सकता है, वह कभी भूखा नहीं रहेगा।

अब नक़्शा देखते हुए रास्ता बताने की बारी डि हेंचो की थी और लकी ने कैंप तक बची यात्रा में रास्ते की अगुवाई की। उन्हें अपना ड्रिल पूरा करने में बहुत ज़्यादा परेशानियों का सामना नहीं करना पड़ा और वे

दिए गए समय से आधा दिन पहले, अपनी ड्रिल पूरी करने में क़ामयाब रहे। दूसरे स्थान पर आने वाली जोड़ा टीम, उनके कैंप पहुँचने के तीन घंटे बाद ड्रिल पूरी करके लौटी।

जैसा कि लकी स्प्रिंट ड्रिल की दूसरी कोशिश में करके दिखा चुका था, इस ड्रिल में भी वह सबसे आगे रहा और ज़ोरा सिंह की ओर से आदर और प्रशंसा पाने में सफल रहा, जिसके एक बार खोने की आशंका हो गई थी। इस अभ्यास ने लकी को तैयार किया कि जंगल में कड़ी से कड़ी दशाओं और असंभव लगने वाली परिस्थितियों के बीच अपना रास्ता कैसे बनाया जा सकता है। अब वह पूरे भरोसे के साथ असली दुनिया में अपने कौशल आज़मा सकता था।

25
मैं लकी कमांडो हूँ

जून 2012

जीतू आर्य, जो उत्तराखंड पुलिस के स्पेशल ऑपरेशन्स ग्रुप में काम करता था, वह वीरेंद्र चौहान के साथ लकी से मिलने अल्मोड़ा जेल में आया। वे दोनों ही लकी के दोस्त रहे थे इसलिए आला अधिकारियों ने उन्हें लकी से मिलने भेजा था ताकि वे उससे इस दौरान की कोई ख़बर निकलवा सकें। जीतू अपने साथ बहुत सारे फल लाया था। जेलर भी उनके साथ कोठरी में आया। लंबी बातचीत के बाद भी ऐसा कुछ नहीं निकला जिससे लकी शक़ के दायरे में आ सके। जब वे बाहर जा रहे थे तो जीतू ने लकी से कहा कि अगर उसे किसी चीज़ की ज़रूरत हो तो वह किसी भी कॉन्स्टेबल के जरिए उस तक संदेसा भिजवा सकता थ। जेलर विकास नामक कॉन्स्टेबल की ओर बढ़ा जिसे सीधा खड़ा होना भी मुहाल हो रहा था।

“तू बाप का नाम बिगाड़ने पर तुला है?” जेलर बोला। “ये तेरी पीने की आदत सरकारी नौकरी खा जाएगी।”

विकास, जिसके पिता भी कॉस्टेबल रह चुके थे, वह किसी भी तरह शराब पीने की आदत नहीं छोड़ सका था। उसे बाप के मरने के बाद ये नौकरी मिली थी। तनख़्वाह से देसी शराब का ख़र्च ही निकल पाता था पर फिर भी वह एक के बाद देसी ठर्रे खरीदने से बाज़ नहीं आता था।

लकी को यहीं से अपने लिए एक रास्ता दिखाई दिया। उसने विकास की शराब की कमज़ोरी को अपना हथियार बनाया और बढ़िया शराब खरीदने के लिए पैसे के लालच से अपनी ओर मिला लिया। बदले में विकास ऐसी कोई भी ख़बर ला कर देता जो लकी के काम आ सकती थी। एक बार जब लकी शाम को टहल कर वापिस आ रहा था तो वह विकास से मिला और उसकी जेब में नोटों का बंडल डाल दिया। उसमें पाँच हज़ार रूपए थे।

लकी ने उसे पास खींच लिया। "मुझे कोठरी में चोरी-छिपे फ़ोन करने के लिए सेल फ़ोन चाहिए।" वह धीरे से बोला।

कॉन्स्टेबल ने इधर-उधर देखा और खुद को सुध में लाने के लिए सिर झटक कर हामी भर दी। पाँच हज़ार रूपए तो इस काम को करने की फ़ीस थी। लकी ने कहा कि उसके आदमी फ़ोन के पैसे अलग से देंगे। लकी को पूरा यकीन था कि विकास कम पैसों में भी यह काम आसानी से कर देता पर वह उसे खुश रखना चाहता था।

विकास को यह बात बड़ी पसंद आई और वह अगली ही रात फ़ोन के साथ लकी की कोठरी में हाज़िर था। उसने लकी से कहा कि उसने सिम कार्ड अपने नाम से रजिस्टर कर लिया क्योंकि आईडी के बिना बात नहीं बन सकती थी।

"कमांडो भाई।" वह बोला। "जितनी मर्जी बात करो पर इस सिम कार्ड से किसी को धमकाना मत। मुझे बाप के मरने की वजह से ये नौकरी मिली है, अगर ये भी गई तो...।"

लकी ने फ़ोन को ईटों की दीवार के पीछे छिपा दिया जिसे उसने बड़ी कारीगरी से निकाला था। फ़ोन निकालते समय ईंट आराम से निकल आती। जब उसे फ़ोन सहित वापिस रखा जाता तो कोई भी दीवार को देख कर शक़ नहीं कर सकता था। उसने फ़ोन की मदद से बाहर अपने दोस्तों से संपर्क किया और उन्हें कुछ और तरीके बताए जिससे ज़्यादा पैसे की उगाही हो सकती थी।

लकी किसी भी तरह अश्मिता को अपने दिमाग से नहीं निकाल पा रहा था। बस एक आख़िरी बार अपनी बात समझाने की तड़प बची हुई थी जो अक्सर अपने प्यार के हाथों हारे हुए मर्दों में पाई जाती है। वह हर रात फ़ोन निकालता और रात के तीन बजे उसका नंबर लगाता।

वह नंबर लगाता, घंटी सुनता और उसकी हैलो सुनते ही फ़ोन काट देता। ऐसा कई रातों तक चलता रहा। अश्मिता ने कहा कि उन दोनों का कोई भविष्य एक साथ नहीं हो सकता, यह बात जैसे दिमाग पर छप सी गई थी। यही बात शब्द-दर-शब्द, 'हैलो' की आवाज़ सुनते ही गूंजने लगती और वह कॉल काट देता। उसे डर था कि कहीं और ज़्यादा दिल दुःखाने वाली बातें न सुननी पड़ीं। ऐसी ही एक रात उसने फिर से फ़ोन लिया और उसके 'हैलो' बोलते ही कॉल काट दी। वह फ़ोन को हमेशा की तरह वापिस रखने ही वाला था कि अश्मिता ने कॉल बैक कर दिया।

वह कॉल लेने में हिचक रहा था। दूसरी ओर से एक सहमा हुआ स्वर आया, "कुछ आसपास के गुंडे मेरी सहेली मेघा को परेशान कर रहे हैं।" अश्मिता बोली, "प्लीज़ उन्हें रोकने के लिए कुछ करो।"

लकी ने कुछ और सुनने की परवाह किए बिना ही कॉल काट दी। वह अपने दिमाग को शांत करने के लिए कोठरी में चक्कर लगाने लगा। एक बार फिर से उसके फ़ोन पर नंबर चमका।

इसने मुझे समझ क्या रखा है? एक गुंडा? साला गैंगस्टर? इसी दौरान फ़ोन बजता रहा। और अगर इसे इतनी बेरुखी दिखानी है तो मैं इसकी सहेली की मदद क्यों करूँ? घंटी बंद हो गई। पर कुछ ही देर में भावात्मक उथल-पुथल के शांत होते ही लकी ने उसे फिर से कॉल लगाई।

"तुम्हारी सहेली कोई नया सिम कार्ड ले कर नंबर क्यों नहीं बदल लेती?"

अश्मिता ने बताया कि उसकी सहेली मेघा ने कोशिश की थी पर वे लड़के बार-बार उसका नया नंबर खोज कर परेशान करने लगते थे।

लकी ने उससे उस लड़के का नंबर माँगा तो अश्मिता ने झट से नंबर दे दिया। लकी ने उसी समय उस लड़के का नंबर लगाया। दो बार घंटी जाने के बाद एक नौजवान छोकरे ने कॉल ली।

"ओए भैन@#$", लकी बोला। "मेघा नाम की लड़की को कॉल क्यों करता है?"

"तू कौन है।" उस लड़के ने लकी का मज़ाक उड़ाया। "उसका भाई लगता है?"

"मैं लकी कमांडो हूँ।" लकी बोला। "तेरे लिए सही यही होगा कि कॉल करना बंद कर दे वरना घुटने तोड़ दूँगा।"

मीडिया ने पहले ही लकी की भाई टाइप इमेज बना दी थी। पूरे राज्य के लिए लकी एक संगठित गिरोह का गैंगस्टर था। लकी जानता था कि पूरे उत्तराखंड में उसकी दहशत थी। उसे लगा कि छोकरा उसका नाम सुनते ही थर-थर काँपने लगेगा। पर वह छोकरा अपने दोस्तों के साथ किसी बार में बैठा था, वह अपने दोस्तों की ओर मुड़ा और लकी की ऐसी बेइज़्ज़ती की कि उसने कभी सोचा भी नहीं था।

"ओए, इस भड़वे की सुनो। खुद को लकी कमांडो बता रहा है।" इससे पहले कि छोकरा कुछ और बोलता, सबके ठठा कर हँसने की

आवाज़ सुनाई दी। "अगर दोबारा कॉल किया तो पिछवाड़े पर लात दे मारूँगा।"

इससे पहले कि लकी अपनी पहचान देता, उस ओर से कॉल कट गई। वह तो सकते में आ गया। उसने खुद को चुटकी काटी कि कहीं वह कोई सपना तो नहीं देख रहा था। आज से पहले उसे न तो किसी ने इस तरह गाली बकी थी और न ही इतनी बेइज़्ज़ती की थी। उसने फिर से नंबर लगाया ताकि छोकरे का दिमाग ठिकाने लगाया जा सके और उसे समझाया जा सके कि वह सच में कमांडर भाई ही बोल रहा था।

"ओए हैलो!" छोकरा उसी तीखे सुर में बोला। "ये मत सोच कि किसी हाई-फाई का नाम ले कर हमें डरा देगा।"

"ध्यान से सुन। मैं लकी कमांडो हूँ और जेल से ही बोल रहा हूँ।"

"अगर तू लकी कमांडो है तो मैं जेम्स बॉन्ड हूँ।"

छोकरा फिर से खिलखिलाया। पीछे से सबके हँसने की आवाज़ आने लगी। लकी चेहरे पर हैरत के भाव लिए फ़ोन थामे खड़ा रहा। वह शर्मिंदगी से पिघला जा रहा था।

अगले दिन, मेघा ने अश्मिता के नंबर से बात की। उसने लकी से विनती कि वह उस लड़के को न धमकाए क्योंकि वह लकी के फ़ोन से और भी चिढ़ गया था। अब वह उसे अलग-अलग नंबरों से कॉल करके और भी उल्टी-सीधी बातें कर रहा था। लकी यह जान कर आग-बबूला हो गया। अश्मिता की सहेली को परेशानी से निकालने के बजाए उसके आगे अपनी इज़्ज़त बचाने का सवाल पैदा हो गया था। उसने गुस्से में आ कर उस लड़के को फिर से कॉल किया और उससे पूछा कि वह उस समय किस जगह था।

"त्रिकोणिया चौराहा।" उस लड़के ने ढिठाई से ज़वाब दिया।

"बस पंद्रह मिनट वहीं रुक। मैं तुझे दिखाता हूँ कि मैं कौन हूँ।"

"हुँह।" वह लड़का बोला।

लकी ने अपने आदमियों को कॉल करके त्रिकोणिया चौराहा जाने को कहा। उसने उन्हें छोकरे को मार-मार कर अधमरा करने का हुक्म दिया था। उसके आदमियों ने वादा किया कि वे छोकरे को ऐसा सबक़ सिखाने वाले हैं जो उसे कभी नहीं भूलेगा। वे लोग स्कॉर्पियो में सवार हो कर उसी ओर लपके। पर जब वे उस जगह पहुँचे तो वह छोकरा वहाँ नहीं था। उन्होंने लकी को कॉल करके हालात बताए। लकी ने फिर से छोकरे को कॉल किया।

"अबे भो@#$ के", छोकरा बोला। "क्या मैं सारा दिन तेरे आदमियों का इंतज़ार करूँगा?"

"तू अभी किधर है?"

"मैं तो सुट्टा बार कैफे में हूँ। अपने आदमी ले कर इधर ही आ जा, तुम सबको पीट-पीट कर नीला-पीला न कर दिया तो कहना।"

लकी के कहने पर उसके आदमी झटपट उसी बार की ओर लपके पर तब तक वह छोकरा उस जगह से भी लापता हो चुका था। लकी समझ गया कि वह छोकरा उनके साथ खेल कर रहा था। वह उन कुत्तों में से था जो भौंकते तो हैं पर काटते नहीं। उसने फिर से छोकरे को कॉल किया और चुन-चुन कर गालियाँ दीं। छोकरा लकी का मज़ाक उड़ाते हुए बोला कि उस समय वह अनु बादशाह के स्टोन क्रशर कैफे में बैठा था।

"अगर मर्द बच्चा है तो अगले दस मिनट में यहीं आ जा!" वह छोकरा लकी से बोला।

फिर लकी ने अपने लोगों को कॉल करके जगह का पता दिया और कहा कि उसे कैफे के मैनेजर का नंबर भेजें। उसने मैनेजर को कॉल किया तो पता चला कि उसे आज शाम कैफे खोले कुछ ही देर हुई थी और अभी तक कोई पहला ग्राहक भी नहीं आया था।

इसी सारे तमाशे के बीच मेघा भी लकी को बार-बार कॉल करके आग्रह करती रही कि वह उस छोकरे से कुछ न करे। लकी को लगा कि इस तमाशे को बंद करना ही बेहतर होगा। वह छोकरा लकी की परवाह करने के बजाए उसे खिझाने पर तुला था। लकी ने अपने आदमियों को कॉल करके कहा कि इस खेल को ख़त्म कर दें।

उसे इसी बात का गुस्सा था कि वह अश्मिता का कहा एक काम तक पूरा नहीं कर सका। लकी ने किसी तरह अपने अहं को परे रखते हुए उस छोकरे को कॉल किया और उससे माफ़ी माँगी। उसने ऐसा इसलिए किया ताकि वह छोकरा इन कॉल्स के लिए मेघा से बदला लेने के बारे में न सोचे।

"मैं तो मेघा के साथ ही पढ़ता हूँ। मैंने लकी कमांडो बनने का झूठा नाटक किया था, माफ़ कर दो मुझे।"

"यह हुई न बात। अच्छा हुआ तूने माफ़ी माँग ली वरना तुझे कहीं का न छोड़ता।" वह छोकरा बोला।

लकी ने फ़ोन फिर से अपनी जगह वापिस संभाल दिया। हालांकि ये किस्सा यहीं ख़त्म नहीं हुआ। उस छोकरे ने लकी का नंबर अपने दोस्तों को दे दिया था जो उसे बार-बार कॉल करके तंग करने लगे। लकी को अलग-अलग नंबरों से कॉल आते जिनमें उसे चुन-चुन कर गालियाँ दी जातीं। हार कर हालात उस जगह आ गए, जहाँ लकी ने अनजान नंबरों से आने वाले कॉल ही लेने बंद कर दिए।

पंद्रह दिन बीत गए। अचानक लकी को उसी छोकरे के नंबर से अपने फ़ोन पर एक मैसेज आया। *लकी भाई, हमें माफ़ कर दो। प्लीज़ माफ़ कर दो। प्लीज़, प्लीज़!*

लकी ने उस छोकरे को उसी समय कॉल किया। "अब क्या हुआ? तू माफ़ी क्यों माँग रहा है?"

"मेरा एक दोस्त कल आईजी के ऑफ़िस गया था। छोकरे ने थरथराती आवाज़ में कहा। "उसने अचानक एक फ़ाइल में देखा कि आपका नाम और नंबर लिस्ट में सबसे ऊपर आ रहे थे।"

पुलिस विभाग देर-सेवर, जेल में रहने वाले दूसरे कैदियों की मदद से पता लगा ही लेता था कि कौन से कैदी फ़ोन छिपा कर रखते थे। वे लोग मामूली क़िस्म के कैदियों का तो फ़ोन ले लेते पर जिनसे वे कोई ख़ास ख़बर निकलवाना चाहते, उनके पास फ़ोन रहने देते ताकि वे फ़ोन के जरिए अपना काम करते रहें और पुलिस को उनसे पूरी जानकारी निकलवाने में आसानी हो। लकी को एहसास हो गया कि अब बाज़ी पलट चुकी थी।

"गधे के बच्चे।" लकी गरजा। "अब मैं तुझे सारे शहर में नंगा करके परेड करवाऊँगा और साथ के लिए अपने बाप को भी लेते आना।"

छोकरा माफ़ी माँगने लगा और बार-बार कहने लगा कि लकी पिछली बातें भूल जाए।

"इतनी आसानी से नहीं।" लकी बोला। "पहले मेघा के घर जा और पैरों में गिर कर माफ़ी की भीख माँग।"

"पक्का, कमांडो भाई।" छोकरा बोला।

"अगर मुझे एक घंटे में मेघा का कॉल नहीं आया तो मेरे आदमी एक घंटे में तेरे दरवाज़े पर होंगे। आईजी ऑफ़िस से तेरा पता मिल जाएगा।"

आधे घंटे में ही अश्मिता का कॉल आ गया जिसने शुक्रिया करने के बाद मेघा को फ़ोन थमा दिया और उसने भी ऐसा ही किया। उस छोकरे ने सच में उसके पैरों पर गिर कर माफ़ी माँगी थी। लकी को लंबे अरसे के बाद सुकून महसूस हुआ। उसने कुछ देर अश्मिता से बात करने के बाद फ़ोन बंद कर दिया। मन बहुत हल्का लग रहा था। आख़िरकार अश्मिता की नज़रों में ऊँचा उठने का मौका मिल ही गया था।

26

राजनीतिक हवाएँ

एक दिन जेल में, लकी से एक अनजान आगंतुक मिलने आया। उत्तराखंड में लकी के फैलते हुए नाम की वजह से एक स्थानीय नेता, सुकेश तिवारी का ध्यान उसकी ओर गया। वह एक नेशनल पार्टी का स्थानीय नेता था जो पंद्रह साल की उम्र में ब्लॉक डेवलपमेंट कॉउंसिल (बीडीसी) का सदस्य बनने के कारण जाना जाता था और अब मुख्यमंत्री बनने की मंशा रखता था। वह इतनी दूर लकी से जेल में मिलने आया था। वे दोनों मुलाक़ाती कमरे में थे। तिवारी ने दबे सुर में लकी को भारी रकम देने की पेशकश रखी। लकी को अच्छी तरह पता था कि नेता उससे क्या चाहता था। वह पैसा इसलिए दिया जा रहा था ताकि आने वाले चुनावों में वोट पाने के लिए लकी का नाम इस्तेमाल किया जा सके। लकी ने विनम्रता से इंकार कर दिया।

"मुझे अपना भाई ही समझो, लकी।" तिवारी बोला। "इसे वापिस करने की चिंता मत करना।"

हालांकि लकी के लिए एक बड़ी रकम को अनदेखा करना मुश्किल हो रहा था पर वह कभी नहीं चाहता था कि उसके नाम पर किसी ऐसी पार्टी

का प्रचार हो जो लोगों को झूठे वादे और उम्मीदें दिखाए और आख़िर में उनका सम्मान और मर्यादा तक छीन ले। तिवारी के बहुत कहने पर, लकी किसी तरह एक शर्त पर पचास हज़ार रूपए लेने को मान गया कि वह उस उस पैसे को कर्ज़ की तरह ले रहा था। उसने साफ़ कह दिया कि वोट पाने के लिए उसके नाम का इस्तेमाल न किया जाए। फिर लकी ने पैसा ले लिया।

"बेशक़, बेशक़! जब तुम्हारे हाथ में पैसा हो, तभी लौटा देना।"

तिवारी ने अपने सफ़ेद कुरते को सीधा करते हुए गला खंखारा। फिर इधर-उधर कनखियों से ताकने के बाद, अपने बॉडीगार्ड्स के साथ बाहर निकल गया। एक नेता होने के नाते, उसने जेल में लकी से जो वादा किया था, वह उसके पेशे के हिसाब से सही ही था। वह जैसे ही जेल से बाहर आया, उसने अपने आदमियों को हुक्म दे दिया कि वे चारों ओर ये ख़बर फैला दें कि अब लकी बिष्ट उर्फ़ लकी कमांडो उनकी पार्टी को अपना समर्थन दे रहा था और उसके लोगों को भी पार्टी का साथ देना चाहिए।

कुछ ही दिन बाद, लकी ने देखा कि जेल में भी कुछ उसी तरह की हवा बह रही थी, जैसी उसने पिछली जेल में प्रकाश पांडे के आने से पहले देखी थी। पर इस बार जेल में एक अलग ही तरह के बंदे के स्वागत की तैयारी हो रही थी जो चाहे पांडे से ज़्यादा नहीं पर उसके जितना ख़तरनाक तो था ही।

डॉ. राजेंद्र कुमार, अट्ठाईस बरस का एमबीबीएस अपराधी, वही अगले दिन जेल में आ रहा था। उस पर चार पुलिसवालों की हत्या का आरोप था। लकी भी देखना चाहता था कि जेल अपने नए मेहमान के साथ कैसे पेश आने वाली थी।

डॉ. राजेंद्र को आए दो दिन बीत चुके थे। लकी को उससे मिलने का मौका नहीं मिला था क्योंकि उसे अलग जेल में रखा गया था।

उसे अच्छी तरह पता था कि डॉ. राजेंद्र किसी तरह उससे मिलने की कोशिश में था।

राजेंद्र को एक दिन मेडिकल जांच के बाद वापसी के दौरान यह मौका मिल गया। उसने बिल्कुल आम लहज़े में अपने साथ चल रहे कॉन्स्टेबल से पूछा कि अगर लकी के साथ कुछ मिनट बात करने का मौका मिले तो कितने पैसे में बात बन सकती थी। फिर उसने जो पैसे बताए, वे कॉन्स्टेबल का दिल पिघलाने के लिए काफी थे। वह सीधा उसे लकी की कोठरी की ओर ले चला।

डॉ. राजेंद्र तीसेक साल का सुंदर नौजवान था। गोरा रंग और चेहरे पर चश्मा, उसके चेहरे को देख कर यकीन करने को दिल नहीं चाहता था कि ऐसा इंसान इतनी बेहरमी से किसी का क़त्ल कर सकता था। वह घटना तब घटी थी, जब डॉ. राजेंद्र को रानीखेत जिले में एक पेशी पर ले जाया जा रहा था। उस पर कई तरह के आरोप थे जिनमें से यूपी, एमपी और दिल्ली में की गई चोरियाँ और क़त्ल सबसे ऊपर थे।

उस समय, उसे अल्मोड़ा जेल में रखा गया था। उसे जिस वैन में ले जाया जा रहा था, उसमें चार पुलिसवाले मौजूद थे। वे लोग आधे रास्ते में आ चुके थे, जब उसने हथकड़ियों के हाथ में चुभने की बात कही। पुलिसवाले ने उसे लताड़ते हुए बहस चालू कर दी और उनके बीच बात का बतंगड़ बन गया। डॉ. राजेंद्र इस अपमान से बुरी तरह से तिलमिला गया और बदला लेने की ठान ली।

कुछ ही देर बाद, उसने पुलिसवाले से कहा कि उसे एक फ़ोन चाहिए, उसे किसी को कॉल करना है ताकि वह अदालत में दी जाने वाली अर्ज़ी तैयार करके ला सके। इस बात में शक़ की कोई गुंजाईश नहीं थी, एक पुलिसवाले ने उसे फ़ोन थमा दिया। राजेंद्र ने रानीखेत अदालत जाने के रास्ते में, कॉलर को अपनी लोकेशन बता दी।

"तू अपने साथ अर्ज़ी ले आना। उसे देख कर ही मुझे रिहाई मिल सकती है।" उसने कहा।

उसने एक चौड़ी सी मुस्कान के साथ फ़ोन लौटा दिया। पुलिसवाले ने फ़ोन वापिस लिया तो उसे सपने में भी गुमान नहीं था कि जिस अर्ज़ी की बात हो रही थी, वह और कुछ नहीं बल्कि बंदूक और आदमी थे और वह अपने उन आदमियों को लोकेशन बता रहा था जो पहले ही पुलिसवालों को मौत के घाट उतारने के लिए निकल चुके थे।

अदालत बहुत दूर नहीं रह गई थी, तभी एक टाटा सूमो कार उनके आगे आ कर रुकी और वैन को ज़बरन ब्रेक लगाने पड़े। चार बंदूकधारी कार से उतरे और पुलिसवालों पर अंधाधुंध गोलियों की बौछार कर दी। पुलिसवाले कुछ नहीं कर सके। वे चारों कुछ ही सैकेंड में चित्त हो गए। डॉ. राजेंद्र कार में सवार हुआ और निकल गया पर कुछ समय बाद उसे फिर से गिरफ़्तार कर लिया गया ।

लकी को अच्छी तरह पता था कि इस आदमी का इतिहास क्या था और कैसे इसके सिर पर दो बड़े नेताओं का हाथ था। पहला आदमी था, मुहम्मद शहाबुद्दीन, बिहार का एक संसद सदस्य। वह एक कम्यूनिस्ट एक्टिविस्ट की हत्या का दोषी पाया गया और पंद्रह अन्य हत्याओं का भी आरोपी था। दूसरा आदमी था, मुख़्तार अंसारी, वह पहले से एक गैंगस्टर था जो अब नेता बन चुका था और एक एमएलए होने के अलावा यूपी के ख़ास इलाकों जैसे गाज़ीपुर, वाराणसी, जौनपुर और उसके अपने इलाके मऊ में ख़ासा अपराधिक दबदबा रखता था। इसी दोस्ती के चलते डॉ. राजेंद्र के लिए कानून को अपने हाथों में लेना बेहद आसान था और इस तरह वह एक कोल्ड-ब्लडिड किलर बन गया था। लकी को बहुत सावधानी बरतने की ज़रूरत थी।

"कमांडो भाई, मैं डॉक्टर राजेंद्र हूँ," उसने सलाखों के दूसरी ओर से लकी से कहा। "हम दोनों की अच्छी निभेगी।"

जगह और समय की पाबंदी की वजह से, वह बस इतना ही कह पाया। दिन बीतते गए और वह किसी न किसी तरह जुगाड़ लगा कर लकी से मिलता रहा और उसे समझाता रहा कि सही तरह के लोगों से हाथ मिलाने के बाद अंडरवर्ल्ड किस तरह बड़े-बड़े इनामों से लाद सकता था। वह लकी को समझाने की कोशिश में था कि उसे माफिया के साथ जुड़ जाना चाहिए ताकि उस इलाके में लकी के रोब और दबदबे का इस्तेमाल किया जा सके।

"मुझे इस बार सुनवाई के लिए एमपी की कोर्ट में ले जाया जाना है।" उसने लकी को ऐसी ही एक छोटी सी मुलाक़ात के दौरान बताया। "अपने आदमियों को बोलो कि गाड़ी की घेराबंदी करें और मुझे निकलने का रास्ता दिलवा दें।"

लकी हैरान रह गया। "तुम्हारे साथ जो बारह पुलिसवाले होंगे?" उसने हैरानी से पूछा

"उन सबको गोली से उड़ा दिया जाए।"

लकी सुन कर सकते में आ गया, डॉ. के चेहरे पर ऐसी बात कहते हुए शिकन तक नहीं थी। उसे एहसास हो गया कि उसका पाला एक सिरफिरे से पड़ा था। लकी ने राजेंद्र के बच कर भागने ही साज़िश में साथ देने से इंकार कर दिया। कानून व्यवस्था और पुलिसवालों के लिए नफ़रत होने के बावजूद, लकी ने उस कसम का मान रखा जो उसने कमांडो बनते समय ली थी, उसने कसम ली थी कि वह अपनी जान की बाज़ी लगा कर भी अपने देश और सभी विभागों के सुरक्षा कर्मचारियों की रक्षा करेगा। उसने एजेंसी को ख़बर भिजवा दी कि राजेंद्र बच कर बांग्लादेश निकलना चाहता है। उसे गाड़ी में कहीं न भेजा जाए। लकी ने सलाह दी कि राजेंद्र को पुलिस वैन में लाया-ले जाया जाए जिसके साथ हमेशा एक पायलट कार होनी चाहिए।

कोर्ट की अगली सुनवाई में लकी की माँ भी पिता के साथ मिलने आई। लकी इस बात से खुश नहीं था कि माँ को अदालत में मिलने के लिए लाया गया। इसके अलावा उन लोगों ने एक नया वकील भी नियुक्त किया था जो एक पेशी की पच्चीस हज़ार फ़ीस ले रहा था। लकी ने कार से बाहर आ कर कोर्ट की सारी कागज़ी कारवाई पूरी की और उसने उसके बाद जो दृश्य देखा, उसने उसका दिल पिघला दिया।

उसकी माँ मीडिया के आगे हाथ जोड़े खड़ी थी, जो लकी की हर सुनवाई के दौरान मक्खियों के झुंड की तरह जमा हो जाती थी, लकी की माँ मीडिया से आग्रह कर रही थी कि वे उसके बेटे को बदनाम करना बंद करें।

"मेरा बेटा निर्दोष है।" माँ ने अपने आगे पसरे माइकों की उठा-पटक के बीच कहा।

वह मीडिया के आगे खड़ी अपनी माँ की झुर्रियों से भरी देह को देख कर काँप गया। माँ के कंधे झुके हुए थे और वह दोनों हाथ जोड़े मीडिया के आगे विनती कर रही थी। वह आगे बढ़ा और हथकड़ियों में बँधे हाथों से ही माँ को घेरते हुए परे ले गया। मीडिया वाले उनका पीछा करने लगे, लकी माँ को साथ लिए वैन की ओर बढ़ रहा था, उसने अपने हाथों से माँ को घेरा हुआ था।

मीडिया ने उसके आगे भी माइक पसारते हुए सवालों की बौछार कर दी। वह अपनी माँ का बचाव करते हुए, माइकों को पीछे धकेल कर, किसी तरह अपना रास्ता बनाता रहा। तभी एक पत्रकारों में से एक ने पूछा, "लकी, अब जबकि वीरेंद्र बोहरा को जमानत मिल चुकी है और शायद एक सप्ताह में संजय आर्य को भी जमानत मिल जाएगी तो ऐसे में तुम्हें क्या लगता है कि तुम्हें कब तक जमानत मिलेगी?"

हालांकि यह कोई नई ख़बर नहीं थी, लकी का वकील कोर्ट से बाहर आते समय यह बता चुका था पर फिर भी उस सवाल ने लकी के

दिल पर तीर की तरह वार किया। माँ को बाँहों में भर लेना ही उसका इकलौता दिलासा बचा था। उसने माँ से विदा ली, यह भी नहीं जानता था कि दोबारा उनसे कब मुलाक़ात होगी।

वह वैन में बैठा। दरवाज़ा बंद हुआ और वैन चल दी। उसने सलाखों के पीछे से अपने माता-पिता को देखा। वह उनके चेहरों पर छाई मायूसी और हताशा से भरे भावों से नज़रें नहीं हटा सका। अचानक ही पल भर को दिमाग में ख़्याल कौंधा। डॉ. राजेंद्र कानून को उतनी ही अहमियत देता है, जितनी कानून हमें देता है, भला इसमें ग़लत ही क्या है!

वैन अदालत से बाहर निकली और मोड़ काट लिया। अब उसके माता-पिता दिखाई नहीं दे रहे थे पर उसने तय कर लिया था कि आज के बाद उन्हें ऐसी हालत में नहीं देखना। अब लकी अपनी ओर से जी-तोड़ कोशिश करने वाला था कि वह किसी तरह जेल की सलाखों से बाहर आ सके।

27
आख़िरी सवारी

5 सितंबर, 2011

इस दौरान, लीमा परगई और आर्य को उस वादी की ओर ले जा रहा था, जिस जगह से कोई वापसी संभव नहीं थी। कुछ ही मील के बाद, वह सड़क उन्हें हाईवे से जोड़ने वाली थी। एजेंट लीमा ने परगई से बहाना किया कि उसे कार चलाने दी जाए क्योंकि उसने आज तक फोर्ड नहीं चलाई थी। परगई ने थोड़ी सी हिचक के बाद उसकी बात मान ली और कार कोने में रोक दी। फिर उन दोनों ने सीटें बदल लीं।

लीमा ने कार चालू की और आगे की यात्रा जारी हो गई। लीमा चाहता था कि उन दो लोगों की ओर से उसकी जान को कोई ख़तरा न होने पाए। लीमा को अंदेशा था कि परगई किसी तरह उसकी सारी चाल भांप सकता था। हालांकि वे लोग जाल में फँस गए थे पर फिर भी उनके बारे में यकीन से कुछ नहीं कहा जा सकता था। उसने फ़ायरिंग पिन निकाल कर उनकी गन्स भी बरबाद कर दी थीं पर फिर भी उनके पास तरीकों की कमी नहीं थी। परगई पीछे से उसका गला दबोच सकता था।

तो लीमा ने तय किया कि सही समय आने तक वह खुद ही कार संभालेगा। उसने उन्हें जिस रास्ते से ले जाने की सोची थी उसके एक ओर गहरी खाईयाँ थीं। मोड़ काटने में ज़रा सी भी लापरवाही होते ही वे लोग किसी वाहन से भिड़ जाते या उनकी कार सीधा खाई में जाती जिससे तीनों की मौत होनी तय थी। परगई ऐसे हाल में गाड़ी चलाने वाले पर हमला करके सबकी जान जोखिम में नहीं डाल सकता था। हालांकि अगर ऐसा मौका आता और लीमा के पास कोई चारा न बचता तो शायद उसे कार को खाई में ले जाने से भी गुरेज़ न होता। वे दोनों देश के लिए कोढ़ बन चुके थे और लीमा किसी भी हाल में उनका ख़ात्मा करना चाहता था।

एजेंट लीमा की भविष्य में झाँकने की क्षमता और उसके अनुसार योजना तैयार करने की बुद्धि यहीं समाप्त नहीं हुई। उसने पिछला पूरा दिन अपनी ओर से गवाह तैयार करने में लगाया था ताकि अगर उस पर आगे जा कर इन दोनों की हत्या का आरोप लगे तो वह खुद को बरी करवा सके। एजेंसी ने परगई और आर्य के आसपास रहने वाले स्थानीय लोगों को पैसे दे कर एजेंट लीमा के खुफ़िया मिशन में साथ देने को राजी कर दिया था। लीमा एक-एक करके, उन तीनों से मिल चुका था और उन्हें रात को एक निश्चित समय पर कॉल करने और फिर फ़ोन रखने के लिए बोल चुका था। उसने कॉफ़ी शॉप के लिए आने से पहले, अपने फ़ोन को ऑटो आंसर पर डाल कर मेज़ पर ही छोड़ दिया था।

नैनीताल से चंडीगढ़ का रास्ता एक आम हाईवे था जिस पर वाहनों की आवाजाही लगी थी। सड़क पर दोनों और लगे लैंपों से रोशनी आ रही थी। लीमा लगातार अपने काम को अंजाम देने के लिए कोई कोना खोज रहा था पर हालात ऐसे बन ही नहीं पा रहे थे। उसे कार को नीम अंधेरे रास्ते पर उतारना पड़ा ताकि उस पर लोगों और वाहनों की आवाजाही कम हो और वह अपना काम कर सके। उसने बैक व्यू मिरर

को इस तरह रखा था कि राजू की हरकतों पर नज़र रखी जा सके। उसकी नज़रें विंडस्क्रीन और शीशे में दिख रहे परगई पर थीं और बायाँ हाथ कमर में छिपी पिस्तौल के पास था। वह लगातार 'शूट टू किल' के मूड में था, अगर ज़रा सा भी शक़ होता तो उसे उनके भेजे उड़ाने के लिए गोली चलाने में देर न लगती।

"राजू भाई, थोड़ा रास्ता बदल लेता हूँ।" लकी ने रियरव्यू मिरर में देख कर कहा। "किसी क्लाइंट से पिछली डील के तीन लाख लेने हैं।"

"क्यों नहीं?" परगई बोला। "ये पैसा एके-47 की डील में भी काम आ जाए शायद।"

परगई का लालच उस पर हावी हो रहा था। उसे लगा कि अगर डीलर के पास और माल हुआ तो इस अतिरिक्त पैसे से और ज़्यादा एके-47 खरीदी जा सकती थीं। लीमा कुछ पल के लिए दोराहे पर रुका। एक रास्ता नैनीताल से होते हुए चंडीगढ़ जा रहा था और दूसरा भीमताल की ओर जाता था, यह लंबा घुमावदार पहाड़ी रास्ता था जिसमें सड़कों पर लैंप नहीं थे और वाहनों की आवाजाही भी कम थी। लीमा ने अपनी कार भीमताल की ओर मोड़ ली।

कार तेज़ी से पहाड़ चढ़ती चली गई। अंधेरा घना होता जा रहा था और साथ चलने वाली खाईयाँ भी गहरी हो रही थीं। जब वे काफ़ी ऊँचाई पर आ गए तो बस कार की हैडलाइट से मिलने वाली रोशनी और इक्का-दुक्का वाहनों से आने वाली रोशनी के अलावा घना अंधेरा था। अपराधियों के लिए आगे का रास्ता असल में और ज़्यादा अंधेरे से भरपूर होता जा रहा था। रेडियो पर एक गाना बजने लगा और लीमा वादी में कार दौड़ाते हुए उसके साथ गाने लगा : *करे चांद तारों को, मशहूर इतना क्यों, कमबख़्त इनसे भी खूबसूरत है तू...*

आर्य ने सलमान ख़ान की फ़िल्म के नए गाने की लाइनों को पूरा किया जो कुछ हफ़्ते पहले ही रिलीज़ हुई थी - *आई लव यू-यू-यू।*

वे तीनों एक साथ हँसने लगे। पर लीमा की चौकसी बनी हुई थी। जब भी वह किसी वाहन को पीछे से आता देखता तो वह अपनी कार की गति धीमी कर लेता ताकि वह वाहन उनसे आगे निकल जाए और फिर वह अपनी सामान्य गति में आ जाता। वह इस बात को ध्यान में रखते हुए ऐसा कर रहा था कि कहीं परगई के आदमी उनका पीछा न कर रहे हों।

रात को साढे बारह बजे के क़रीब, तारीख़ 6 सितंबर 2011 हो चुकी थी। इलाके में थोड़े से बदलाव के साथ सफ़र थोड़ा शांत सा हो गया था। हर बीतते पल के साथ बाहर दिखाई देना कम होता जा रहा था। परगई ने लीमा से कहा कि किसी सुरक्षित जगह पर कार रोके ताकि डिक्की से कुछ बोतलें निकाल सकें। लीमा कार चलाते हुए एक थाने के पास आया जो एक कोने में बना था और उसके प्रवेश द्वार पर एक ट्यूब लाइट झूल रही थी। उसने स्टेशन से थोड़ा आगे कोने में कार रोक दीं।

"बोतलें निकाल लो।" लीमा ने परगई से कहा।

परगई नीचे उतरा। वह पुलिस स्टेशन और उस पर लगी ट्यूब को देख कर चिहुँका, "तुझे भी रोकने को यही जगह मिली?"

लीमा मुस्कुराया। "आपने ही तो कहा था कि किसी सुरक्षित जगह रोकना।"

वे दोनों फिर से ठहाका लगाने लगे। परगई घूम कर पीछे गया और शराब की बोतलें निकाल लीं। लीमा को स्टेशन के पास बाइक पर दो पुलिसवाले दिखे जो शायद गश्त पर थे। *अब तक उन्हें कोई और गश्ती सिपाही कैसे नहीं मिले थे?*

उसने परगई से कहा कि वह ज़्यादा न पीए क्योंकि अब उसे कार चलानी होगी।

परगई और आर्य पक्के पियक्कड़ थे। थोड़ी-बहुत शराब से उनका कुछ नहीं बिगड़ता था। सफ़र फिर से चालू हुआ और इस बार परगई कार चला रहा था। हल्की बूंदाबांदी होने लगी।

लीमा ने पेशाब का बहाना बनाया और परगई से श्यामखेत के पास कार रोकने को कहा। जब वह वापिस आया, तो उसने खिड़की का शीशा नीचे करने के लिए टहोका दिया। अमित ने शीशा नीचे किया और इसके बाद तो सब जानते ही हैं। *एजेंट लीमा ने देश के दो सबसे ज़्यादा ख़तरनाक अपराधियों का एक ही गोली से काम तमाम कर दिया।*

28

मुकदमे की सुनवाई

नवंबर 2013

अपनी जमानत की अर्ज़ी रद्द होने की ख़बर से लकी गुस्से से सुलग उठा। उसे वाकई यह समझ नहीं आ रहा था कि जो चार्जशीट दाख़िल की गई, उसमें कोई सुबूत शामिल नहीं थे और उसके अलावा बहुत सी कमियाँ भी थीं, इसके बावजूद अदालत ने उसकी जमानत की अपील नामंजूर क्यों कर दी थी। उसने तय किया कि वह एजेंसी को कॉल करके आड़े हाथों लेगा कि वे उसके मामले में अपनी ओर से कुछ नहीं कर सके। लकी ने फ़ोन को कान से लगाया, मन में दुःख और क्षोभ के मिले-जुले भाव थे। कॉल ली जाने से पहले, बहुत देर तक घंटी बजती रही।

"एजेंसी कब तक हाथ पर हाथ धरे अपना पिछवाड़ा सेंकती रहेगी?" लकी ने कहा, "मैं आज तक जेल में क्यों सड़ रहा हूँ?"

"लकी शांत हो जाओ।" एजेंसी के प्रतिनिधि ने कहा। "हमें तुम्हारी जमानत के बारे में तुमसे ज़्यादा चिंता है।"

एजेंसी के आदमी ने बताया कि मौजूदा सरकार 2014 में आने वाले चुनावों में सत्ता से हटने वाली थी और इस तरह उसके इस मामले से बरी होने की संभावना और बढ़ने वाली थी। लकी बुरी तरह से परेशान हो चुका था। "मुझसे तब तक सलाखों के पीछे बैठने की उम्मीद मत रखना। क्या मुझे यह भी याद दिलाने की ज़रूरत है कि आप ऐसे आदमी से बात कर रहे हैं जो बांग्लादेश की सख़्त निगरानी के बीच निकल आया था? मैं किसी न किसी तरह बाहर आ जाऊँगा।"

लकी ने खीझ कर फ़ोन रख दिया। वह बार-बार उन्हीं झूठे वादों की वजह से तंग आ गया था। उसे अच्छी तरह पता था कि राजनीतिक दबाव के चलते ही अदालत ने उसकी जमानत नामंजूर कर दी थी। उसके आदमी उसे बता चुके थे कि सत्तारूढ़ दल का एक बड़ा नेता नीरज जोशी कुछ घंटे पहले अदालत के आसपास देखा गया, जब लकी की जमानत की अर्ज़ी रद्द की गई। उसने नीरज जोशी को कॉल करके पूछा कि वह अदालत में क्यों गया था।

नीरज ने कहा, "कुछ कागज़ी कारवाई करनी थी।"

लकी बोला, "तुम ऑल्टो में गए थे। तुम्हारे पास तो महँगी और ऊँची गाड़ियों का पूरा काफ़िला है तो ऑल्टो में जाने की क्या तुक थी। तुम्हें क्या लगा कि एक साधारण गाड़ी में छिप कर मुझे उल्लू बना सकते हो?"

नीरज जोशी को कोई जवाब नहीं सूझा और फिर चुप्पी छा गई।

"जोशी जी भगवान को हाथ जोड़ो कि मुझे पता न लगे कि अदालत में मेरी जमानत रद्द होने का सिरा आपसे जुड़ा था वरना यह सच निकला तो सड़क के बीच में आ कर गोली दागने में देर नहीं होगी। और मुझे इस बात से कोई फर्क़ नहीं पड़ता कि आप हमेशा दर्जनों लोगों से घिरे रहते हो।"

और उसने कॉल काट दी। लकी परेशान था। वह हताश और मायूस महसूस कर रहा था। एजेंसी पर भरोसा टूट चुका था। आत्म-संदेह और बेचारगी ने घेर लिया था। आख़िर तक अपने लिए लड़ने का मनोबल टूटने लगा था।

वह चाहता था कि अश्मिता से बात करने का मौका मिल जाए ताकि मन की मायूसी थोड़ी घुल सके। उसने अश्मिता को मैसेज किया कि क्या वह उसे कॉल कर सकता था। उसकी ओर से कोई ज़वाब नहीं आया। उसने फ़ोन परे रख दिया। जब उसने दोबारा फ़ोन देखा तो अश्मिता के नंबर से बहुत सारी मिस्ड कॉल दिखीं। उसने झट से उसे कॉल लगाया। पर अश्मिता से अपने दुःखों को दूर करने की उम्मीद रखना, हमेशा की तरह भयंकर भूल साबित हुई। उसने उसी बातचीत के दौरान जाना कि वह किसी ऐसे लड़के से मिल रही थी जिसके पास बी.टेक. की डिग्री थी और उसका आने वाला कल पूरी तरह सुरक्षित और उज्ज्वल था। उसने अश्मिता को बधाई दी और अपनी बातचीत को पहले ही ख़त्म कर दिया।

इस सदमे से उबरने में कई दिन लगे। पर फिर वह नए जोश और हौसले के साथ अदालत में अपने मुकदमे के पहले दिन की तैयारी करने लगा। उसने लीवाइस स्टोर के मालिक को फ़ोन किया, जिसकी दुकान जेल के पास ही थी। फिर लकी ने अपने लिए पाँच जींस और मैचिंग शर्ट्स का ऑर्डर दिया।

“यह मेरे मुकदमे का पहला दिन है।” वह बोला। “बहुत सारा मीड़िया जुटेगा। तेरा छोटा भाई हीरो जैसा लगना चाहिए, समझा?”

“पर मेरा तो कोई छोटा भाई ही नहीं है।” दुकानदार बोला।

“तेरा छोटा भाई है।” लकी बोला। “मैं तुम्हारे छोटे भाई जैसा ही तो हूँ, नहीं हूँ क्या?”

दुकानदार समझ गया कि लकी उसे छिपे अंदाज़ में धमका रहा था। उसने खुद को इस हालात से निकालने की नाक़ाम कोशिश की

"पर मेरी दुकान तो आपके मुकदमे वाले दिन बंद होगी, लकी भाई।" स्टोर का मालिक बोला।

"अगर मेरे कपड़े नहीं आए तो ये दुकान हमेशा के लिए बंद हो जाएगी।" लकी ने कहा।

दुकानदार समझ गया और सुनवाई से एक दिन पहले जींस और शर्ट से भरा बैग ले कर हाज़िर हो गया। अगले दिन, लकी कैमरों की फ़्लैश और क्लिक्स के बीच अपने शानदार कपड़ों में पुलिस की वैन से उतरा और मीडियो वालों ने उसे घेर लिया। पुलिसवाले उसे हथकड़ियों में जकड़ कर अंदर की ओर ले जाने लगे। उन्हें भीड़ को लकी से परे रखने में काफ़ी मशक्कत करनी पड़ी। किसी तरह एक मीडिया वाला आगे पहुँच ही गया और अपना सवाल दागा, "लक्ष्मण बिष्ट, आपको क्या लगता है सरकार आपको जमानत क्यों नहीं दे रही?"

लकी मुस्कुरा कर बोला, "सवाल तो अच्छा है पर आपको इसे सरकार से ही पूछना चाहिए।"

पुलिसवाले लकी को तेज़ कदमों से बरामदे की ओर ले गए जिससे मीडिया वालों को मज़बूरन अपना ध्यान दूसरे आरोपियों पर लगाना पड़ाः संजय आर्य, मोंटू आर्य, वीरेंद्र बोरा और प्रकाश बोरा। कुछ पुलिसवाले उन चारों को अदालत लाए। उनकी ओर जनता का इतना ध्यान नहीं था।

उन्हें कोर्टरूम में ले जाने के बाद, एक कठघरे में एक साथ खड़ा कर दिया गया, उनके सामने वाले बॉक्स में ही लकी अकेला खड़ा था। दो पुलिसवाले दोनों कठघरों की निगरानी के लिए खड़े थे।

कमरे में लोगों की भारी भीड़ के बीच लकी के माता-पिता और दो बहनें मौजूद थे और उनकी आँखें लकी पर टिकी थीं। लकी ने उन्हें

मुस्कुरा कर दिलासा दिया कि वह पूरी तरह से ठीक था और वह बिना किसी परेशानी के इन बातों से उबर जाएगा।

मुकदमे की तैयारी के दौरान कमरे में लोगों की खुसर-पुसर के साथ, सहायकों की चहल-पहल भी बनी हुई। उनके अलावा कुछ और वकील भी किसी न किसी कोने में खड़े, इस सुनवाई को सुनने के इंतज़ार में थे जो शायद शहर का सबसे बड़ा और सनसनीखेज़ मर्डर केस होने वाला था। लेडी जज ने आदेश दिया कि अभियोग पक्ष के पहले गवाह को अदालत में पेश किया जाए।

राजू परगई का मामा जमन सिंह, कोर्टरूम में आया और कठघरे में खड़ा हो गया। पेशे से ऑटोरिक्शा चलाने वाला सिंह, राजू का मामा था और वही पहला इंसान था जिसने लकी के ख़िलाफ़ एफआईआर लिखवाई थी। शायद अपने भांजे की मौत से सबसे ज़्यादा फ़ायदा उसे ही होने वाला था। परगई की अपने भाईयों से नहीं बनती थी, यही वजह थी कि वह अपनी सारी दौलत मामा के नाम कर चुका था।

सिंह ने भी परगई से जुड़ी हर चीज़ अपने क़ब्ज़े में करने में देर नहीं की जिनमें उसकी दो बीवियाँ भी शामिल थीं, जिनके साथ वह इस समय रह रहा था। जज ने कोर्ट को कारवाई करने का हुक्म दिया और पूरे कोर्ट में सन्नाटा छा गया।

राज्य के टॉप क्रिमिनल वकीलों में से एक, अभियोग पक्ष का प्रतिनिधित्व कर रहा था। वह अपने हाथ में एफआईआर के कुछ पन्ने ले कर उठा। वह लकी और दूसरे आरोपियों के पास आया और उन काग़ज़ों में से पढ़ने लगा। उन काग़जों में लिखा था कि जमन सिंह ने अपने भांजे परगई और अमित आर्य को लकी के साथ एक कार में और बाकी आरोपियों को भी हत्या वाली रात देखा था। उसमें लिखा था कि सिंह को सुबह आठ बजे क़त्ल का पता चला और वह नौ बजे स्थानीय

पुलिस स्टेशन में लकी और बाकी चार आरोपियों (ऐसे व्यक्ति जिनकी पहचान नहीं हो पाई थी) के ख़िलाफ़ एफआईआर दर्ज करवाने गया।

वकील ने अपना ध्यान महिला जज की ओर लगाते हुए उन्हें बताया कि सिंह की गवाही में लकी और उसके साथियों के नाम पूरी तरह से स्पष्ट थे जो परगई और अमित के साथ उस जगह मौजूद थे, जहाँ उनकी लाशें बरामद हुईं। उसने कहा, "लकी और उसके दोस्त ही इस निर्दयी दोहरे हत्याकांड के मुजरिम हैं।"

जज के कहने पर लकी के वकील ने सिंह के पास आ कर जिरह चालू की।

उसने बड़े मीठे सुर में पूछा, "मि. सिंह, आपको कैसे पता चला कि आपके भांजे का क़त्ल कर दिया गया है?"

"पुलिस ने मुझे सुबह सूचना दी।"

"सुबह आठ बजे, है न? तो फिर आपने उसी समय एफआईआर दर्ज क्यों नहीं की? आपको मेरे क्लाइंट और अन्य मुलजिमों के ख़िलाफ़ शिकायत दर्ज करने में एक घंटा क्यों लगा जबकि आप उन सबको एक रात पहले अपने भांजे के साथ देख चुके थे?"

सिंह ने एक पल की हिचकिचाहट के बाद कहा, "मैं पूरी तरह से सदमे में था। मुझे थाने जाने से पहले, खुद को संभालने में थोड़ा वक़्त लगा।"

"बहुत अच्छी बात है। पर आपने पुलिस को जो शुरुआती बयान दिया, उसमें कहीं भी मेरे क्लाइंट लकी बिष्ट का नाम नहीं था, ऐसा क्यों?"

जमन सिंह खिसिया सा गया। गले में अटके थूक को अटकने के बाद उसने कहा कि परगई ने लकी के साथ चंडीगढ़ जाने का नाम लिया था। लकी को एहसास हो गया था कि पुलिसवालों ने ही सारे

ताने-बाने बुन कर केस तैयार किया था ताकि उसे फँसाया जा सके। असल में, सिंह ने पहले बयान में कहीं भी लकी का नाम नहीं लिया था। उसके बाद उसे तंग किया गया कि वह अगले बयान में लकी का नाम शामिल करे।

"मेहरबानी करके खुलासा करें, मि. सिंह।" बचाव पक्ष के वकील ने कहा। "इस केस में मेरे क्लाइंट के बारे में आप यह बात इतने यकीन से कैसे कह सकते हैं? आप तो उसे जानते तक नहीं।"

"वह संजय आर्य का दोस्त है जो योगेश सुनहरी का वफ़ादार था, जिसे मारने का आरोप मेरे भांजे पर था। बस उसके लिए मेरे भांजे को मारने का यही मक़सद काफ़ी रहा होगा।"

"आपके तर्क के हिसाब से तो संजय को प्रमुख अभियुक्त होना चाहिए, मेरे क्लाइंट को नहीं। और आपको यह कब पता चला कि मेरा क्लाइंट संजय आर्य का दोस्त था?"

"हत्या से क़रीब पंद्रह दिन पहले।"

"और फिर भी आपकी पहली शिकायत में मेरे क्लाइंट का कहीं नाम नहीं था?"

जमन बुरी तरह से घिर गया था, अब उसे चित्त करने का वक़्त आ गया था।

वकील की आवाज़ कोर्टरूम में गूंज उठी। "मि. सिंह आपको किसने बताया कि मेरा क्लाइंट संजय का दोस्त था और मेहरबानी करके झूठ न बोलें।"

"पुलिस ने।" सिंह चिल्लाया।

"कितनी अजीब बात है!" वकील ने एलान किया। "ऐसा लगता है कि हमारे गवाह ने वही स्क्रिप्ट रटी हुई है जो उसे पुलिस ने दी है।"

गवाह तो पहले ही चारों खाने चित्त हो चुका था। लकी का वकील यहीं नहीं रुका। उसने तय किया परगई के मामा को अभी और धूल चटानी होगी।

"योगेश सुनहरी का एक छोटा भाई है जिसका अपराधिक रिकॉर्ड रहा है।" वकील बोला। "वह अपने भाई के खून का बदला ले सकता था। मि. सिंह, आप इस बात पर रोशनी डाल सकते हैं कि मेरा क्लाइंट किसी ऐसे केस में क्यों उलझना चाहेगा जिसका उससे कोई लेन-देन ही नहीं है?"

लकी को मुजरिम साबित करने के लिए सिंह ने जो भी बेतुकी बातें कहीं, उन सबको ख़ारिज़ करने बाद वकील ने उससे पूछा कि क्या उसके पास ऐसी कोई भी वजह है जिस वजह से उसने लकी पर आरोप लगाए। सिंह ने अपनी ओर से एक आख़िरी कोशिश करते हुए कहा कि उसने हत्यास्थल पर मिली पिस्तौल पहचान ली थी, उसे पता था कि वह लकी की पिस्तौल थी।

इस बात को सुनते ही, लकी ने अपने वकील को पास बुला कर उसके कान में कुछ कहा। जज और श्रोता उन्हें हैरानी से देख रहे थे। वकील फिर से अपनी जगह आ कर खड़ा हुआ और जज से कहा कि सिंह जिस पिस्तौल कवर की बात कर रहा था, वह और कुछ नहीं बल्कि अंदर वाला हॉलस्टर है जो हमेशा पिस्तौल रखने वाले की पैंट के अंदर छिपा रहता है।

"हमारे गवाह ने खुद को और परेशानी में डाल दिया है।" वकील ने जज से कहा, "वह दावा करता है कि उसने अंदर वाले हॉलस्टर को कई बार लकी के पास देखा है जबकि ऐसा हॉलस्टर तो हमेशा कपड़ों के अंदर छिपा रहता है।"

जमन सिंह बुरी तरह से खिसिया गया। लकी के वकील ने जज से आगे कहा, "गवाह पुलिसवालों के कहने पर उसके क्लाइंट को इस केस

में फंसाना चाहता है जिससे हाई-प्रोफ़ाइल राजनीतिक साज़िश की बू आती है।" उसने यह भी कहा कि परगई और अमित जाने-माने गैंगस्टर थे जिन्होंने अपने माफ़िया कैरियर के दौरान बहुत सारे दुश्मन बना लिए जो आख़िरकार उनकी मौतों की वजह बने। शायद उन्हें मेरे क्लाइंट ने नहीं बल्कि उनके ही किसी दुश्मन ने मारा है। वकील ने इस बात पर ज़ोर दिया और अपनी जगह जा कर बैठ गया।

लकी मुस्कुराया। वकील ने अच्छा काम किया था। कोर्ट को स्थगित कर दिया गया और जज ने अगली सुनवाई की तारीख़ दे दी। लकी अदालत के बाहर अपने माता-पिता से मिला। उसने उनका आशीर्वाद लेने के बाद छोटी बहनों को समझाया कि वे उनका ध्यान रखें और लकी की परेशानियों को अपनी पढ़ाई पर हावी न होने दें। फिर लकी ने पुलिसवाले से पूछा कि क्या वह अपने वकील से अकेले में एक मिनट बात कर सकता था। उसने अपने वकील से आगे होने वाली सुनवाईयों में अपनाए जाने वाले एक्शन प्लान की बात की और जेल वापिस जाने से पहले चार्जशीट की कॉपी देने को कहा।

जेल पहुँचने पर, लकी ने चार्जशीट को आराम से देखने के बाद अपने वकील को कॉल किया। उसने उससे कहा कि वह अगली गवाही को विलंबित करे जो केस के लिए बहुत अहम थी। असल में लकी उस गवाह के बारे में कुछ जानकारी पाना चाहता था जो एफआईआर के बयान पर भारी असर डाल सकती थी। उसके वकील ने ज़रूरी प्रबंध करवा दिए। अगली सुनवाई को इसलिए टाला गया क्योंकि एक सह-अभियुक्त मोंटू आर्य को तेज़ बुखार था और वह अदालत में नहीं आ सकता था।

लकी के वकील ने अगली सुनवाई का दिन आने तक लकी की माँगी गई सारी जानकारी जुटा ली थी। यह गवाही अपने-आप में बहुत अहमियत रखती थी, यह गवाह कोई और नहीं बल्कि राजू परगई की पहली पत्नी थी।

29
मिसेज परगई से हुई चूक

परगई की पहली पत्नी को देख कर लगा कि वह बहुत कम बोलती थी। वह कठघरे में आ कर खड़ी हुई और ज़मीन पर नज़रें टिका दीं। अभियोग पक्ष का वकील कठघरे के पास आ कर गवाहों के बयान पढ़ने लगा। उसमें कहा गया था कि वह लकी बिष्ट को अपराधी के तौर पर पहचान चुकी थी जो हत्या से एक महीने पहले, परगई के साथ उनके घर आया था। आगे यह भी कहा गया कि उसने लकी को चंडीगढ़ दौरे की बात करते सुना था, जिसे सुन कर परगई ने हामी भरी थी। परगई ने लकी को बताया था कि उसने सौदा करने के लिए लगभग पाँच लाख आठ हज़ार रूपए का इंतज़ाम कर लिया था।

वादी का दावा था कि परगई की पत्नी की गवाही से साफ़ था कि लकी ने ही परगई के साथ चंडीगढ़ जाने की योजना बनाई थी और कार में मौजूद पैसा परगई ने लकी के कहने पर ही साथ लिया था। अदालत के सामने इस बात पर ज़ोर दिया गया कि लकी ही इस दोहरे हत्याकांड को रचने और अंजाम देने वाला इकलौता आदमी था, इसके बाद वह अपनी कुर्सी पर जा कर बैठ गया।

लकी का वकील अपनी जगह से उठ कर जिरह करने आया और उसने अपने सवाल ठीक उसी तरह दागने शुरू किए जैसे लकी चार्जशीट देखने के बाद बता चुका था।

"आपकी और राजू परगई की शादी को कितना समय हो गया?"

"सात साल।" वह बोली।

"आपके पति क्या काम करते थे?"

"वे रियल एस्टेट के काम में थे और प्रॉपर्टी में डील करते थे।"

वकील ने पूछा कि परगई का ऑफ़िस किस जगह था। उसने बताया कि परगई का कोई ऑफ़िस नहीं था और वह घर से अपना काम देखता था। वकील ने पलटवार करते हुए कहा कि पूरा शहर जानता था कि उसका पति एक बहुत बड़ा गैंगस्टर था और वह उसके ग्राहक को झूठे केस में फँसाने के लिए झूठों का पुलिंदा बना रही थी।

उसने अपना सिर पीछे झटका, "मेरे पति एक प्रॉपर्टी डीलर थे, मुझे बस इतना ही पता है।"

वकील अपने मेज़ के पास गया और कुछ कागज़ उठा लिए। फिर उसने स्टेप्लर लगे उन कागज़ों को जज के पास भिजवा दिया। जब जज उन्हें देख रहे थे तो वकील ने बताया कि उन कागज़ों पर मिसेज परगई के जेल विजिट के रिकॉर्ड दर्ज थे। जब परगई को योगेश सुनहरी मर्डर के सिलसिले में जेल में रखा गया था तो उसकी पत्नी उससे मिलने जेल जाया करती थी।

"जज साहब, तेरह बार।" वह बोला। "ये राजू परगई से जेल में तेरह बार मिलने गईं। ये दस्तावेज़ इस बात का सुबूत हैं कि ये झूठ बोल रही हैं। ये अब भी यही कहती हैं कि इन्हें इस बात का कोई अंदाज़ा नहीं कि इनके पति क्या गुल खिलाते थे।"

उसने अदालत का ध्यान इस बात की ओर दिलाया कि जिस व्यक्ति पर अठारह गंभीर क्रिमिनल केस चल रहे हों, उसकी पत्नी को उसके बारे में कुछ भी पता न हो, यह कैसे संभव है।

"मेरा क्लाइंट आपके घर कब आया।" उसने मिसेज परगई से पूछा। "प्लीज, मुझे याद दिलाइए।"

"इस घटना से लगभग एक महीना पहले।" वह बोली।

"मिसेज परगई, यह भी एक झूठ है। मेरा क्लाइंट तो इस घटना से एक महीने पहले उत्तराखंड में मौजूद ही नहीं था। इसके सर्विस रिकॉर्ड से देख सकते हैं।"

फिर उसने पूछा कि क्या उसके पति के पास उस पिस्तौल का लाइसेंस था जिसे वह नैनीताल की सड़कों पर खुलेआम लिए घूमते थे। मिसेज परगई ने इंकार किया। वकील ने इसी बात को सुबूत के तौर पर इस्तेमाल करते हुए अदालत को कहा कि जो इंसान कानून का सम्मान नहीं करता, उसके लिए इस बात से इंकार नहीं किया जा सकता कि वह ऐसे गैरकानूनी कामों में भी शामिल रहा होगा, जिसमें उसकी जान जाने का पूरा ख़तरा था। इस दौरान, मिसेज परगई नज़रें नीची किए खड़ी रही, उसने एक बार भी लकी या उसके वकील की ओर मुँह उठा कर नहीं देखा।

वकील ने अपनी जिरह जारी करते हुए एलान किया कि गवाह के बयान में जो बातें कही गई हैं, वह अस्पष्ट हैं और भरोसे के लायक नहीं हैं। मिसेज परगई झूठ का जाल बुनते हुए उसके क्लाइंट पर लगे झूठे आरोपों को सच साबित करने की कोशिश में हैं।

अदालत को बरख़ास्त कर दिया गया और वकील ने लकी को बाहर मिलने के बाद बताया कि पहली दो जिरह उनके हक़ में गई थीं इसलिए अब वह हाई कोर्ट में उसकी जमानत के लिए अर्ज़ी देने जा रहा था।

लकी को पूरा भरोसा था कि इस बार कोर्ट के पास उसकी जमानत की अर्ज़ी रद्द करने की कोई वजह नहीं होगी।

लकी को अदालत से बाहर जाते हुए एक आदमी दिखाई दिया जो उससे अपनी नज़रें नहीं हटा पा रहा था। फिर उसे अपनी वैन के पीछे एक होंडा सिटी कार दिखाई दी जो उनका पीछा कर रही थी। कार में वही आदमी बैठा था और लकी समझ गया कि वह एजेंसी का आदमी था। लकी की वैन को होटल के पास खाने और फ़्रेश होने के लिए रोका गया। वह कार भी वहीं रुक गई। कार से दो आदमी निकले और वैन के पुलिसवालों से पूछताछ करने लगे। वे जानना चाह रहे थे कि पुलिसवाले किस जेल से आए थे। लकी चौकस हो गया।

"तुम लोग क्यों पूछ रहे हो?" पुलिसवालों में से एक ने पूछा।

"हमारा भाई, डी.पी. यादव ज़ल्द ही देहरादून जेल में आने वाला है।" उसने कहा।

लकी समझ गया कि अब उसका भी तबादला होने वाला था। इस बार उसे देहरादून जेल भेजा जाना था और वहाँ उसे डी.पी. यादव के संपर्क में रहना होगा।

जेल वापिस आते ही उसे तबादले का आदेश मिला और लकी का अंदाज़ा सही निकला। अब उसे देहरादून जेल भेजा जा रहा था। पहले उसे हलद्वानी जेल ले जाया गया, जहाँ उसे देहरादून जाने से पहले एक दिन बिताना था। उस जगह के जेलर को लकी के एक दिन के प्रवास से भी परेशानी हो गई पर लकी की निगरानी के लिए साथ चलने वाले पुलिसवालों की कमी की वजह से लकी को उस जेल में ग्यारह दिन रखना पड़ा।

देहरादून जेल, पूरे राज्य की जेलों के प्रशासन के मुक़ाबले थोड़ी असामान्य मानी जाती थी। सुपरिटेंडेंट महिंद्र सिंह ग्वाल अपनी जेल के

कैदियों से होने वाली छोटी से छोटी भूल की भी कड़ी सज़ा देने से बाज़ नहीं आते थे। उनका मानना था कि अपराधी को केवल शारीरिक यातना देने के बजाए मानसिक रूप से कष्ट दिया जाना चाहिए।

हमेशा की तरह, लकी अपनी कोठरी के कैदियों में घुल-मिल गया और उसने उनके साथ लूडो खेलना चालू कर दिया। एक बार, लकी अपनी कोठरी की ओर जा रहा था, उसने देखा कि एक कैदी को गुड़ वाले पानी से नहलाने के बाद, सज़ा देने के लिए तपते सूरज के नीचे सूखने के लिए छोड़ दिया गया था। ग्वाल अपनी जेल में इस तरह की सज़ाएँ दिया करते।

हालांकि ग्वाल सुपरिटेंडेंट थे इसलिए उन्हें रोज़ जेल आने की ज़रूरत नहीं थी। वे समय-समय पर जेल का दौरा करने आते और जेल प्रशासन का भार उनकी तरह ही सख़्त और चालाक ऑफ़िसर वर्मा के ज़िम्मे था।

वर्मा भी निराले ही इंसान थे। वे भी ग्वाल की तरह, किसी भी कैदी की ज़्यादती सहन नहीं करते थे। पर इसके साथ ही अगर उन्हें पता लगा कि किसी कैदी को ग़लत तरीके से जेल में रखा जा रहा है, तो उसकी मदद करने से भी पीछे न हटते।

वर्मा पढ़े-लिखे संसाधनसंपन्न व्यक्ति थे। उन्हें न केवल जेल में आए सभी कैदियों के केस और आरोपों का पता रहता था बल्कि उनके पास अपने मुख़बिरों और ख़बरियों का पूरा नेटवर्क था जो उन्हें इस खेल में हमेशा एक कदम आगे रखता।

लकी जेल के नियम तोड़ कर, कोठरी में कैदियों के साथ लूडो खेलता था, यह बात उन्हें हजम नहीं हुई और जब लकी जेल में फुटबॉल खेल रहा था तो उन्होंने उसे बुलवा भेजा। उन्होंने लकी को सलाह दी कि उसे जेल में डाइस गेम नहीं खेलना चाहिए।

"मैं बोर हो रहा था।" लकी कुछ सुन कर राजी नहीं था। "मैं जेल में अपना समय कैसे बिताऊँ?"

वर्मा ने अपनी ओर आती गेंद लपकी और लकी को हैरानी से देखा। लकी अडोल खड़ा रहा। वर्मा लकी को गिनाने लगे कि वह ट्रेनी रहने के दौरान कौन-कौन से रैंक्स और पदों पर रहा और फिर कमांडो के रूप में सर्टिफाइड किया गया। लकी जेलर की बुद्धिमता और जानकारी के स्तर को देख दंग रह गया। पर उसने होंठों पर चुप्पी का ताला लगाए रखा, उनकी बातों पर न तो इंकार किया और न ही हामी भरी। लकी को भी वर्मा के बारे में सब पता चल चुका था। उसे अच्छी तरह पता था कि वर्मा एसटीएफ के ख़बरी थे इसलिए उसके लिए चुप रहना ही बेहतर था।

"लूडो के अलावा और क्या पसंद है?" वर्मा ने पूछा।

"क्रिकेट।" लकी बोला।

"ठीक है। अब से लूडो खेलने की ज़रूरत नहीं है।"

वर्मा ने अगले ही दिन क्रिकेट किट का इंतज़ाम करवा दिया। देहरादून जेल के इतिहास में पहली बार, कैदी क्रिकेट खेलते देखे गए। लकी खुश था कि इस खेल के रूप में शारीरिक कसरत करने का मौका मिल गया।

इस दौरान अमर मणि त्रिपाठी को उनकी पत्नी के साथ गोरखपुर जेल में रखा गया था जो मधुमिता शुक्ला मर्डर केस में आरोपी थे। वे चार बार उत्तर प्रदेश के एमएलए रह चुके थे और अब उन्हें इसी अपराध के लिए देहरादून जेल भेजा जा रहा था।

9 मई 2003, मधुमिता शुक्ला, एक चौबीस साल की उभरती कवयित्री, उसके पेपर मिल कॉलोनी स्थित दो बेडरूम वाले अपार्टमेंट में दो लोग मिलने आए। उन्होंने उस पर बहुत पास से गोली दागी और बच कर भाग गए। पोस्टमार्टम की रिपोर्ट से पता चला कि मधुमिता सात महीने की गर्भवती थी और अमर मणि त्रिपाठी के बच्चे की माँ बनने वाली थी।

जांच-पड़ताल के बाद, सितंबर 2003 में अमर मणि त्रिपाठी को उस लड़की की हत्या के आरोप में बंदी बना लिया गया जिसके साथ उनके नाजायज़ संबंध था। मर्डर से जुड़ी खोज के दौरान उनकी पत्नी का नंबर सामने आया। कुछ ही दिन बाद, त्रिपाठी की पत्नी को भी इस जुर्म में शामिल होने के लिए बंदी बना लिया गया।

देहरादून जेल में कई वांछित गैंगस्टर और अपराधी रखे गए थे। उन्हें हत्या से ले कर उगाही और गबन जैसे मामलों में अंदर किया गया था। दो आईएएस अधिकारियों का मामला सबसे ज़्यादा गंभीर था जिन्हें लकी जेल में मिला था।

दोनों की उम्र अस्सी के आसपास थी और वे लगभग तीस साल पहले, 500 करोड़ का एक स्कैम कर चुके थे। जब लकी ने पूछा कि वे पूरे तीस साल तक गुनाहगार साबित होने से कैसे बचते रहे तो उन्होंने बताया कि उन्होंने दोषी ठहराए जाने पर, उस फ़ैसले को चुनौती दी और मामले को हाई कोर्ट तक ले गए। इस बार हाई कोर्ट ने उन्हें दोषी ठहरा दिया था। पर उन्हें पूरा यकीन था कि उन्हें बारह दिन में जमानत मिलने वाली थी। उन्होंने लकी को यह भी बताया कि वे लोग अपनी ओर से कोई जुगाड़ लगा रहे हैं, ऊपर तक पैसा खिलाना होगा और वे जेल से बाहर होंगे।

जब लकी ने दावे के दसवें दिन उनसे पूछताछ की तो पता चला कि उनके सारे दावे सच निकले। वे बड़ी आसानी से जेल के बाहर निकल गए।

कुछ दिन बाद, एक निलंबित पुलिस इंस्पेक्टर लकी से जेल में मिलने आया और बताया कि स्थानीय नेताओं में से एक, डी.पी. यादव को कुछ ही दिन बाद देहरादून जेल में भेजा जा रहा था। इंस्पेक्टर ने लकी को सलाह दी कि वह मंत्री का ध्यान रखे जो उसे जेल से बाहर निकालने में मदद कर सकता था।

यादव चार बार एमएलए रह चुका था और राज्य सभा और लोक सभा में एमपी भी रहा था। हालांकि हैरानी की बात यह थी कि उसकी राजनीतिक आकांक्षाओं के साथ-साथ अपराध की दुनिया में उतरने की आकांक्षाएँ भी कम नहीं थीं। कहा जाता था कि उसने महेंद्र सिंह भाटी की मिली-भगत से अवैध शराब बनाने और तस्करी करने के काम से अपराध की दुनिया में कदम रखा, महेंद्र सिंह भाटी उत्तर प्रदेश के दादरी चुनाव क्षेत्र से तीन बार एमएलए रह चुका था।

जब तक यादव चालीस की उम्र के लपेटे में आया, तो उसका रूतबा तो बढ़ा ही, इसके साथ ही उसके ख़िलाफ़ कई केस भी दर्ज हो चुके थे जिनमें शराब की अवैध तस्करी (जिसकी वजह से एक ही बार में 350 लोगों की जान गई) से ले कर डकैती, अपहरण और अपने मेंटोर महेंद्र सिंह भाटी की हत्या तक शामिल थी।

यादव और उसके आदमी दो दिन बाद जेल में आए और लकी किसी तरह उससे संपर्क करने में सफल रहा। यादव ने लकी से कहा कि वह उसे एक ही शर्त पर रिहा करवा सकता था कि लकी जेल से बाहर निकलने के बाद उसके अवैध शराब के धंधे को संभालेगा। लकी ने एजेंसी के साथ इस पेशकश पर बात की तो उन्होंने उसे ऐसे गैर-कानूनी कामों से दूर रहने और सुरक्षित रिहाई के लिए कानून व्यवस्था पर भरोसा रखने की सलाह दी। लकी ने इसी सलाह का पालन किया।

वह एजेंसी के कहे अनुसार यादव के आसपास ही रहा। वह नेता का भरोसा जीत कर उससे उसकी लगभग हर गैरकानूनी गतिविधि के बारे में पता लगाने में क़ामयाब रहा। उसे पता चला कि यादव एक ऐसे बैटिंग रैकेट में शामिल था जो भारत से पाकिस्तान और फिर दुबई तक फैला हुआ था। वह रैकेट देश की अर्थव्यवस्था को कमजोर बना रहा था क्योंकि महंगे बैटिंग रैकेट्स के माध्यम से देश का पैसा दूसरे देशों में जा रहा था। लकी ने यह सारी ख़बर तत्काल एजेंसी को दी और 2016 में

पुलिस कई हाई स्केल बैटिंग रैकेट को बेनक़ाब करने में क़ामयाब रही। प्रमुख समाचार पत्रों के संपादकीय में भी इनका ज़िक्र था और इसने देश के सारे राजनीतिक तंत्र में तूफान ला दिया।

मुकदमे में तीसरी सुनवाई के दिन, परगई की दूसरी पत्नी अगली गवाह के तौर पर सामने आने वाली थी, वह दिन आ पहुँचा था। वह सुनवाई ज़्यादा देर तक नहीं चल सकी क्योंकि वह परगई की दूसरी पत्नी के तौर पर कानूनी रूप से अपना दावा नहीं दिखा सकी। जज ने सुनवाई को इसी आधार पर रद्द कर दिया कि प्रॉसीक्यूशन ने झूठा गवाह पेश कर, अदालत को गुमराह करने की कोशिश की है। उनके लिए एक और दिन बदतर तरीके से बीता।

यह सब देख कर लकी की उम्मीदों को नई उमंग मिली और उसे लगा कि इस बार तो जमानत पक्की थी। जमानत मिलने की उम्मीद में मन बहुत खुश और हल्का लग रहा था। पर एक दिन, जब उसने सुबह का अख़बार उठा कर सुर्ख़ी पढ़ी तो उसे गहरा सदमा लगा – *हाई कोर्ट ने एक बार फिर लक्ष्मण बिष्ट की जमानत की अर्ज़ी रद्द कर दी!*

अदालत ने पिछली तीन सुनवाईयों में पेश किए गए तथ्यों और प्रमाणों को उपेक्षित करते हुए, एक बार फिर जमानत नामंजूर कर दी। लकी को पूरा यकीन था कि जो नेता परगई के नज़दीकी रहे, वे कभी नहीं चाहेंगे कि लकी आज़ाद हो।

30

एक्सरसाइज़ ब्रेकडाउन

जनवरी 2005

एक्सरसाइज़ ब्रेकडाउन, एक ऐसा अभ्यास था जो अपने नाम पर पूरा ख़रा उतरता था। लकी की टीम इस ड्रिल में पहले स्थान पर रही और ज़ोरा सिंह की खूब वाहवाही भी बटोरी पर जब दूसरी टीमों के कमांडो ज़ोरा की झिड़कियाँ खा रहे थे तो लकी को लगा उसकी फ़टकार से उसके कान के पर्दे फट जाएँगे। ज़ोरा ने उन्हें चुन-चुन कर ऐसी गालियाँ दीं कि सुनने वालों के तो होश गुल हुए ही, ज़ोरा के भी गले की नसें चीखने से तन गई थीं। दूसरी टीम के कमांडो मारे शर्म के सिर झुकाए खड़े थे। लकी के लिए अपनी हँसी को रोकना भारी हो रहा था, हालांकि वह अपने साथियों पर हो रहे इस अत्याचार के लिए काफ़ी हद तक ज़िम्मेदार था।

ज़ोरा सिंह दूसरी टीम से ऐसी बातें कहलवा रहा था जो उनकी आत्मा तक को भेद रही थीं। उसके आदेश से लड़के चिल्ला रहे थे, ‘हम अपने देश के गद्दार हैं।’ किसी सिपाही के लिए इससे बड़ा कोई अपमान या तिरस्कार नहीं हो सकता।

परंतु लकी को इस प्रकरण में ख़ास ही मज़ा आ रहा था। उसकी बाकी टीम थोड़ी ढीली-ढाली मुद्रा में खड़ी थी पर उन सबके चेहरे पर गर्व देखा जा सकता था जो अपने विरोधियों को हरा कर, ड्रिल में सबसे आगे आने की वजह से आया था।

एक्सरसाइज़ ब्रेकडाउन का लक्ष्य यही था कि कमांडोज़ को एक टीम की तरह काम करते हुए, अपने असला-बारूद के साथ दुश्मन के इलाके में जाना था, उस जगह विस्फोटक लगा कर दिए गए समय में वापिस आना था। इस तरह, इस ड्रिल में विस्फोटक और उन्हें उठाने वाले कमांडो सबसे ज़्यादा अहमियत रखते थे।

यह ड्रिल बिल्कुल असली परिदृश्य की तरह ही निभाई जानी थी इसलिए कमांडरों को स्निपर राइफ़लों और रॉकेट लॉन्चरों के बजाए लकड़ी के लट्ठे उठाने थे। इसके अलावा बीस-बीस किलो बजरी से भरे दो बोरे भी थे, जिन्हें विस्फोटक पदार्थ समझ कर उठाना था। बोरों पर प्रशिक्षण केंद्र की मुहर लगी थी जिसका मतलब था कि कोई भी कमांडो अपने टार्गेट प्वाइंट से पहले उसे खोल कर भार को कम करने की हिम्मत नहीं कर सकता था। सरप्राइज़ जांच के दौरान एक कमांडो के बोरे का भार लगभग एक किलो कम निकला तो उसे बाकी कमांडोज़ के सोने के बाद, रात को 16 किलोमीटर दौड़ की सज़ा पूरी करनी पड़ी; और वह भी पूरे सात दिन तक! प्रत्येक सामान का भार असली सामान के भार के हिसाब से ही तय किया गया था।

ज़ोरा ने अपने सामने नक़्शा फैला कर, हिस्सा लेने वाली टीमों को उस इलाके के बारे में बताया जिसमें ड्रिल होना था। उसने उस जगह पर निशान लगाया, जहाँ दुश्मन का गुप्त ठिकाना हो सकता था। उसी जगह पर विस्फोटक लगाए जाने थे।

हर बैच को दो हिस्सों में विभाजित किया गया। एक दल के पास स्निपर थे और दूसरे दल को रॉकेट लॉन्चर ले कर जाने थे। हर बैच

का एक कमांडो प्रमुख आदमी होने वाला था जो विस्फोटक से भरे बोरे उठाता। उसे यह ध्यान देना था कि दल का कोई सदस्य पीछे न छूटने पाए। अगर कोई कमांडो बीमार या चोटिल हो कर इस स्थिति में आ जाता कि आगे न जा सके तो ऐसे में उसी दल के सदस्यों की ज़िम्मेदारी थी कि वे उसे अपने कंधों पर ले कर चलेंगे। ज़ोरा सिंह ने लकी को घूरा और उसका नाम लेते हुए, नकली विस्फोटक यानी बजरी से भरे बोरे आगे ले आया।

ज़ोरा सिंह ने बोरों की ओर इशारा किया, "कमांडो, वह बोला। "विस्फोटक पदार्थ उठा लो।"

लकी का दिल खुशी से झूम उठा। वह ज़ोरा सिंह से मिली ज़िम्मेदारी से खुश था पर जब वह भार कंधों पर आया तो उसे समझ आया कि उसे क्या काम दिया गया था। उसे लगा मानो सारी दुनिया का भार उसके कधों पर आ गया हो। ज़ोरा सिंह दो में से एक बोरा उसके कंधे पर पटक चुका था और दूसरा बोरा, दूसरे कंधे पर रखने की तैयारी में था। लकी को अचानक एहसास हुआ कि उसे जिस तरह का काम दिया गया था, उसके हिसाब से तो यह ड्रिल उसके लिए बहुत चुनौती भरी होने वाली थी। दूसरी टीम के एक और कमांडो को अपनी यूनिट के लिए विस्फोटक उठाने का काम दिया गया था।

ड्रिल के दौरान, लकी रात बिताने के लिए कहीं जगह की तलाश में था। लकी का दल बहुत बुरा प्रदर्शन कर रहा था और रात के अंधेरे में हार की निराशा जैसे और भी बदतर हो कर सामने आ गई थी। वे दो बार सही रास्ते से भटक चुके थे। कमांडोज़ को अंधेरे का सामना करना पड़ रहा था, उनके पास न तो खाना बचा था और न ही आख़िर तक इतना भार उठा कर जाने की हिम्मत थी। लकी अपने कंधों पर रखे भार से हद तकलीफ़ में आया हुआ था।

ड्रिल के बीच, जब लगातार होने वाली बूंदाबांदी ने मैदान को गीला और दलदली बना दिया तो डि हेंचो लकी की मदद के लिए आगे आया। उसने उसका एक बोरा लिया और अपने भार के साथ-साथ, आगे पाँच किलोमीटर तक लकी का भार भी उठा कर ले गया।

अब वे जिस जगह आ चुके थे, वह असंख्य जोखिमों और चुनौतियों से भरी हुई थी। लकी का पूरा शरीर खरोंचों और चोटों से भरा था क्योंकि उनकी टीम घने जंगल में कांटेदार झाड़ियों और कांटेदार जंगली फूलों के बीच अपना रास्ता बनाती चल रही थी। जब वे घुटनों तक पानी भरे एक छोटे नाले को पार कर रहे थे तो लकी ने तय किया कि वह अपने विस्फोटक का बोरा फेंक देगा। वह अब उसे और नहीं उठा पा रहा था।

जब वे एक खुली जगह पर रात बिताने रुके तो उसे ऐसा करने का मौका मिल गया। कमांडोज़ को मशाल जलाने या किसी भी तरह से रोशनी करने की इजाज़त नहीं थी क्योंकि असल में दुश्मनों के आसपास होने पर, उनके छिपने के ठिकाने का पता लग सकता था। उन्हें रात के अंधेरे में, अंधेरे को ही दुश्मन के ख़िलाफ़ इस्तेमाल करते हुए अपने ऑप्रेशन पूरे करने होते थे। रात का अंधेरा ही उनके लिए आड़ का काम करता था। वे लोग दूसरी टीम से बहुत पीछे रह गए थे, इस बात को जान कर भी उनका मन हौसला टूट रहा था। लकी ने बोरे से बजरी निकाल दी और अगली सुबह उस भार के बिना अपनी ड्रिल शुरू की।

आख़िर में उनका दल फ़िनिशिंग प्वाइंट के पास आया, जिस जगह से हैलीकॉप्टर दोबारा उन्हें कैंप में वापिस ले जाने के लिए आने वाला था। लकी ने देखा कि उसके साथ वाली टीम इधर-उधर भटकते हुए समय बिता रही थी और उन्होंने अभी तक विस्फोटक प्लांट नहीं किए थे। वे लोग उस खरगोश की तरह पेश आ रहे थे जो दौड़ के आख़िर तक जाने से पहले आराम करने का निर्णय लेता है और यही सोचता है कि अभी कछुआ उससे बहुत दूर है।

लकी ने डि हेंचो की मदद से अपने बोरे में फिर से बजरी भर ली, जो उन्होंने फिनिशिंग लाइन तक जाने से पहले जमा कर ली थी। दूसरी टीम में से किसी को भी भनक तक नहीं पड़ी। ज़ल्द ही लकी की नज़र विरोधी टीम के प्रमुख कमांडो पर गई जो पेड़ के नीचे लेटा झपकी ले रहा था। उसके पास मोहर लगे विस्फोटक वाला बोरा ज्यों का त्यों धरा था।

लकी बड़े ही आराम से उसकी ओर बढ़ा और बोरे के पास बैठा डि हेंचो अपने लॉन्चर को साफ करने का दिखावा करता रहा। लकी ने उकड़ूँ बैठ कर मोहरबंद बोरे सावधानी से उसकी ओर खिसका लिए। जब बोरे उसकी पहुँच में आ गए तो वह उन्हें उठा कर, उतने ही आराम से वापिस लौट गया, जैसे आया था। उन दोनों ने अपने साथ लाए गए बोरों को तत्काल खाली किया और उन्हें दूर फेंक दिया ताकि किसी को उनकी चाल का पता न चल सके।

कुछ ही देर बाद उनके सिरों पर हैलीकॉप्टर की आवाज़ सुनाई दी। चॉपर अपनी सही जगह पर उतरा। ज़ोरा हैलीकॉप्टर से नीचे आया और पूछा कि कौन सी टीम पहले आई थी। दूसरी टीम ने झट से उस जगह पहले आने का दावा किया। पर जब ज़ोरा सिंह ने उन्हें उनके विस्फोटक दिखाने को कहा तो उनके पास कोई ज़वाब नहीं था।

लकी आगे आया और अपना विस्फोटकों से भरा बोरा दिखाया जो पूरी तरह से बंद था। ज़ोरा सिंह ने लकी की टीम को पहले स्थान पर माना पर वह दूसरी टीम पर आग-बबूला हो गया।

ज़ोरा सिंह दहाड़ा, "मेरे साथ दोहराओ, हम अपने ही देश के गद्दार हैं क्योंकि हमने अपने विस्फोटक खो दिए।"

विरोधी टीम के पास उसकी बात मानने के सिवा कोई चारा नहीं था। उन्होंने ड्रिल तो पहले पूरी की थी पर जो काम करने आए थे, जब वही पूरा नहीं हुआ तो ड्रिल चालू तक नहीं मानी जा सकती थी। हारे हुए

बैच में से कोई भी अपने विस्फोटक बोरों की चोरी के बारे में भी नहीं बोल सकता था क्योंकि कमांडो को ड्रिल में जो मूल्य सिखाए जा रहे थे, उनमें से एक यह भी था कि टीम अपने असला और बारूद की देख-रेख की ज़िम्मेदार मानी जाती थी।

लकी अब और सहन नहीं कर पाया। उसके मुँह से दबी हुई हँसी निकल ही गई। उसके साथ खड़े कमांडोज़ ने उसे चकरा कर देखा। डि हेंचो का ध्यान उसकी ओर गया। उसने आँखें तरेरीं, लकी को सवालिया निगाहों से देखने के बाद इशारा किया कि वह खुद पर क़ाबू रखे। यह वह दिन था, जब लकी ने साबित कर दिया था कि वह उन कमांडोज़ में से था जो अपने दुश्मन से जीतने के लिए कुछ भी करने को तैयार रहते थे, चाहे उन्हें ईमानदारी से पेश आना हो या फिर सही समय पर अक़्ल लगानी हो। प्यार और जंग में सब जायज़ था। और यह जंग थी।

31

द कमांडो रिटर्न्स

लकी के हाथ और पैर मोटी रस्सी से कस कर बँधे थे और वह स्विमिंग पूल पर बने चार डाइविंग बोर्ड में से एक के किनारे पर खड़ा था। उसके बाकी तीन बैचमेट के साथ भी यही हो रहा था जो बाकी तीन बोर्ड्स पर खड़े थे। वह पूल नौ फ़ीट दस इंच गहरा (तीन मीटर) था। लकी ने गहरी साँस ली, उसे रोका और बँधे हुए बाजुओं के साथ ही पानी में छलांग लगा दी। छपाक! वह पूल की दिशा में तेज़ गति से सनसनाती हवा को भेदते हुए आगे बढ़ा। वह सीधा पानी के नीचे था और देखते ही देखते वह पूल में डूबने लगा।

जब उनकी ट्रेनिंग पूरी होने वाली थी तो उन्हें ज़्यादा से ज़्यादा मनोवैज्ञानिक कौशल सिखाए जा रहे थे। किसी भी ऑपरेशन की सफलता के लिए हथियारों का कौशल जितना जरूरी था, मनोवैज्ञानिक कौशल भी उतने ही जरूरी थे। शारीरिक थकावट देने वाले ड्रिल्स पहले से कम हो चुके थे और उन ड्रिल्स को बढ़ा दिया गया जिनमें हथियारों में माहिर होने के अलावा, मनोवैज्ञानिक कौशल को भी किसी ऑप्रेशन की सफलता के लिए ज़रूरी माना जाता था। एडवांस्ड स्विमिंग ड्रिल भी ऐसा ही एक

ड्रिल था। इसे कैडेट की उन हालात में भी शांत और संभल कर रहने की क्षमता की जांच के लिए बनाया गया था जिनमें उसके लिए जान को जोखिम हो सकता था।

लकी ने डूबने की वजह से खोए हुए होश को संभालने के लिए एक-दो पल का समय लिया। फिर उसने बड़े आराम से खुद को पलटते हुए, चेहरा ऊपर किया और गेंद जैसे आकार में मुड़ गया ताकि हाथों में बँधी रस्सी तक अपने मुँह को ले जा सके।

इस परीक्षा में उन्हें हालात की गंभीरता को ध्यान में रखते हुए तत्काल बुद्धि और समझ के बल पर अपने हाथ-पैर खोलने थे और तैरते हुए पूल के दूसरी ओर आना था।

यह गांठ आसानी से खुलने वाली नहीं थी। इसके लिए शारीरिक श्रम करना था और पानी में डूबे होने की वजह से दम और ज़्यादा घुटने लगा। लकी की आँखों के आगे बार-बार अंधेरा आ जाता। उस गांठ से जूझते हुए ऐसा लग रहा था मानो वह मौत से जूझ रहा हो। आख़िर में उसने तय किया कि वह अपनी आँखें बंद रखेगा और पूरे जोश से गांठ पर ध्यान देगा और इस बार वह उसे खोलने में सफल रहा। वह फटाफट खुद को उस रस्सी से अलग करने लगा जो हर बार खिंचने पर उसके सिर को पीछे ले जाती थी। ज़ल्द ही उसके दोनों हाथ आज़ाद थे।

इस दौरान, लकी ने पानी के नीचे कुछ छोटे और आधे-अधूरे साँस लिए। उसके मुँह से पानी के बुलबुले आने लगे। टाँगों की ओर सीधा जाने के बजाए, उसने अपने खुले हाथों को एक-दो बार तैरने की मुद्रा में लहराया ताकि साँस न आने की वजह से होने वाले डर और घबराहट को कम किया जा सके। इस तरह अपनी मानसिक अवस्था पर क़ाबू पाने के बाद, उसने बड़ी होशियारी से अपने पैरों की रस्सी भी खोल दी।

वह गांठ ज़ल्द ही खुल गई। रस्सी को एक ओर झटकने के बाद, वह तेज़ी से सतह की ओर तैरने लगा। जब वह पूल से बाहर आने के लिए बने निशान की ओर तैरते हुए बढ़ा तो उसने कनखियों से अपने साथ पूल में उतरे लोगों के स्तर को देखना चाहा। हालांकि वह बड़ी देर तक साँस रोक कर रहा था पर अब भी वह तैराकी कला के नियमों के हिसाब से ही साँस ले रहा था।

ज़ोरा सिंह छाती पर हाथ बाँधे, पूल के दूसरी ओर खड़ा था। लकी पूल के दूसरी ओर पहुँचा और उचक कर बाहर निकल आया। उसने अपनी परीक्षा पास कर ली थी।

इतना करने के बाद उसने तीन अन्य साथियों की स्थिति पर गौर किया। उनमें से एक तो उसके ठीक पीछे ही पानी से बाहर आ चुका था और दूसरा कोने तक आने के लिए तैर रहा था।

पर अगले ही पल, ज़ोरा सिंह ने पूल में छलांग भरी और ओझल हो गया। वह कुछ मिनट के बाद दिखाई दिया, उसने तीसरे कमांडो को उठा रखा था जो पानी के नीचे ही बेहोश हो चुका था। उसके पैरों में अब भी रस्सी बँधी हुई थी। वहीं मौजूद डॉक्टरों ने पूल तक आने में देरी नहीं की और वे उसके उपचार में जुट गए। लकी ने चैन की साँस ली कि उसने ड्रिल पूरी कर ली थी।

कुछ दिन बाद, लकी अपने बैच के साथियों के साथ कक्षा में बैठा था। ज़ोरा उन्हें बता रहा था कि एक लड़ाकू के पास हथियारों के इस्तेमाल के अलावा सायओप (मनोवैज्ञानिक युद्ध नीति) साधने की कला होनी चाहिए। वह उनके प्रशिक्षण की अवधि की आख़िरी कक्षा थी।

“एक कमांडो को हमेशा खुफिया ऑप्रेशन के दौरान चौकस रहना चाहिए।” ज़ोरा सिंह ने कहा। “इनमें कहीं भी किसी लापरवाही की गुंजाईश नहीं होनी चाहिए। बिल्कुल भी नहीं।”

"अगर ज़रा सी भी चूक हुई तो सारा ऑप्रेशन फ़ेल हो सकता था और कई लोगों की जानें भी जा सकती थीं।"

"तुमने यह नियम तो सुना ही होगा, 'हर दुश्मन के लिए एक गोली।' पर मैं तुम्हें बता रहा हूँ - हर नेता के लिए एक गोली। अगर नेता को ख़त्म कर दोगे तो उसके पूरे झुंड का सफ़ाया हो जाएगा।

डि हेंचो और लकी ज़ोरा सिंह के शब्दों को गौर से सुन रहे थे। वे इन निर्देशों को पूरे मन से अपनाना चाहते थे।

"अपने दुश्मन की आँखें पढ़ना सीखो।" ज़ोरा सिंह ने कहा। "बाकी शरीर झूठ बोल सकता है, पर वे कभी झूठ नहीं बोलतीं।"

ज़ोरा सिंह ने कहा कि दुनिया की सबसे प्रिय तीन इच्छाओं की वजह से कोई भी मिशन ख़तरे में पड़ सकता था। वे थीं - पैसा, नशीले पदार्थ और सेक्स। उसने सलाह दी कि एक सच्चे कमांडो को इन बुराईयों से बचते हुए, अपने देश को सबसे ऊपर रखना चाहिए। उसने एक राज़ की बात भी बताई कि कमांडो को अंधेरे को अपना सबसे सच्चा दोस्त बनाना चाहिए।

"अपनी ओर से कभी लापरवाही मत बरतो, हमेशा सतर्क रहो।" ज़ोरा सिंह हाथों में छड़ी घुमाते हुए कक्षा में चक्कर लगा रहा था। "जिस जगह भी हो, उसी वातावरण में घुल-मिल जाओ।"

"एक अंडरकवर कमांडो को हमेशा सादे कपड़े पहनने चाहिए। आम आदमी जैसा हेयरस्टाइल रख कर, उसके रूटीन में ही जीना चाहिए। उसे ध्यान देना चाहिए कि वह इन बातों को ज़रा भी नज़रंदाज़ न करे। उसे हमेशा आम लोगों के बीच भी सचेत रहना चाहिए ताकि कुछ भी असाधारण दिखते ही कारवाई हो सके।"

"अपने दुश्मन को अगली चाल का पता मत चलने दो।" ज़ोरा सिंह ने आगे बताया। "*सरप्राइज़* ही कमांडो का सबसे बड़ा हथियार है।"

ज़ोरा सिंह जिस तरह मनोविज्ञान के एक से दूसरे पहलुओं पर बात करता था, लकी की इसके लिए दीवानगी बढ़ती ही गई और नतीजन वह इस विषय की लिखित परीक्षा में अच्छे अंकों से पास हुआ।

मैदान में ट्रेनिंग के आख़िरी दिन, लकी ने एक मुट्ठी मिट्टी ली और कपड़े की छोटी सी पोटली में बाँध ली। वह उस मिट्टी को इज़रायल में बीते समय की यादगार के तौर पर पास रखना चाहता था। भारतीय परंपरा में, जहाँ व्यक्ति प्रदर्शन करता है, उस जगह या मिट्टी को बहुत मान दिया जाता है। हालांकि लकी इज़रायल से भावात्मक रूप से जुड़ाव महसूस करता था पर वह उस माटी को साथ नहीं लाया। अंत में, उसे लगा कि कुल मिला कर केवल एक ही देश को उसकी संपूर्ण निष्ठा मिलनी चाहिए। और वह देश भारत था, केवल भारत।

एजेंसी ने प्रशिक्षण के आख़िरी औपचारिक दिन पर फ़ेयरवेल पार्टी आयोजित की। डिनर में तरह-तरह के स्वादिष्ट व्यंजन परोसे गए। संगीत भी कमांडोज़ को रिलेक्स करने में अपनी भूमिका निभा रहा था, उन्हें तो लगने लगा था कि उनके कष्टों और परेशानियों का कभी अंत ही नहीं होगा। सभी बैचों और देशों के प्रशिक्षण लेने वाले जवान और सुपीरियर अधिकारी आपस में घुल-मिल कर बातें कर रहे थे।

उस दिन तो ज़ोरा सिंह एक अलग ही इंसान लग रहा था। मूड बड़ा अच्छा था और चेहरे पर सख़्ती के भाव नहीं थे। लकी, डि हेंचो और उनके बैच के कुछ और साथियों ने ज़ोरा के आसपास घेरा डाला हुआ था। वह काउंटर के पास बैठा अपनी व्हिस्की से घूँट भर रहा था। आज वह एक कड़क ट्रेनर के चोले में होने के बजाए अपने जवानों को अपनी हाजिरज़वाबी और चुटकुलों से हँसा रहा था।

“सर”, लकी बोला, “क्या हमें चिल्लाना चाहिए ताकि आपकी पत्नी को पता चल जाए कि आप कुछ ही देर में घर पहुँचने वाले हैं।”

"नहीं", ज़ोरा सिंह ने कहा, "ऐसा करने की ज़रूरत नहीं पड़ेगी।"

"क्यों सर?"

"क्योंकि मेरी शादी ही नहीं हुई।" ज़ोरा सिंह ने आँख दबाई। "कभी हुई ही नहीं थी!"

यह कह कर ज़ोरा ने अपना गिलास खाली किया और ऐसे बच्चे की तरह खिलखिलाने लगा जिसे किसी ने गुदगुदी कर दी हो। लकी और डि हेंचो ने एक-दूसरे को देखा। अगले ही पल, कमांडोज़ का पूरा दल बेहताशा ठहाके लगा रहा था जिसकी आवाज़ में धीमा संगीत भी दब सा गया।

अगली सुबह, तेल अवीव का एयरपोर्ट ट्रेनीज़ से भरा था जो पूरे ढाई साल बाद अपने घरों को वापिस जाने वाले थे और खुशी से फूले नहीं समा रहे थे। लकी और डि हेंचो उस जगह खड़े थे, जहाँ उन्हें एक-दूसरे से विदा लेनी थी, शायद बाकी बचे हुए पूरे जीवन के लिए!

उन्होंने आपस में मुटिठ्याँ टकराईं और अपनी टूटी-फूटी अंग्रेज़ी की मदद से अपनेपन और देख-रेख से भरी कुछ बातें कीं जो उनकी दोस्ती की देन थीं। पर डि हेंचो के दिमाग में कुछ और ही चल रहा था, वह उन दोनों की दोस्ती की थाह मापना चाहता था।

उसने अपना हाथ लकी के कंधे पर रखा। "आने वाले समय में, अगर हमारे देशों के बीच जंग छिड़ी तो क्या तुम मुझ पर गोली चला दोगे?"

लकी ने एक पल के लिए सोचा, "हाँ", उसने सोच कर कहा, "मैं अपने देश के लिए कुछ भी करूँगा।"

डि हेंचो के चेहरे का उत्साह उसी समय ओझल हो गया। लकी को अपने पेट में ऐंठन सी महसूस हुई। उसने अभी जो ज़वाब दिया, उसका साथी उससे ऐसे ज़वाब की उम्मीद नहीं कर रहा था। हालात को हल्का

करने के लिहाज़ से लकी ने वही सवाल अपने साथी से किया, उसे उम्मीद थी कि वह भी यही ज़वाब देगा और फिर उसे एहसास हुआ कि ऐसे सवाल का कोई और ज़वाब हो ही नहीं सकता था।

पर डि हेंचो ने लकी के सवाल का कोई ज़वाब नहीं दिया। वह बस आगे बढ़ा और लकी के गले लग गया। फिर वह मुड़ा और अपने विमान की दिशा में चल दिया। लकी के लिए वह पल बहुत ही तकलीफ़देह था। कुछ घंटों बाद दिल्ली एयरपोर्ट पर वापसी से ही उसकी तकलीफ़ कम हुई। आख़िरकार, वह घर आ गया था। पर ज़ल्द ही, उसे दूसरी जगहों पर नियुक्ति के लिए जाना था।

32
क्या लकी बिष्ट सलाखों के पीछे रहेगा?

दिसंबर 2013

मीडिया की लगातार कवरेज ने सभी घटनाओं को एक बदसूरत अंजाम दे दिया था। न्यूज़ चैनल्स लगातार अपनी-अपनी ओर से बेतुकी थ्योरीज़ पेश कर रहे थे जिनमें कहीं कहा जा रहा था कि लकी माफ़िया मास्टरमाइंड था तो कहीं यह कहा जा रहा था कि वह राज्य के टॉप अपराधियों से मिला हुआ था। अथॉरिटीज़ ने हमेशा की तरह गहराई से सोचते हुए वही नतीजा निकाला जिसे वे सबसे बेहतर मानते थे, उन्होंने लकी को टिहरी जेल भेजने का फ़ैसला लिया। वे चाहते थे कि वह अपने होम ग्राउंड से दूर हो जाए और उसे 300 कि.मी. दूर भेजने के बाद, वे सभी रास्ते बंद हो जाएँ जिनसे वह अपने आदमियों और स्थानीय लोगों के संपर्क में रह सकता था।

लकी को उस जेल में पहुँचने में बारह घंटे लगे जो गढ़वाल में स्थित थी। उसने अल्मोड़ा जेल से निकलने से पहले अपने जूतों के तलवों में बहुत सारी नक़दी छिपा ली थी। उसे कुछ पता नहीं था कि नई जेल और जेलर कैसे होंगे और वह कोई ख़तरा मोल नहीं लेना चाहता था। वैसे

भी, इतने कम समय में इतनी बार जेल बदले जाने का यही मतलब था कि अधिकारियों ने उस पर पैनी नज़र रखी हुई थी और नया जेलर उसे इतनी आसानी से जेल में इतना पैसा नहीं ले जाने देगा।

लगातार होने वाले तबादलों और खटारा वैनों में किए जाने वाले लंबे सफ़र ने लकी का दिमाग घुमा दिया था। इस जेल यात्रा में उसके साथ एक बुजुर्ग पुलिसवाले को भेजा गया था।

उसने रुखाई से कहा, "चाचा, तुम किसी अपराधी से जुर्म कैसे कुबूल करवाते हो?"

"हमारा डंडा सब उगलवा लेता है।" उसने ज़वाब दिया।

"ऐसी खटारा गाड़ियों में ले जाते होगे, तब तो हाथी भी मान लेता होगा कि वह खरगोश है।" लकी बोला।

सारे पुलिसवाले ठठा कर हँसने लगे। जब वे टिहरी जेल पहुँचे तो कैदियों के बीच 'टेंपो' के नाम से मशहूर जेलर, लकी को उसके सैल में ले गया। वह कैदियों की जेब से आख़िरी कौड़ी तक निकलवा लेने के लिए बदनाम था। सैल की ओर जाते हुए, उसे रास्ते में एक कैदी मिला और उसने उसकी जेब में रखा पाँच का सिक्का तक निकलवा लिया।

"तू इसे हथियार की तरह इस्तेमाल कर सकता है।" उसने दाँत निपोरते हुए कैदी से कहा।

लकी ने चैन की साँस ली। वह अपने जूतों में पैसे छिपा कर आराम से लाया था और इस जेलर को रिश्वत दे कर बस में किया जा सकता था।

वहीं वह राज्य के दो कुख्यात अपराधियों से मिला, जितिन रावत और सचिन खोकर। खोकर सुनील राठौड़ का भाई था, जिसने जेल में ही एक और कैदी मुन्ना बजरंगी की हत्या कर दी थी और ये ख़बर घर-घर तक फैल चुकी थी।

मुन्ना बजरंगी पर मर्डर से ले कर उगाही तक कई तरह के आरोप थे। उसे 8 जुलाई, 2018 को बागपत जेल में भेजा गया। उसी समय, सुनील राठी भी कई दूसरे मामलों में वहीं जेल काट रहा था। बजरंगी को अगले दिन एक उगाही के मामले में चले रहे केस के लिए अदालत ले जाना था। पर तभी जेल में एक पिस्टल चलने की तेज़ आवाज़ गूंजी।

सभी लोग उसी ओर भागे और मुन्ना बजरंगी अपने ही खून में सना पड़ा था और सुनील राठी की पिस्तौल उस पर तनी हुई थी जिसमें से अब भी धुआँ निकल रहा था। जब उससे बजरंगी की जान लेने की वजह पूछी गई तो उसने कहा कि बजरंगी ने उसे 'मोटू' कह कर चिढ़ाया था। हालांकि यह जेल में घटने वाली ऐसी पहली या आख़िरी वारदात नहीं थी।

लकी को अपने साथ रहने वाले कैदियों के साथ घुलने-मिलने में देर नहीं लगती थी और ज़ल्द ही उसने दो गैंगस्टर्स के साथ दोस्ती कर ली। जिति रावत का देहरादून में दबदबा था और सचिन खोकर पश्चिमी यू.पी. पर अपनी पकड़ रखता था। हालांकि जेलर टेंपो ऐसी बातों से बड़ी ज़ल्दी परेशान हो जाता था। लकी और उन दो गैंगस्टरों के बीच होने वाली दोस्ती ने उसे बड़ी ज़ल्दी परेशान कर दिया, जबकि पिछले किसी जेलर ने कभी इतनी ज़ल्दी ऐसी प्रतिक्रिया नहीं दी थी। हालांकि हर आम इंसान की तरह लकी की ज़िंदगी में भी ऐसे पल आते थे जब वह बहुत दुःखी और हताश महसूस करता। और ऐसे ही दिनों में पहाड़ों पर बनी जेलों की छोटी दीवारें फांदने का लालच मन में आने लगता।

"असल में, एक जेलर ने अदालत में अर्ज़ी तक दे दी थी कि लकी को उसकी जेल से हटा दिया जाए।" बलविंद्र सिंह ने कहा। "जेलर को चिंता थी कि लकी उन दीवारों को फांद कर भाग सकता था क्योंकि वह एक प्रशिक्षित कमांडो था।"

जेल से अपने नेटवर्क को सक्रिय करने के दौरान, लकी ने एक कॉलेज छात्र को स्वतंत्र प्रत्याशी के तौर पर आगामी कॉलेज चुनावों में खड़ा कर दिया। उसने आदमियों को निर्देश दिए कि उस छात्र का ध्यान रखें और उसे आवश्यक सहयोग देते रहें। रूलिंग पार्टी के बड़े मंत्रियों में से एक को यह बात नागवार गुज़री कि लकी किसी के ज़रिए राजनीतिक दुनिया में प्रवेश करने की कोशिश कर रहा था। ज़ल्द ही लकी को एक बिचौलिए से संदेश मिलने लगे जिसने चेतावनी दी कि अगर उस प्रत्याशी ने चुनावों से अपना नाम वापिस नहीं लिया तो मनीष नामक स्थानीय डॉन उसकी टाँगें तोड़ देगा।

लकी को फ़ोन की सख़्त ज़रूरत महसूस हुई, उसे पता था कि एक ही कॉल में मनीष की हरकतें बंद की जा सकती थीं। लकी के केस पर विस्तार से काम करने वाले पत्रकार भूपिंदर रावत ने बताया, लकी जेलर से काम निकलवाने की कोशिश कर चुका था। वह जिद पर अड़ गया कि उसे जेल में फ़ोन दिया जाए वरना वह जेल की दीवार फांद कर भाग जाएगा।

लकी ने जेल में फ़ोन लाने की एक और साज़िश रची।

कुछ ही दिन बाद, उसका एक दोस्त मिलने आया जिसके पास मिट्टी का बर्तन था। गेट पर खड़े दरबान ने बर्तन को देखा। वह देखने में किसी दूसरे मिट्टी के बर्तन की तरह था और अंदर से खाली था इसलिए उसने उसे अंदर ले जाने की इज़ाजत दे दी।

लकी के दोस्त ने वह बर्तन लकी को दे दिया। उसी शाम, जब लकी उस बर्तन को उठा कर एक से दूसरी जगह रख रहा था तो वह उसके हाथ से अचानक छूट कर टुकड़े-टुकड़े हो गया। लकी ने अपने आदमियों से कहा था कि वे मिट्टी का बर्तन बनवाते समय, उसकी कारीगरी के बीच ही फ़ोन को सांचे में छिपा दें। जब एक बार उसके हाथ में फ़ोन आ गया तो उसके एक कॉल से राजनीतिक गलियारे में कँपकँपी फैल गई।

"मनीष।" लकी बोला। "लकी कमांडो बोल रहा हूँ!"

इससे पहले कि कोई ज़वाब आता, उस ओर ऐसा सन्नाटा छा गया कि सुई भी गिरे तो आवाज़ सुनाई दे।

"हम्म, क्या बात है।" मनीष बोला।

"अगली बार तूने मेरे लड़के को धमकाने के लिए अपना आदमी भेजा तो तेरे भेजे में गोली मार दूँगा।"

अगले ही दिन इस कॉल के चर्चे सभी बड़े अख़बारों में थे। रूलिंग पार्टी खिसिया गई। वह मंत्री सड़कों पर उतर आया और लकी के ख़िलाफ़ कानूनी कारवाई करने की मांग करने लगा। जेल के सुरक्षा विभाग की ईमानदारी पर सवाल उठाए जाने लगे। इसके ज़वाब में, उत्तराखंड के एसटीएफ ने छापा मारा और पूरी जेल और उसके अंदर छानबीन की गई पर कुछ हाथ नहीं आया। लकी ने मोबाइल को एक फूलदान में छिपा दिया था और उसे गमले की मिट्टी में अंदर तक गाड़ दिया था। फिर उसने गमले पर थोड़ा पानी भी डाल दिया ताकि किसी को शक़ न होने पाए। वह दम साधे छापे की सारी कारवाई देखता रहा, कहीं फ़ोन पकड़ में आ जाता तो जेल के सारे पुलिस विभाग को सस्पेंड कर दिया जाता।

पर इस मामले की और गहराई से जांच की पुकार बंद नहीं हुई और फिर एसपी सदानंद दाते ने मामले की कमान संभाली। पर दाते तो खुद मंत्री का सताया हुआ था जो लगातार कानून से खिलवाड़ करता रहता था। दाते ने लकी को क्लीन चिट दे दी। उसकी जांच रिपोर्ट में कहा गया कि लकी के पास कोई फ़ोन नहीं मिला और वह कॉल एक फैंटेसी से ज़्यादा नहीं था जिसे मीडिया ने बड़े ही लगाव से अपना लिया था।

हालांकि जेलर टेंपो की पकड़ ढीली हो रही थी। वह सोच रहा था कि इससे पहले कुछ भयंकर हो, उसे लकी को अपनी जेल से कहीं और

भेज देना चाहिए। लकी ने उसे संदेशा भिजवाया कि वह अपने दिमाग से यह बात निकाल दे क्योंकि कोई भी जेल अब उसे अपने पास नहीं रखना चाहेगी। टेंपो ने उसकी सलाह पर ध्यान नहीं दिया।

अगली सुनवाई का दिन आ गया जिसका मतलब था कि उसी खटारा वैन में 350 कि.मी. का सफ़र करना था। लकी तबादलों से वाकई तंग आ चुका था और कोर्ट आने-जाने के लिए परेशानियों से भरे दौरे भी दिमाग पर हावी हो जाते थे। इधर टेंपो मैजिस्ट्रेट से उसके लिए तबादले का आदेश लेने में सफल रहा और लकी को हलद्वानी जेल वापिस भेजना तय हो गया था।

जब लकी हलद्वानी जेल गया तो उसका अंदेशा सही निकला, कोई भी जेल उसे अपने पास रखने को तैयार नहीं थी। उसे कई घंटों तक जेलर के ऑफ़िस में ही इंतज़ार करवाया गया। टिहरी जेल से उसके साथ आने वाले पुलिसवाले को भी वहीं रुकना पड़ा क्योंकि वह लकी को उसकी कोठरी में पहुँचाने तक ड्यूटी बीच में नहीं छोड़ सकता था। जब लकी और सहन नहीं कर सका तो उसने पुलिसवाले से कहा कि वह टेंपो को कॉल करे।

लकी ने टेंपो को याद दिलाया कि उसने तबादले के लिए क्या सलाह दी थी और फिर बोला, "मैं आज सारा दिन बाहर इंतज़ार करता रहा। अगर अगले दस मिनट के अंदर, जेल में नहीं भेजा गया तो मैं एसपी को टिहरी जेल में तेरी रिश्वतखोरी के सारे किस्से सुना दूँगा।"

टेंपो पसीने में नहा गया। उसने हर जानकार को फ़ोन लगा दिया ताकि लकी को किसी तरह जेल में भेजा जा सके। आख़िर में वह हलद्वानी जेल के जेलर को मनाने में क़ामयाब रहा कि कम से कम एक रात के लिए लकी को जेल में रख लिया जाए। एसपी सदानंद दाते को सारी रात टेंपो के कॉल आते रहे जो बार-बार एक ही विनती कर रहा

था कि लकी को जेल वापिस न भेजा जाए। एसपी को हार कर उसकी बात माननी ही पड़ी।

अगली सुबह, एक वैन पौड़ी जेल जाने वाली थी, वह हलद्वानी जेल के बाहर खड़ी पाई गई। हथकड़ियों में बँधा लकी और उसके साथी पुलिसवाले वैन में बैठे, अपने सफ़र की शुरुआत से पहले किसी का इंतज़ार कर रहे थे। एसपी सदानंद दाते अपने जिम आउटफ़िट में वैन की ओर आते दिखाई दिए। उन्होंने एक-दो सैकेंड तक लकी को नाराज़गी भरी नज़रों से देखा।

"तुम्हारी वजह से सारी रात सो नहीं सका।" वे बोले। "जेलर पूरी रात फ़ोन करता रहा कि तुम्हें उसकी जेल में वापिस न भेजा जाए।"

लकी ने किसी तरह अपनी हँसी रोकी।

"लकी, अब जेल में तेरे थोड़े ही दिन रह गए।" दाते ने कहा। "तू आराम से क्यों नहीं रहता, चिल कर और खुद को किसी भी मुसीबत से परे रख।"

दाते ने लकी को क्लीन चिट दे कर उसके हक़ में बात की थी वरना लकी के लिए परेशानियाँ बढ़ सकती थीं। उसने शिष्टता से सिर हिलाया और एसपी ने वैन चलाने का आदेश दिया। वैन चालू हुई और लकी एक और जेल की ओर चल दिया।

जब सारी काग़जी कारवाई पूरी हो गई तो उसे बैरक में भेजा गया, वहीं उसकी मुलाक़ात कुख्यात माओवादी नेता, प्रशांत राही से दोबारा हुई। उसने लकी का ब्रेनवाश करना चाहा ताकि वह उनकी मुहिम में शामिल हो जाए। वह लगातार उसे यह समझाता रहा कि जैसे लकी ने देश और सरकार की सेवा की थी, वे दोनों लकी के लिए अपनी वफ़ादारी नहीं निभा सके वरना अब तक तो वह जेल से बाहर निकल गया होता।

वह कहता, "एक बात बताओ, कमांडो भाई। क्या यह देश बस कुछ सुविधाप्राप्त लोगों के लिए है? उन अनगिनत गरीब मजदूरों का क्या जो दो वक्त की रोटी तक नहीं कमा पाते?"

लकी ने देखा कि लोग उस माओवादी नेता के बारे में सच ही कहते थे। बेशक़, उसके पास एक भी हथियार के बिना सारे सिस्टम को घुटनों पर लाने का हुनर था : भाषण और वाक्पटुता। लकी सिस्टम और सरकार से ख़फ़ा था, उसे डर था कि कहीं प्रशांत की बातें उसके दिल में घर कर गईं तो वह अपने ही देश के लिए बागी हो सकता था। उसने प्रशांत से दूरी रखना ही बेहतर माना।

लकी अख़बारों से रोज़ के समाचारों पर नज़र रखता था, वह अपनी जमानत होने की उम्मीद कर रहा था और अख़बारों से मिली जानकारी को जेल से अपनी रिहाई के काम लाना चाहता था। हालांकि एक दिन सुबह अख़बार की सुर्ख़ियों ने उसे अपनी रणनीति पर विचार करने पर विवश कर दिया : *क्या सलाखों के पीछे ही रहेगा लकी बिष्ट?*

और इसके बाद एक आलेख दिया गया था जिसमें कहा गया था कि अदालत ने लकी की जमानत की अपील रद्द कर दी थी।

33

शापित सोना

जेलर टेंपो ने उस दिन ऑफ़िस से ज़ल्दी छुट्टी ली और सीधा सुनार की दुकान की ओर लपका। वह सारे रास्ते जेब में रखे सोने को बार-बार टटोलते हुए सहेजता आया था। उसने सोचा था कि वह सुनार को सोना बेच कर पैसा ख़रा कर लेगा। देखने लायक सीन था, जो इंसान बस में सफ़र के दौरान भी टिकट लेने से क़तराता था, वही आज सुनार की दुकान तक जाने के लिए टैक्सी करता देखा गया।

सुनार ने पहले तो सोने की अच्छी तरह जांच की और फिर टेंपो से इजाज़त ले कर दुकान में चला गया। जब वह वापिस आया तो उसने टेंपो से बताया कि सोना तो ख़रा था पर उसे थोड़ा इंतज़ार करना होगा क्योंकि जो पार्टी सोना लेना चाहती थी, वह आने ही वाली थी। दस ही मिनट बीते होंगे कि पुलिस दल टेंपो के पास आ गया। वह अपनी जगह पर पलटा।

“ये देखिए इंस्पेक्टर साहब।” दुकानदार ने टेंपो की ओर इशारा किया। “यह चोर मुझे नकली सोना बेचने की कोशिश में था।”

इंस्पेक्टर ने सोना लपका और दुष्टता से टेंपो को निहारा। टेंपो सोने के टुकड़े को हैरानी से ताकता रहा। वह थूक निगलते हुए अपनी जगह से उठा और पुलिस दल को बताया कि वह टिहरी जेल का जेलर था।

"इससे क्या फ़र्क पड़ता है।" इंस्पेक्टर बोला। "यह केस स्थानीय पुलिस के अधीन आता है। हमारे साथ चलो।"

टेंपो अपने ही पसीने में नहाने वाला था। वह जानता था कि इस ख़बर को स्कैंडल बनते देर नहीं लगेगी और शायद उसे अपनी नौकरी से क़ीमत अदा करनी पड़े। उसने इंस्पेक्टर से अकेले में बात करने की विनती की। इंस्पेक्टर ने संकेत मिलते ही सिर हिलाया।

"माफ़ करें, आपको पुलिस स्टेशन का आराम छोड़ कर इस तरह हड़बड़ाहट में आना पड़ा।" टेंपो बोला। फिर उसने जेब से नोटों का पुलिंदा निकाला। "मेरी ओर से माफ़ीनामे के तौर पर पाँच हज़ार रखें।"

"थाने से मैं ही अकेला नहीं उठ कर आया।" इंस्पेक्टर ने मुड़ कर अपने साथियों को देखा। "दस हज़ार से एक रूपया कम नहीं लगेगा।"

टेंपो ने मुँह बनाया। उसने फिर से जेब में हाथ डाल कर और पैसे निकाल कर दे दिए। फिर वह मुँह फुलाए अपनी जेल लौट गया। कौन यकीन करेगा कि जो बंदा कैदियों से पाँच रूपए तक झटक लेता था, वही एक झटके में दस हज़ार दे सकता था? पर लकी तो नामुमकिन को भी मुमकिन कर सकता था। जब टेंपो उसे सारी कहानी बता रहा था तो उसने किसी तरह अपनी हँसी रोकी।

"लकी, आज तो तूने मेरी वाट लगा दी।" टेंपो ने लकी से कहा।

"सॉरी शर्मा जी।" लकी बोला। "मुझे कैसे पता कि आपकी पारख़ी नज़र भी नहीं पहचान सकेगी कि वह सोना नकली था?"

उसकी यह चापलूसी काम कर गई। टेंपो के चेहरे पर एक घमंड सा झलका और वह बिना कुछ कहे वापिस लौट गया। जेलर के सामने

से जाते ही लकी पेट पकड़ कर हँसते-हँसते दोहरा हो गया। उसके दिमाग में उस दिन की याद ताज़ा हो गई, जब उसे वह नकली सोने का टुकड़ा मिला था।

अगस्त 2011 की बात होगी, नब्बू कुरा नाम का आदमी रात के समय अपने घर के आसपास ज़मीन खोद रहा था। वह बड़े मन से अपने काम में लगा था कि अचानक उसकी कुदाल किसी चीज़ से टकराई और उसके हाथ वह टुकड़ा आ गया, उसे लगा कि वह सोना ही था।

नब्बू कुरा लकी के नज़दीकी दोस्तों में से था। उसका असली दुनिया के तौर-तरीकों से कोई ज़्यादा लेन-देन नहीं था। जब लकी छुट्टियों के दौरान अपने घर गया हुआ था तो नब्बू ने उसे सोना दे कर कहा कि उसे बेच देना चाहिए। नब्बू को लगा कि लाख-दो लाख जेब में आ जाएँगे। लकी ने अपने एक आदमी को सोना दे कर कहा कि उसकी क़ीमत लगवा कर आए। नब्बू को यह जान कर यकीन नहीं आया कि वह सोना नकली था।

नब्बू बुरी तरह से हताश हो गया। उसने लकी को ही वह टुकड़ा थमा दिया और बोला, "दफा कर इसे कहीं।"

किशन कालिया पड़ोस में ही रहता था और लकी से थोड़ी जान-पहचान थी। किशन को पता चला कि लकी के हाथ कहीं से सोना आया है। उसने लकी को अपने घर डिनर पर बुलाया। लकी को यह न्यौता पा कर हैरानी हुई और उसने बात को टालने के लिए कह दिया कि अगर समय हुआ तो वह ज़रूर आएगा।

पर किशन सोने के पीछे दीवाना हो गया था, वह तब तक लकी को फ़ोन करता रहा, तब तक लकी ने आने की हामी नहीं भर दी। लकी के पास इंकार का बहाना नहीं बचा और वह कालिया के घर चला गया। रात को शराब और डिनर के बाद, किशन कालिया ने राज़ खोलते हुए

लकी से विनती की कि उसके पास जो सोना है, वह उसमें से कालिया के लिए एक चेन बनवा दे। हालांकि लकी अभी इतना नशे में नहीं था कि अपनी हँसी न रोक पाता। उसने इतना ही कहा कि वह इस बारे में सोचेगा और फिर वह इस बात को भूल गया।

हालांकि किशन कालिया ने खुद को ज़ल्द ही सलाखों के पीछे पाया। जब पुलिस ने लकी को मर्डर केस के लिए पकड़ा तो उसके फ़ोन रिकॉर्ड में पाया गया कि मर्डर के समय के आसपास लकी के फ़ोन में कालिया के कॉल्स आए हुए थे।

पुलिसवाले किशन को उठा लाए। पुलिसवालों ने उसे बेरहमी से पीटा ताकि वह बक दे कि इस मर्डर में उसका भी हाथ था। वे उससे उनके साथियों के नाम जानना चाहते थे। किशन इस पिटाई से अधमरा हो गया और उसके मन में जो पहला नाम आया, वही बोल दियाः उसका सबसे पक्का दोस्त, दीपक पाटनी।

दो ही घंटों बाद, दीपक पाटनी ने खुद को सलाखों के पीछे पाया। पुलिसवाले उन दोनों को पीटने लगे। पाटनी को कुछ पता नहीं था और उसे मार-मार कर जुर्म़ कुबूल करवाया जा रहा था। घंटों बाद, पुलिसवाले दम लेने के लिए हटे ताकि तरोताज़ा हो कर नए सिरे से काम कर सकें।

"तुमने मेरा नाम पुलिसवालों को क्यों दिया?" पाटनी ने किशन से पूछा।

"मेरा इस केस से क्या लेना-देना है?"

"तू मेरा पक्का दोस्त है।" किशन बोला। "मेरे दिमाग में कोई और नाम ही नहीं आया।"

"पक्का दोस्त?" पाटनी गुर्राया। "तू दोस्त नहीं बल्कि गधा है।"

पाटनी ने इतनी ज़ोर से घूंसा मारा कि किशन की नाक टूट गई। इससे पहले कि लकी उस शापित सोने को टेंपो को रिश्वत के तौर पर

देने के बारे में सोचता, वह कई लोगों का जीवन बरबाद कर चुका था। लकी को पूरा यकीन था कि टेंपो का लालच उसे सुनार की दुकान तक ले जाएगा और वह मुश्किल में ज़रूर पड़ेगा, और यही हुआ भी।

अगले दिन, लकी अपनी कोठरी में बैठा पुलिसवालों का इंतज़ार कर रहा था ताकि वे उसे केस की सुनवाई के लिए कोर्ट ले जा सकें। उनका पूरा दल आ गया। पुराने पुलिसवालों के अलावा एक नौजवान पुलिसवाला भी था जिसकी शायद हाल ही में भर्ती हुई होगी। वह लकी को वैन में ले जाने से पहले हथकड़ी पहनाने के लिए आगे आया। बेशक़ उसे लकी के बारे में कुछ पता नहीं था। उसने लकी से उसी लहज़े में बात की जैसे कोई अकड़ू पुलिसवाला किसी चोर-उचक्के से करता है।

"अपने जूते उतार।" उसने लकी को हुक्म दिया जो इस आदमी की ढिठाई देख कर दंग रह गया था।

उसने कोठरी के बाहर खड़े दस-पंद्रह पुलिसवालों को देख कर दबी सी मुस्कान दी।

"अपनी जुराबें उतार।" पुलिसवाले ने उसी रूखाई से कहा। लकी अपना आपा खोने लगा था। उसने सलाखों के पास खड़े बुज़ुर्ग पुलिसवाले को देखा। उसने उसे इशारे से खुद को क़ाबू में रखने को कहा। लकी के एक हाथ में हथकड़ी थी और दूसरी हथकड़ी कलाई पर झूल रही थी।

"ज़ल्दी कर।" नौजवान पुलिसवाला लकी से बोला।

"सुन बे माद@#$", लकी गरजा, "इस खुली हथकड़ी से सिर पर एक वार करूँगा और तेरी खोपड़ी यहीं खुल जाएगी।"

लकी ने उसे और भड़काने की सोची ताकि वह कोई ग़लत कदम उठा ले और उसे भी जेल में रहने आना पड़े। तभी दूसरा पुलिसवाला झट से अंदर आ गया। उसने नौजवान का हाथ पकड़ा और कोठरी से बाहर घसीटने लगा।

“ओए चू@#$”, लकी सलाखों के पीछे से चिल्लाया। “आज तक पिस्तौल भी दागी है? या फिर ऐसे ही कमर में लटकाए डोलता है?”

नौजवान लकी की नज़रों से नज़रें नहीं मिला पा रहा था। लकी ने सोचा कि अगर ये एक बार अंदर आ गया तो इसकी गंदी जुबान बंद करने में ज़्यादा देर नहीं लगेगी और इसे जेल में होने वाली एक और रहस्यमयी मौत की तरह दबा दिया जाएगा। लकी ऐसा करने के लिए पूरी तरह से तैयार था पर बुज़ुर्ग पुलिसवाले ने उससे शांत होने की विनती की और नौजवान की ओर से माफ़ी माँगी। लकी ने उसकी बात का मान रखते हुए हामी भरी और अपनी कोठरी से निकल कर वैन की ओर चल दिया। लकी को उस दिन के बाद वह नौजवान दोबारा दिखाई नहीं दिया। उसका उसी दिन दूसरे जेल में तबादला कर दिया गया था। उस दिन से कई पुलिसवाले उसके साथ कोर्ट जाने के नाम पर क़तराने लगे। उन्हें डर था कि चाहे जान न जाए पर नौकरी से तो हाथ धोना ही पड़ेगा। पुलिसवालों के बीच लकी की दहशत के ऐसे किस्सों की वजह से उसे कैदियों से और ज़्यादा इज्ज़त मिलने लगी।

34
पांडे की योजना

लकी ने प्रकाश पांडे को फ़ोन पर किसी को भयंकर चेतावनी देते सुना। पांडे एक युवा डॉक्टर के माता-पिता से बात कर रहा था जिनके बेटे को हाल ही में देहरादून जेल में भेजा गया था। कैदी के माँ-बाप भी डॉक्टर थे। युवा डॉक्टर को एक महिला ने बदसलूकी से पेश आने पर अंदर करवाया था जो उसकी मरीज रह चुकी थी।

"डॉक्टर साहब, घर में इतना पैसा रखना भी तो बोझ ही लगता होगा न?" पांडे बोला। "आप मुझे मौका दें तो आपका बोझ हल्का कर दूँ?"

पांडे को एक और बड़े गैंगस्टर अमित उर्फ़ भूरा के साथ देहरादून जेल में रखा गया था और इस बार उसने एक मक़सद के साथ जेल में कदम रखा था। वह उत्तराखंड राज्य में अपना अपराधिक नेटवर्क बढ़ाना चाहता था। ऐसा करने के लिए उसने कई तरह के उपाय कर लिए थे और अमीर कैदियों को डरा-धमका कर उनके परिवारवालों से पैसा निकलवाना भी इनमें से एक था। डॉक्टर के माँ-बाप ने पांडे की माँग के आगे घुटने टेक दिए।

"प्लीज़, मैं आपके हाथ जोड़ता हूँ।" डॉक्टर पिता ने पांडे से कहा। "25 लाख बहुत होते हैं। आप 20 लाख ले लें।"

"अगर मैं जेल में तुम्हारे बेटे के साथ नहा रहा होऊँ? और सोचो अगर वह गलती से अपना साबुन नीचे गिरा दे तो क्या हो सकता है?"

डॉक्टर पिता के मुँह से आह निकल गई।

"ठीक है... ठीक है। मेरा सारा पैसा ले लो।" डॉक्टर ने विनती की। "पर प्लीज़ मेरे बेटे को नुकसान मत करना।"

इस काम में मुट्ठी भर पुलिसवाले भी शामिल थे। उनके नेटवर्क से ही पांडे के पास पैसा आता था। हर पुलिसवाला अपना हिस्सा रखता जाता और इस तरह आख़िर में पांडे के पास बक़ाया पैसा आ जाता।

पांडे अपने रोब और दबदबे के चलते उन सभी अपराधियों के साथ होने वाले भी बुरे बर्ताव को रोक देता, जो उसके काम आ सकते थे। इस तरह उन युवाओं के मन में उसके लिए गॉडफादर जैसी इमेज बन जाती और वे धीरे-धीरे उसके माफ़िया गैंग के सदस्य बन जाते। पांडे की योजना का यह भी हिस्सा था कि लकी उन इलाकों में उसके नेटवर्क को बढ़ाने में मदद करे, जिन इलाकों में लकी का नाम चलता था।

वहीं दूसरी ओर, लकी हाई कोर्ट की ओर से एक बार फिर जमानत की अर्ज़ी नामंजूर होने की वजह से नाराज़ था। वह लगातार निराशा के सागर में गोते खा रहा था और खुद को बचाने के लिए किसी भी तिनके का सहारा लेने को तैयार था। पांडे ने इसी बात को भांप लिया और उसे अपने सैल में चाय पर बुलाया।

पांडे ने लकी के आगे पेशकश रखी कि वह उसे देहरादून और उसके बाहरी इलाकों में नेटवर्क बनाने में मदद करे। बदले में, लकी उस पैसे में हिस्से का दावा रख सकेगा, जो पांडे पैसे वालो लोगों से उगाहता था। सौदा पक्का हो गया और लकी ने अर्ज़ी दे दी कि उसे पांडे और भूरा

के सैल में रखा जाए। उसे यह इजाज़त मिल गई और युवा डॉक्टर पांडे की उगाही योजना का पहला शिकार बना।

लकी ने अपने आदमियों से कहा कि जब भी वे जेल में उससे मिलने आना चाहें तो रजिस्टर में खुद को पांडे के मुलाक़ाती की तरह दर्ज करें। उन्होंने यही किया और पांडे ने लकी के ताल्लुक़ात के बल पर देहरादून और आसपास के इलाकों में अपनी मौजूदगी क़ायम करनी शुरू कर दी।

महेंद्र सिंह ग्वाल रूटीन जांच के लिए जेल आए और अमरमणि त्रिपाठी से बात करने के बाद उन्होंने लकी को बुलवाया। नाटे क़द के नेपालियों जैसे नाक-नक़्श वाले ग्वाल बहुत अच्छी तरह बात करने वाले मिलनसार इंसान थे। उन्होंने लकी को पांडे और उसकी हरकतों से दूर रहने की सलाह दी। उन्होंने उसे यह भी दिलासा दिया कि वह लंबे समय तक जेल में नहीं रहने वाला था क्योंकि उसके ख़िलाफ़ केस में जान नहीं थी।

पांडे जेल में दौलतमंद कैदियों को लूटने की मुहिम पर था, यह बात अमरमणि त्रिपाठी और सुनील राठी तक भी पहुँची जिन्हें उन्हीं दिनों देहरादून जेल भेजा गया था जब पांडे इस जेल में आया था। ये दोनों गैंग पांडे के बढ़ते दबदबे और रूआब से जलने लगे और पांडे की तरह अपना रूतबा बनाने की कोशिशों में जुट गए। इस तरह जेल में तीन गैंग सबसे ऊपर आने के लिए आपस में बुरी तरह से भिड़ गए।

जेल में तब तक उगाही का सिलसिला चलता रहा, जब तक वर्मा को जेल के एक ख़बरी से सारी बात नहीं पता चली। उन्होंने उचित कारवाई करते हुए कई कैदियों को दूसरी जेलों में भिजवा दिया जो इन सरगनाओं के लिए पैदल सिपाहियों की भूमिका निभा रहे थे।

जब लगभग सभी कैदी सैल से चले गए तो लकी, पांडे और अमित भूरा और ज़्यादा समय एक साथ बिताने लगे और आने वाले समय

में, उन तीनों को अलग करना पाना और भी मुश्किल होता चला गया। अमित किसी तरह फल और सब्जियों के थैले में छिपा कर एक फ़ोन भी जेल में ले आया था। वे तीनों उस फ़ोन का इस्तेमाल करते। उनमें से एक आदमी चौकसी पर रहता और बाकी कॉल करते। अक्सर अमित कॉल करता पाया जाता और लकी उसे कवर करने के लिए आसपास रहता। ज़ल्द ही इन कॉल्स की वजह से जेल अधिकारियों की नाक में दम होने वाला था।

पिछली सुनवाई को पैंतालीस दिन हो चुके थे। अब परगई का छोटा भाई बृजेश, लकी के ख़िलाफ़ गवाही देने के लिए कोर्ट में आने वाला था।

बृजेश की उम्र पच्चीस के आसपास रही होगी और वह कहीं से भी अपने बड़े भाई जैसा नहीं लगता था। उसका अपराधिक रिकॉर्ड, उसके रंग जैसा ही बेदाग था। उसे पुलिसवालों का एक दल कठघरे तक ले कर आया और लकी अपने नए लीवाइस जोड़े में अडोल खड़ा था। जज ने सुनवाई चालू करने का आदेश दिया और वकील गवाह का बयान पढ़ने लगा।

गवाह का दावा था कि क़त्ल की रात, उसने अपने भाई को आरोपी के साथ चौपाल चौराहा के पास कार में देखा था, वह उस समय अपनी दुकान से वापिस आ रहा था। उसने देखा कि लकी फोर्ड में ड्राइविंग सीट पर था और अमित उसके साथ बैठा था। बृजेश का दावा था कि राजू परगई पिछली सीट पर बैठा हुआ था।

उस जगह के समय और स्थान के बारे में छोटी-मोटी बातें पढ़ने के बाद, अभियोग पक्ष के वकील ने अपनी बात रखी कि निश्चित रूप से आरोपी उस रात राजू और अमित के साथ था। फिर वह अपनी जगह बैठ गया। इसके बाद, लकी के वकील ने बृजेश के पास आ कर जिरह चालू की।

"मि. बृजेश, आप आमतौर पर अपनी दुकान कितने बजे बंद करते हैं?" वकील ने पूछा।

"नौ बजे।" वह बोला।

"उस दिन आपने अपनी दुकान कितने बजे बंद की थी?"

"सात बजे।"

"मैं जान सकता हूँ कि क्यों?"

"राजू भाई ने उस दिन घर आने को कहा था।"

"कोई काम था क्या?"

"मुझे नहीं पता। और अब कभी पता भी नहीं कर सकूँगा।"

वकील ने बृजेश से पूछा कि उसने अपनी दुकान से राजू परगई के घर की ओर जाने के लिए कुसुम खेड़ा वाले पुल की बजाए चौपाल चौराहे वाला रास्ता क्यों चुना जबकि पहले रास्ते से जाने पर कम से कम आधा घंटा बचता है। बृजेश दंग खड़ा रह गया और उसे कोई ज़वाब नहीं सूझा।

"जब तुमने कार देखी तो उस समय कितने बजे थे?" लकी के वकील ने पूछा।

"सात बजे थे शायद।"

"मि. बृजेश, किसी की जान दाँव पर लगी है।" वकील ने कहा। "अंदाज़े लगाने से बात नहीं बनेगी। प्लीज़ मुझे बिल्कुल सही टाइम बताओ।"

"सात बज कर दस मिनट।"

फिर वकील ने बताया कि उस मौसम में सात बजे तक दिन ढल जाता है और आसानी से देख पाना मुमकिन नहीं होता। उसने कहा कि ऐसी रिपोर्ट भी मिली हैं कि ऐसे मौसम और समय में लोग अक्सर सामने वाले इंसान को सही तरह से पहचान नहीं पाते क्योंकि तब तक काफ़ी अंधेरा हो चुका होता है।

“तो मि. बृजेश!” वकील बोला। “कृपया इस बात पर और रोशनी डालें कि आपने उन हालात में मेरे क्लाइंट, अपने भाई और अमित को पहचानने का यह असंभव लगने वाला काम कैसे संभव किया? क्या कार की तेज़ हैडलाइट्स की वजह से आपकी आँखें नहीं चौंधियाईं?”

अजीब सा सन्नाटा छा गया। गवाह इधर-उधर बगलें झाँकता देखा गया। उसने अपने वकील की ओर भी देखा ताकि कोई मदद मिल सके और फिर झट से नज़रें चुरा लीं। लकी के वकील ने जज से अपील की कि गवाह कोर्ट को गुमराह करने के लिए झूठ बोल रहा था।

फिर वकील ने पूछा, “मि. बृजेश, जब आप अपने भाई के घर पहुँचे तो क्या आपने अपनी भाभी यानी राजू परगई की पत्नी को बताया कि आपका भाई अमित और मेरे क्लाइंट के साथ कार में कहीं जा रहा था?”

“न... नहीं।”

“अजीब बात है। आप अपने ही भाई के घर, उसके बुलावे पर गए। फिर भी आपको उसकी पत्नी को यह बताना ज़रूरी नहीं लगा कि आपका भाई उस समय बाहर किस जगह था।”

वकील ने अपनी बातचीत का निचोड़ देते हुए कहा कि गवाह किसी भी तरह से ठोस ज़वाब देने में नाक़ामयाब रहा और जान-बूझ कर झूठ बोल रहा था। जज ने यह सुन कर कोर्ट स्थगित कर दिया।

लकी ने देखा कि यह जिरह उसके ही पक्ष में गई इसलिए उसने एक बार फिर से हाई कोर्ट में जमानत की अपील करने का फ़ैसला किया। इस बार उसने एक क्रिमिनल लॉयर को नियुक्त किया जो सुप्रीम कोर्ट में प्रेक्टिस करते थे और उनकी एक सुनवाई की फ़ीस डेढ लाख रूपए थी। लकी अपने हक़ में हुई सुनवाई के बल पर अपनी आजादी का दाँव फिर से खेल रहा था।

35
सुरक्षा के संकट

सेंट्रल अफ्रीका में कांगो के जंगलों में, लकी एक बागी के दाएँ हाथ पर अपना दायाँ पैर टिकाए खड़ा था और वह आदमी खुले मैदान में ज़मीन पर पसरा हुआ था। वह साल 2007 था और लकी एक पेशेवर कमांडो के तौर पर अपने कैरियर के शुरुआती दौर में था। यह मिशन यूनाईटेड नेशंस द्वारा चलाए गए ऑपरेशंस का एक हिस्सा था जो कांगो में विद्रोही संगठनों का सफ़ाया चाहता था। लकी उन चुने गए कमांडोज़ में से एक था जिन्हें मिला कर दल में, एक फाइटर दल बनाया गया था। उसके पास एक स्पेशल फोर्सिस कवर आईडी थी।

बागी के चेहरे पर सूरज की किरणें पड़ रही थीं। वह लगातार कराह रहा था और उसने लकी के पैर तले दबे, गोली से घायल अपने हाथ को बाहर निकालना चाहा। लकी के दल में अलग-अलग देशों से आए 45 सशस्त्र सदस्य थे, जो जंगी सामान से लैस थे और उन्होंने मरणासन्न व्यक्ति पर बंदूकें तानते हुए उसे घेरा हुआ था। पिछली रात विद्रोहियों के एक दल ने गठबंधन दलों से हुई मुठभेड़ के बाद उसे वहीं छोड़ दिया था।

गठबंधन बलों को दिन में इंटेलीजेंस से विद्रोहियों के छिपने का ठिकाना पता चल गया था। वह जगह एक घने जंगल के बीचों-बीच स्थित थी। टीम को दोनों ओर खड़ी लंबी घास के बीच चल कर, रेंगते हुए और कई बार संकरे रास्तों पर सरकते हुए अपने लिए रास्ता बनाना पड़ा। शाम घिरने लगी थी और हर घंटे, रास्ता खोजने का काम मुश्किल होता चला गया।

दल के सदस्यों को आपस में बात करना मना था। उन्हें अपने से आगे चल रहे व्यक्ति के कंधे पर टहोका दे कर बात पहुँचानी थी। हर निर्देश के लिए पहले से तय था कि कंधे पर कितनी बार थपकी देनी होगी इसलिए अगर किसी कमांडो को खतरे की आशंका होती तो उसे आगे वाले सदस्य के कंधे को दो बार थपकाना होता ताकि वह रुक जाए। फिर वह अपने से आगे चल रहे व्यक्ति के कंधे को इसी तरह थपथपाता और यही सिलसला जारी रहता और इसी डॉमीनो प्रभाव के चलते सारा दल रुक जाता। टीम के दो कमांडो के बीच कम से कम तीन मीटर का फ़ासला बनाए रखना ज़रूरी था। ऐसा करने से इस संभावना से बचाव होता था कि सारा दल दुश्मन की फ़ायरिंग रेंज में न आ जाए। इसके अलावा, टीम के आख़िर वाला कमांडो पीछे से आने वाले जोखिम से बचाव करने के लिए पीछे को चलता। यह कमांडो चलते हुए, हर दो मिनट बाद, आख़िरी से अगले कमांडो से अपनी जगह बदल लेता।

हालांकि उन बागियों को किसी तरह इनके दल के आने की भनक मिल गई थी और वे मुठभेड़ की योजना तैयार करने लगे। स्थानीय होने के नाते वे उस इलाके को अच्छी तरह जानते थे और उन्होंने ठीक उसी जगह पर घेरा डाल दिया, जिस जगह से दल उन तक पहुँचने वाला था। उन्होंने पोज़ीशन लीं, अपनी एमएमजी बंदूकें तैनात कीं और गठबंधन दल के आने का इंतज़ार करने लगे।

ज्यों ही लकी की टीम उस जगह पहुँची, उनमें से एक बागी ने गोली चला दी। हालांकि गोली चैंबर में ही फंस गई और एमएमजी गोली नहीं चला पाया। ट्रिगर की आवाज़ चारों ओर गूंजी और लकी को उनकी पोज़ीशन के बारे में पता चल गया।

अगले ही पल, बागियों की ओर गोलियों की बरसात होने लगी। इसके बाद भयंकर गोलीबारी हुई। ज़ल्द ही बागी अपनी पोजीशन छोड़ कर भागने लगे। उनमें से एक को छोड़ कर बाकी सभी निकल गए। वह आदमी हिल भी नहीं पा रहा था क्योंकि उसके दाएँ कंधे और बाईं टाँग में गोली लगी थी। पर वह बीच-बीच में गोली चलाता रहा ताकि वे लोग उसके पास न आ सकें। उनमें से एक गोली तो लकी के कान के पास सनसनाती हुई भी निकली।

टीम ने तय किया कि वे लोग रोशनी होने का इंतज़ार करेंगे और सुबह होने पर आगे कारवाई होगी। पर सुबह अच्छी नहीं हुई, लकी ने देखा कि उसके पीछे वाले जवान का सिर उन गोलियों से छलनी हो गया था जो वह अकेला बागी रात भर चलाता रहा था। उनका दल उसे शांत करने के लिए आगे बढ़ा।

जब उस आदमी को क़ाबू कर लिया गया तो लकी अपनी बंदूक उसके सामने लाया और आख़िरी गोली चलाने को तैयार हो गया। बागी ने खुद को आने वाले पलों के लिए तैयार कर लिया था। लकी ने उसके काँपते हुए होंठ देखे। वह कुछ कहना चाह रहा था। वह किसी तरह शरीर में बची-खुची जान समेट कर बोला और लकी सब्र से इंतज़ार करता रहा। "आज तुम्हारा गॉड तुम्हारे साथ था, मेरा गॉड मेरे साथ नहीं था।"

लकी इस बात से सहमत था पर उसने चुप रहना ही बेहतर समझा। एमएमजी फायर्स 246 राउंड का एक शॉट, लकी और उसके ग्यारह कमांडो की पूरी टीम को उड़ाने के लिए बहुत था।

बागी यह बोलने के बाद शांत हो गया और और आँखें मूंद लीं। लकी ने किसी तरह खुद को संभाला। लकी की गन और बुलेट ही उस समय उसके भगवान थे। उसने सर्द निगाहों के साथ ट्रिगर दबा दिया। बस सब ख़त्म। इज़रायल से वापसी के बाद वाले वर्षों में लकी की उपलब्धियों ने उसे ऐसे कई ऑपरेशंस का हिस्सा बनाया जिन्हें यूनाईटेड नेशन्स की ओर से लॉन्च किया गया था।

जब लकी इज़रायल से भारत वापिस आया तो उसे कुछ दिन अपने घर बिताने की इजाज़त मिली और इसके बाद उसे आगे के प्रशिक्षण के लिए बुलवा लिया गया, जो उसे देश के अलग-अलग हिस्सों में ले जाने वाला था। अगला मॉड्यूल बेलगाम के इंफेंट्री स्कूल में हुआ। 39 दिन के प्रशिक्षण के बाद एक महीने का अवकाश मिला।

इसके बाद लकी को मूह के इंफेंट्री स्कूल में भेजा गया। यह प्रशिक्षण ख़ासतौर पर इसलिए दिया गया ताकि कमांडो के स्निपिंग स्किल में निखार आए और इसके साथ ही उसे यह भी सिखाया गया कि दुश्मन सेना के कमांडर को पहचान कर वांछित जगह पर कैसे ले जाया जाए ताकि उसे गोली मारी जा सके।

उसे इस दौरान कई उग्रवाद विरोधी अभियानों का हिस्सा बनाया गया जो उसके लिए किसी परीक्षा से कम नहीं थे। उसने इस आधार पर ब्रेक चाहा कि वह 2003 में शुरू हुए प्रशिक्षण के बाद से लगातार सात साल तक चलने वाले अंतहीन प्रशिक्षणों और ऑपरेशनों के बाद अपने लिए थोड़ा आराम चाहता था। उसकी बात मान ली गई और उसे मार्च 2010 में नेशनल स्क्योरिटी गार्ड (एनएसजी) की कवर आईडी दी गई।

इसके बाद उसने एनएसजी का प्रशिक्षण लिया ताकि उसे निजी सुरक्षा अधिकारी (पीएसओ) बनने का कौशल मिल सके, जो देश के वीआईपी और वीवीआईपी लोगों को निजी सुरक्षा प्रदान करते थे। 45 दिन के

प्रशिक्षण के बाद उसे पंजाब के तत्कालीन मुख्यमंत्री, प्रकाश सिंह बादल का पीएसओ नियुक्त किया गया।

इस अवधि के दौरान, लकी ने सीखा कि संरक्षक होने के भी अपने जोखिम हैं। एक दिन वह मुख्यमंत्री की बुलेटप्रूफ पजेरो कार में बैठा था, जो उन्हें पंचकूला ले जा रही थी, जहाँ मुख्यमंत्री नियमित रूप से जाया करते थे। ऐसी परिस्थितियों में स्टैंडर्ड ऑपरेटिंग प्रोसीज़र (एसओपी) यही कहता है कि पीएसओ के अलावा मुख्यमंत्री की कार में और कोई नहीं बैठ सकता।

कार के पीछे दूसरी कारें भी आ रही थीं जिनमें उनके परिवार के अन्य सदस्य, उच्च पदस्थ अधिकारी और मंत्री सवार थे। वह काफ़िला रवाना होने ही वाला था कि सादी वर्दी में एक उच्च-पदस्थ अधिकारी मुख्यमंत्री की कार के पास आया। डीआईजी और एसएसपी भी उसके साथ थे।

"मुख्यमंत्री का बेटा भी उनके साथ कार में सफ़र करेगा।" उसने लकी से दो टूक कहा।

"सॉरी सर।" लकी बोला। "ऐसा करने की अनुमति नहीं है।"

अधिकारी ने अपना आग्रह दोहराया और लकी ने भी वही उत्तर दोहरा दिया। "अनुमति नहीं है।" अधिकारी बुरा मान गया। डीआईजी ने आगे आ कर लकी से बात की। पर लकी टस से मस नहीं हुआ। उसने फिर से अपना वाक्य दोहराया, "अनुमति नहीं है, सर!"

लकी के मना करने पर भी डीआईजी अपनी बात दोहराते रहे। इसी दौरान लकी ने डैश बोर्ड से डेक्लारेशन फ़ॉर्म निकाला और डीआईजी के आगे कर दिया।

"कृपया अपना आदेश लिखित में दें।" लकी बोला। "तभी मैं आपकी आज्ञा का पालन करूँगा।"

डीआईजी ने हैरत से उस फ़ॉर्म और लकी को देखा। उन्होंने मुख्यमंत्री के बेटे की पोजीशन का भी हवाला दिया जो डिप्टी सीएम के पद पर थे, पर लकी नहीं माना। उनके चेहरे पर गुस्सा झलक रहा था पर लकी तो अपनी ड्यूटी कर रहा था। प्रोटोकॉल के हिसाब से, यहाँ तक कि मुख्यमंत्री की पत्नी या बेटे को भी उनके साथ कार में जाने की अनुमति नहीं थी। इस नियम में किसी भी तरह के फेर-बदल के लिए लिखित आदेश का होना ज़रूरी था।

डीआईजी को लगा कि इस मामले में लिखित आदेश देना उनके ख़िलाफ़ हो सकता था इसलिए उन्होंने आख़िरकार आदेश दिया कि मुख्यमंत्री का बेटा, उनके बाद चलने वाली अगली कार में सवार होगा। वे इस बात पर भड़क गए थे कि पीएसओ ने उनके आदेश को काटने का दुःसाहस किया था।

जब तक वह काफ़िला प्रकाश सिंह के घर वापिस आया, लकी को बताया जा चुका था कि उसका असम तबादला कर दिया गया था जहाँ उसे सबसे कम आयु में मुख्यमंत्री बनने वाले प्रफुल्ल कुमार महंता का पीएसओ नियुक्त किया गया था। लकी को अपने तबादले की वजह अच्छी तरह पता थी। उसने आला अधिकारियों की चापलूसी करने से इंकार कर दिया था। ख़ैर, वह उसी शाम, सात बजे की उड़ान से असम रवाना हो गया।

अभी उसे असम के मुख्यमंत्री का पीएसओ नियुक्त हुए कुछ ही दिन हुए थे। लकी असम प्रवास का आनंद ले रहा था। मुख्यमंत्री प्रफुल्ल कुमार ऑल असम स्टूडेंट यूनियन (एएएसयू) से जुड़े हुए थे जिसने 1979 से 1985 तक असम आंदोलन की अगुवाई की थी। वह आंदोलन प्रवासियों की पहचान और निष्कासन के लिए आक्रामक रवैया रखने के लिए जाना जाता था।

एक बार प्रफुल्ल कुमार अपने एक अभियान के दौरान बाहर थे, वे अपने प्रशंसकों की भीड़ से घिरे हुए थे जो उनसे मिलने आए थे। लकी के लिए प्रशंसकों की भीड़ को सुरक्षित दूरी पर रखना मुश्किल हो रहा था ताकि सीएम का बचाव कर सके। उसका ध्यान एक औरत पर गया जो लगातार सुरक्षा घेरे के आंतरिक दायरे में घुसने की कोशिश कर रही थी।

हालांकि लकी भीड़ को अपने हाथों की मदद से परे धकेलने में क़ामयाब रहा, ज्यों ही वह महिला सीएम के निकट आने की कोशिश करती तो वह उसे कोहनी से परे धकेल देता।

वह महिला भी सीएम के और निकट जाने के हठ पर अड़ी हुई थी। लकी को ख़तरे का अंदेशा हुआ और उसने हालात को देखते हुए काम करने का निर्णय लिया। ज्यों ही वह महिला अगली बार आगे को आई तो उसने पीछे से उसकी चप्पल पर पैर रख दिया और उस महिला के अगला कदम उठाते ही, झटके से सैंडिल टूट गया। वह उस जुलूस में पीछे छूट गई और किसी तरह टूटे हुए सैंडिल में चलने की कोशिश करने लगी।

प्रफुल्ल कुमार ने अपने अभियान से वापिस आने के बाद लकी को अपने चैंबर में बुलवाया। लकी को लगा कि सीएम ने उसके प्रयास को देख लिया होगा और वे उसकी इस तत्काल सोच को सराहेंगे पर उन्होंने तो लकी को ही हैरत में डाल दिया। सीएम मुस्कुराए और लकी को उसके अच्छे काम के लिए सराहने के बाद बोले, "हालांकि मेरी पत्नी से मुझे कोई ख़तरा नहीं हो सकता था।"

लकी चकरा कर वहीं खड़ा रहा। अचानक उसके दिमाग में वह महिला आई जो सीएम साहब के पास जाने की कोशिश कर रही थी। तब उसे एहसास हुआ कि उसने किसी और का नहीं बल्कि सीएम साहब की पत्नी का सैंडिल तोड़ा था। लकी शर्मिंदा हो कर नीचे देखने लगा। उसे लगा कि इसी बात पर उसका तबादला तय था।

पर सीएम ठहाका लगा कर बोले, "रिलेक्स, कोई बात नहीं।"

लकी ने चैन की साँस ली और झट से सीएम के कमरे से बाहर निकल गया।

36

मोहभंग

अगस्त 2011

लकी का चेहरा पीला पड़ गया था। वह एक मिनट पहले ही अपने क्वाटर्स में वापिस आया था। उसे 'पापा सेवन टू' की सुरक्षा का कार्यभार दिया गया था। यह उन दिनों विपक्ष दल के एक प्रमुख नेता का कोड नेम था।

आधी रात हो चुकी थी और लकी को अपनी पीएसओ वर्दी तक बदलने का समय नहीं मिला था। उसका मनोबल टूटा हुआ था। लकी ने अपनी अगली कारवाई के बारे में सोचते हुए एक कठोर और असुखद निर्णय ले लिया। वह मेज़ पर रखे लैंडलाइन के पास गया और अपने एक दोस्त नवीन कुरा को फ़ोन लगा दिया जो एजेंसी में उसके साथ ही काम करता था।

लकी ने दोस्त से कहा, "मेरा एक काम कर देगा। मुझे एमर्जेंसी लीव चाहिए। तू एजेंसी को फ़ोन लगा कर बोल दे कि मेरी माँ बीमार है।"

"क्यों?" दोस्त ने पूछा। "सब ठीक तो है?"

यह सवाल लकी के दिल में तीर की तरह बिंधता चला गया। वह एक सादे से दिखने वाले इस सवाल का ज़वाब देने में लड़खड़ा गया। उसके होंठ काँपने लगे और गाल लाल हो गए, उसने मन की सारी भड़ास निकालने के बारे में सोच ही लिया था कि अचानक कमांडो की सहज बुद्धि ने हाथ थाम लिया और वह अपने भावों को छिपाने में क़ामयाब रहा। ईश्वर की कृपा से माँ भली-चंगी थी। फिर भी लकी इस हद तक आ गया था कि उसे अपने सच को छिपाने के लिए झूठ की आड़ लेनी पड़ी।

"मैं बाद में सब बता दूँगा।" उसने दोस्त से कहा। "अभी के लिए वही कर, जो कहा है।"

फिर लकी अपने बिस्तर से उठा और अपने लिए एक गिलास पानी डाला। वह एक-एक घूंट भरते हुए अपने भीतर उबल रहे गुस्से को शांत करने की कोशिश करने लगा। हर घूंट के बाद उसकी नज़रें फ़ोन पर जा टिकतीं। वह एजेंसी से कॉल आने की उम्मीद में था ताकि वह कह दे कि लकी अपनी बीमार माँ को मिलने घर जा सकता था। उसे ब्रेक की ज़रूरत थी, ख़ासतौर पर उस दिन ड्यूटी पर जो भी हुआ, उसके बाद तो और भी ज़रूरी हो गया था।

असम के सीएम, प्रफुल्ल कुमार महंता के पीएसओ के तौर पर उसके कार्यकाल के बाद, उसे ऐसे नेता का पीएसओ बनयाा गया था जिन्हें सुरक्षा एजेंसियों ने 'पापा सेवन टू' का नाम दिया था। विपक्ष के प्रमुख नेता होने के नाते, वे दिल्ली में रहते थे। हालांकि लकी हमेशा से दिल्ली में कुछ समय बिताना चाहता था ताकि उसे जाने-माने ऐतिहासिक स्थलों को देखने का मौका मिल सके और पापा सेवन टू को सुरक्षा प्रदान करने का काम किसी भी नज़रिए से कोई आसान काम नहीं था।

इससे पहले कि बुज़ुर्ग नेता अपने घर से बाहर कदम भी रख पाते, चेक्स और स्कैन की पूरी लिस्ट पर काम होता और तब वे कार में बैठते।

उसे पंद्रह किलो की फाइटर वेस्ट पहनने के बाद उनके साथ रहने वाले हर नेता की कार की चेकिंग करनी होती थी, ताकि उनमें से किसी को भी सुरक्षा से जुड़ा जोखिम न रहे।

कभी-कभी उसे लगने लगता कि उसकी टॉप क्लास ट्रेनिंग ऐसे काम करने में ज़ाया हो रही थी। लकी को मंत्री के घर में ही रहने के लिए कमरा दिया गया था। उसे एक लॉगबुक दी गई थी जिसमें उसे पूरे सप्ताह की दिनचर्या लिखनी होती थी। वह रोज़ रात को सोने से पहले उसे देखता ताकि अगले दिन के लिए सुरक्षा प्रबंध किए जा सकें। उसे सुबह नाश्ता करने से पहले, ज़ल्दी उठ कर कसरत करने की आदत थी। नेताजी अक्सर सुबह नौ बजे से पहले घर से नहीं निकलते थे।

उस रात, अचानक नेताजी की निजी सचिव में से एक, उसके कमरे के पास से निकली। लकी ने कमरे का दरवाज़ा खुला रखा हुआ था और बिना शर्ट के बैठा था। हाल ही में हुई एक ट्रेनिंग के बाद पीठ पर पड़े छालों के घावों में जलन सी हो रही थी, मज़बूरन शर्ट उतार कर सोना पड़ता था ताकि थोड़ा सुकून मिल सके।

पीए ने दरवाज़े से निकलते हुए आपत्तिजनक तेवर से देखा। लकी को एहसास हो गया कि शायद पीए को यह पसंद नहीं आया कि वह वर्दी की शर्ट उतार कर, दरवाज़ा खोल कर बैठा था। हालांकि उसके जाने के बाद उसने इस बात पर ज़्यादा ध्यान नहीं दिया पर उसे पता नहीं था कि पीए सैर करने के बहाने फिर से वापिस आएगी। वह इतना ही देखना चाहती थी कि क्या लकी ने अपनी भूल सुधारते हुए शर्ट पहनी थी या नहीं? पर लकी अपनी डायरी देखने में इतना मग्न रहा कि उसने अब भी शर्ट नहीं पहनी थी।

टैन हंड्रड ऑवर्स। लकी ने देखा कि नेताजी अगले दिन सुबह दस बजे घर से निकलने वाले थे। उसने डायरी बंद की और सोने की तैयारी करने लगा। पाँच मिनट भी नहीं हुए होंगे कि लैंडलाइन की घंटी बजी।

पीए ने यह सूचना देने के लिए कॉल किया था कि अगले दिल सुबह पापा सेवन टू सुबह छह बजे घर से निकलेंगे। लकी हैरान रह गया। वे कभी इतनी ज़ल्दी घर से नहीं जाते थे। उसने ओके कहा और फ़ोन रख दिया।

उसे सुबह मंत्री जी के दौरे से पहले सारे काम निपटाने थे और इसी चक्कर में नाश्ता तक नहीं कर सका। उसने अपनी ओर से फुर्ती दिखाते हुए, सारे स्कैन और जांच को रोज़ लगने वाले समय से भी दस मिनट पहले निपटा दिया। फिर वह 15 कि. भार उठाए तैयार हो गया जिसमें दो भारी गन्स भी शामिल थीं। वह नेता जी की एंबेसडर कार के पास सावधान मुद्रा में खड़ा था।

दस मिनट आधे और फिर एक घंटे में बदल गए पर नेताजी का कोई पता नहीं था। लकी को भूख लगी थी और मन में नाराज़गी थी। उसने सोचा कि क्यों न इस इंतज़ार के दौरान कमरे में जा कर एक कप चाय पी ले पर एसओपी का कहना था कि अगर पीएसओ एक मिनट के लिए भी वाहनों से परे होगा तो उसे एक बार फिर से सारे स्कैन्स और जांच की प्रक्रिया से गुज़रना होगा। एक कप चाय के लिए पूरे एक घंटे की मेहनत फिर से करनी पड़ती, वह मन मसोस कर रह गया।

तीन घंटे बाद, पापा सेवन टू अपनी बेटी के साथ घर से निकले। वे लोग सिनेमा हॉल गए जहाँ एक फ़िल्म का प्रीमियर दिखाया जाना था। उनकी बेटी ने फ़िल्म प्रोड्यूस की थी। उस शो में कई उच्च-पदाधिकारी भी शामिल हुए।

सारा फ़ंक्शन दोपहर दो बजे पूरा हुआ और वे सभी नेताजी के घर की ओर चले। घर में घुसने से पहले, पीए ने लकी से कुछ मिनट इंतज़ार करने को कहा। जिसके बाद उन्हें एक पार्टी सहकर्मी को देखने जाना जो अस्पताल में भर्ती थे। लकी ने चेहरे पर ज़बरन मुस्कान दी। पेट मारे भूख के ऐंठ रहा था और पाँच मिनट में खाना खा कर वापिस आना संभव नहीं था और फिर सारा सिक्योरिटी चैक भी दोबारा करना पड़ता।

वह वहीं सिक्योरिटी गीयर का भार उठाए खड़ा, अपनी भूख दबाने की कोशिश करता रहा।

पता चला कि पीए ने एक बार फिर उसे ग़लत सूचना दी थी क्योंकि पापा टू सेवन शाम को पाँच बजे यानी तीन घंटे बाद घर से निकले। तब तक लकी अपना आपा खो चुका था और उसे लग रहा था कि अपने रास्ते में आने वाली हर चीज़ तोड़-फोड़ दे। हालांकि उसने डिप्लोमेट रवैया अपनाते हुए शांत और शिष्ट भाव बनाए रखे जो उसे ऐसे हालात में रखने सिखाए गए थे। वे लोग रात ग्यारह बजे तक अस्पताल में रहे। वह मंत्री जी को सही-सलामत उनके घर छोड़ने के बाद, रात को साढे ग्यारह बजे अपने कमरे में लौटा। लकी ने 15 कि. भार वाले सिक्योरिटी गीयर उतारे। उसने अपनी वर्दी भी नहीं बदली और बाहर अपनी कार में बैठ कर गुस्से से उबलने लगा। डीआईजी पुलिस वहीं से निकल रहे थे, उन्होंने लकी को वर्दी सहित अपनी कार में बैठे देखा तो बातचीत करने रुक गए। लकी ने उन्हें सारी बात बताई, उसे पूरा यकीन था कि उसे जान कर तंग करने के लिए ही ऐसा किया गया था।

जब लकी उन्हें यह बता रहा था तो उसे एहसास हुआ कि अब वह सरकार के लिए काम नहीं करना चाहता था। देश की जानी-मानी हस्तियों के निजी सुरक्षा अधिकारी के तौर पर उसे जिस तरह के अनुभव हुए, उनसे उसका देश के सिस्टम और राजनीति से मोहभंग हो गया था। देश और इसकी देख-रेख करने वालों को अपनी जान से भी बढ़ कर मानने वाले का अडिग संकल्प चूर-चूर हो गया था। लकी ने रोनी सूरत बना ली। "मुझे एक सिपाही बनने का प्रशिक्षण मिला था। मैंने इस काम के लिए तो साइन अप नहीं किया था।"

उसने तय किया कि उसे पीएसओ ड्यूटी से ब्रेक लेना होगा, घर वापिस जा कर इन सभी चीज़ों को एक अलग दिशा में ले जाना होगा। उसने एक योजना तैयार की और तेज़ चाल से कमरे की ओर वापिस आ

गया। फिर उसने बिस्तर पर लेट कर अपने दोस्त को कॉल किया और अपनी एमर्जेंसी लीव के लिए माँ की बीमारी का झूठा बहाना बनाया।

आख़िर में उसका इंतज़ार पूरा हुआ। उसे एनएसजी से कॉल आया जिसमें कहा गया था कि एक रिलीवर ज़ल्द ही पापा सेवन टू के घर आ जाएगा इसलिए लकी को बीमार माँ से मिलने जाने के लिए तैयारी शुरू कर देनी चाहिए। रिलीवर पैंतालीस मिनट में आ गया और लकी ने उसे चार्ज सौंप कर, रात को तीन बजे पापा सेवन टू के घर से विदा ली।

और 25 अगस्त 2011 को, लकी दिल्ली एयरपोर्ट से उत्तराखंड की फ़्लाइट ले कर निकल गया। वह नहीं जानता था कि कुछ ही सप्ताह में उसकी दुनिया कैसे बदलने वाली थी। जब वह घर पहुँचा तो परगई और अमित आर्य एजेंट लीमा के हत्थे चढ़ चुके थे। और लकी को इस केस में प्राइम सस्पेक्ट मान कर गिरफ़्तार कर लिया गया।

37
पुरानी आदतें मुश्किल से जाती हैं

दिसंबर 2014

मुलाक़ात के कमरे में लकी अमित भूरा के साथ बैठा था। कैदी मुलाक़ात के लिए आए लोगों से मिलने से पहले एक सीमेंट की लंबी बेंच पर बैठ कर अपनी बारी आने का इंतज़ार करते। कुछ ही मीटर की दूरी पर पैंतीसेक साल का एक युवक रे-बेन का धूप का चश्मा और सुरुचिपूर्ण कपड़े पहने, महेंद्र सिंह ग्वाल से बात कर रहा था।

जब ग्वाल के साथ बात हो गई तो उसने बैठने की जगह आ कर प्रकाश पांडे से कहा कि वह खिसक कर उसके बैठने के लिए जगह बना दे। पांडे को उसका लहज़ा पसंद नहीं आया। उसने आगे पड़ी कुर्सियों की ओर इशारा करके कहा कि वह उस जगह जा कर बैठे। वह आदमी भी ऐसा सुनते ही चिढ़ गया। वह लगातार पांडे से खिसकने को बोलता रहा। लकी ने अब तक एक शब्द नहीं कहा था क्योंकि उसका ध्यान उस व्यक्ति की शान-बान की ओर था।

पर अमित भूरा चुप नहीं रह सका और दख़ल देते हुए बोला, “इससे पहले कि तेरी टाँगें तोड़ूँ, चुपचाप इधर से निकल ले।”

“बदतमीज हरामी कहीं के!” उस आदमी ने मुँह बनाया और आगे बढ़ने लगा।

लकी ने उस आदमी से रुकने को कहा। उसने उस युवक के पास जा कर उसका चश्मा उतारा और अपनी जेब में रख लिया। फिर उसने मुट्ठी बाँधी और उस युवक के चेहरे पर ज़ोरदार घूंसा जड़ दिया। उस आदमी का चेहरा हिंसक तरीके से दाईं ओर मुड़ा और मुँह से खून निकल आया। वह वहीं गिर गया।

महेंद्र सिंह ग्वाल देखने के लिए मुड़े कि इतना हल्ला किस बात का था। वह आदमी ज़मीन पर चित्त पड़ा हुआ था। गुस्से से भरा हुआ पांडे उस पर चढ़ कर बैठा था और तेज़ी से मुक्के बरसा रहा था। ग्वाल को एहसास हुआ कि जिस युवक से कुछ देर पहले बात हुई थी, उसी की धुलाई हो रही थी। लकी और अमित भूरा भी पांडे के साथ शामिल हो गए और तीनों मिल कर उस पर मुक्के बरसाते हुए उसे ठोकरों से मारने लगे।

जेल का अलार्म बजने लगा। कुछ कॉन्स्टेबल उसी ओर भागे और बीच में कूद कर उस युवक को इन तीनों और दूसरे कैदियों से बचाया। लकी, पांडे और भूरा सबसे आख़िर में उस युवक के ऊपर से हटे जिसकी सफ़ेद कमीज़ खून में भीग कर लाल हो चुकी थी। जब उसे कॉन्स्टेबलों ने मुश्क़िल से उठाया तो वह चिल्ला कर बोला कि वह इस मामले को ऊपर तक ले कर जाएगा।

“क्यों नहीं। अगले बारह दिन में मेरी नैनीताल कोर्ट में सुनवाई है।” लकी ने मुँह बनाया। “देखते हैं, तू क्या कर सकता है।”

फिर लकी ने उसे ले जाने वाले पुलिसवालों से कहा, “बेहतर यही होगा कि इसे इसी समय मेरी नज़रों से परे कर दो वरना तुम्हारी जेल में धारा 303 का अपराध हो जाएगा।”

इस घटना के आधे घंटे बाद लकी, पांडे और अमित ग्वाल के ऑफ़िस में खड़े थे। ऑफ़िसर उनकी गुंडागर्दी से बुरी तरह से खिझा हुआ था। ग्वाल ने लकी को देखा जो सिर झुकाए खड़ा था पर उसके दो साथी ऐसे सीना ताने खड़े थे मानो कुछ हुआ ही न हो।

"क्या तुम्हें पता भी है कि वह युवक कौन था?" ग्वाल गरजे।

"वह एक कंस्ट्रक्शन टाइकून और राजनीति के गलियारों का बड़ा नाम है।"

यह सुन कर उन तीनों पर कोई असर नहीं हुआ। ग्वाल ने डेस्क पर रखे अंबार से एक फ़ाइल खींचते हुए, उनकी ओर बढ़ा दी।

"उसने तुम तीनों के ख़िलाफ़ एफआईआर दर्ज की है।" ग्वाल बोले। "पर वह अब भी माफ़ीनामा कुबूल करने को तैयार है और इसके साथ ही तुम्हें यह वादा भी करना होगा कि तुम तीनों में से कोई भी कभी उसे उँगली से भी नहीं छुएगा।"

तीनों कैदियों के बीच झटपट चर्चा हुई और वे माफ़ी माँगने को तैयार हो गए। ग्वाल ने बताया कि वह युवक एक पढ़ा-लिखा सभ्य शहरी था जो खुद को हमेशा दंगे-फसाद से दूर रखता था।

"सर, मुझे यकीन है कि वह ऐसा नहीं है।" लकी बोला। "पर एक सभ्य इंसान होने के नाते, उसे पता होना चाहिए था कि कैदी बिगड़ैल होते हैं और उनसे पंगा नहीं लेना चाहिए।"

"तो लक्ष्मण, तुम खुद को भी इनमें से एक मानते हो, एक गैंगस्टर?" ग्वाल ने पूछा।

"मीडिया ने मुझे गैंगस्टर घोषित कर दिया है।"

ग्वाल को इस बात का कोई ज़वाब नहीं सूझा। वे हताश हो कर दोनों हाथों में चेहरा दिए बैठ गए। उन्होंने सबको वापिस भेजते हुए कहा

कि माफ़ीनामे के कागज़ उनके सैल में पहुँच जाएँगे, वे उन पर हस्ताक्षर करके वापिस भेज दें। एक सुपरिटेंडेंट के तौर पर जेल में उनके पिछले नौ बरसों के दौरान ऐसा कभी कुछ नहीं हुआ था। पर लकी ने कैदियों के लिए एक बाहरवाले से पंगा लिया, यह देख कर सभी कैदियों के बीच उसका मान और बढ़ गया था। समय बीतने के साथ-साथ लकी, भूरा और पांडे का नाता भी मज़बूत होता चला गया।

एक दिन, प्रकाश पांडे को गुजरात कोर्ट ले जाया जा रहा था, उस पर एक केस चल रहा था। उस पर गुजरात के दो दौलतमंद हीरा व्यापारियों की हत्या का आरोप था। वह दो दिन के लिए जेल से बाहर रहने वाला था। उसी दिन अमित भूरा को भी सुनवाई के लिए यूपी कोर्ट ले जाया गया।

इस दौरान, लकी अपने केस के सिलसिले में नैनीताल जेल जा रहा था। जब वैन नैनीताल कोर्ट से 80 कि.मी. की दूरी पर रह गई थी तो लकी के साथ आने वाले पुलिसवालों को मुख्यालय से लगातार कॉल्स आने लगे और वे लोग घबराए हुए दिखे। लकी ने उनके डरे हुए चेहरे देख कर भांप लिया कि कोई बड़ा कांड हुआ था। वैन ने यू-टर्न लिया और वे जेल वापिस चल दिए। रात को लकी ने सारे पुलिस विभाग को कानाफूसियों के स्वर में बातें करते पाया जिससे जेल का सारा माहौल बड़ा अजीब लगने लगा।

एक कैदी बोला, "कमांडो भाई? अमित भूरा, पुलिस की कस्टडी से भाग निकला। उसने वैन में बैठे पुलिसवालों से तीन एके-47 राइफ़लें भी छीन लीं।"

लकी सुन कर दंग रह गया। यह ख़बर जंगल में लगी आग की तरह हरियाणा, पंजाब और राजस्थान के पड़ोसी राज्यों में भी फैल गई थी। उत्तर प्रदेश के सारे राजनीतिक और न्याय तंत्र को हिला कर रख दिया

था। अमित भूरा तो निहत्था भी ख़तरनाक था पर तीन-तीन एके-47 क़ब्जे में लेने के बाद तो वाकई जानलेवा हो चुका था। वे तीनों राइफ़लें देहरादून पुलिस की थीं।

अमित उर्फ़ भूरा (वह अपनी चमड़ी के हल्के रंग की वजह से भूरा कहलाता था) ने अपने क्रिमिनल कैरियर की शुरूआत सोलह साल की उम्र में एक लूटमार से की थी। उम्र बढ़ने के साथ-साथ लूटमार के तरीके भी बढ़ने लगे। 2002 में, उस पर मुजफ्फरनगर के दो गैंगस्टर भाईयों नीतू काली और बिट्टू काली के संपर्क में आने के बाद, गुजरात के एक हीरा व्यापारी के क़त्ल का आरोप लगा। इसके बाद, सुनील राठी ने अपने माफ़िया में इस नौजवान को शामिल कर लिया। इसने इस दौरान चार क़त्ल किए जो एक विरोधी गैंग से मुठभेड़ की वजह से हुए। 2 फरवरी 2010 को दिल्ली पुलिस ने इसे पकड़ लिया, तब वह एक टोल बूथ लूटने जा रहा था। क़त्ल और लूटमार के बहुत सारे आरोपों के बाद उसे जेल में डाल दिया गया।

सभी बड़े अख़बारों में अमित के जेल से भागने के साहसिक कदम को छापा गया। इस घटना की रिपोर्टिंग करने वाले आलेखों में पुलिस विभाग को इसकी लापरवाही और ढील के लिए जी भर कर कोसा गया। राज्य और देश की सुरक्षा को ले कर गंभीर सवाल उठ खड़े हुए क्योंकि तीन जानलेवा राइफ़लें एक हार्डकोर अपराधी के हाथ लग चुकी थीं।

सारे राज्य के पुलिस विभाग में तहलका मचा हुआ था। उन्हें किसी भी हाल में वे तीनों एके-47 राइफ़लें वापिस लेनी थीं; अमित भूरा को धर दबोचना, प्राथमिकता सूची में दूसरे नंबर पर था। पूरी जेल में भारी छानबीन की जाने लगी। लकी की तरह पांडे को भी अपने महंगे जूतों (25000 रूपए) से हाथ धोना पड़ा क्योंकि सर्च ऑप्रेशन के दौरान उन्हें फाड़ दिया गया था। एक दिन बाद, हरिद्वार के एसपी, देहरादून जेल में लकी से मिलने आए। वे लोग वर्मा के ऑफ़िस में मिले।

“मुझे कुछ ज़वाब चाहिए।” एसपी ने कड़क लहज़े में कहा।

लकी ने पलटवार किया। “क्या आपके पास कोर्ट की इजाज़त है?”

वर्मा मारे डर के जड़ हो गया। उसने लकी से कहा कि वह थोड़ा आदर से पेश आए, वह हरिद्वार के एसपी से बात कर रहा था।

“हरिद्वार के आदरणीय एसपी से कह दो कि मुझसे सवाल करने से पहले कोर्ट से इजाज़त ले कर आए।” लकी ने कहा और दनदनाते हुए वर्मा के ऑफ़िस से निकल गया।

अगले दिन, प्रकाश पांडे को हरिद्वार जेल में तबादले का आदेश दे दिया गया। सदानंद दाते, ये वही एसपी थे जिन्होंने पहले एक केस में लकी को क्लीन चिट दी थी। वे इस बार बीच में आए और लकी से आग्रह किया कि वह पुलिस की मदद करे। उन्होंने लकी से कहा कि लकी ने देश की सेवा करने का संकल्प लिया था इसलिए उसे कानून की मदद करनी चाहिए। लकी ने इस बारे में सोचा और मदद करने के लिए हामी भर दी। इस बार दाते के कहने पर हरिद्वार के एसपी लकी से मिलने आए।

लकी समझ सकता था कि एसपी उसे उसके दादाजी की शहादत और पिता की देश के लिए निःस्वार्थ सेवा की याद दिला कर भावुक करना चाहते थे ताकि वह अपना बयान दे दे। ख़ैर, उसने अपनी ओर से उन हथियारों की खोज में अपना सहयोग दिया क्योंकि वे हथियार देश की सुरक्षा के लिए जोखिम हो सकते थे पर उसने भूरा के बारे में कुछ भी न कहने का फ़ैसला किया, उसे भूरा के साथ बीता वक़्त भूला नहीं था।

“संतोष सिंह के घर में सर्च ऑपरेशन करो। हो सकता है कि उस जगह वह मिल जाए जिसे खोज रहे हो।” लकी ने एसपी से कहा।

“वह तो बड़ा ताकतवर नेता है।” एसपी बोले। “ऐसे ऑर्डर पर कौन साइन करेगा?”

"तो फिर नेता नीरज बवाना के कज़िन रोंबित शौक़ीन के घर की तलाशी लो। तीन दिन में राइफ़लें आपके पास होंगी।"

लकी उठ कर बाहर जाने लगा। फिर उसने अचानक मुड़ कर एसपी को देखा। वह सदानंद दाते के लिए मैसेज देना चाहता था, "दाते सर से कहना कि मैंने उनका एहसान चुका दिया। अब हमारा हिसाब बराबर हो गया है।"

एसपी ने वही किया जो लकी ने कहा था और वे शौक़ीन के घर से राइफ़लें पाने में क़ामयाब रहे। पुलिस विभाग ने चैन की साँस ली और किसी तरह अपनी इज़्ज़त बचाई।

पर लकी को भूरा की योजना या उस ठिकाने का कैसे पता चला, जहाँ वह हथियार छिपाने जा रहा था? यह ज़वाब उन दिनों में छिपा था, जब भूरा और लकी को प्रकाश पांडे के साथ एकांत जेल में रखा गया था। उनमें से हर कोई अपने दोस्तों और साथियों से बात करने के लिए प्रकाश पांडे का फ़ोन इस्तेमाल करता था।

उन्हीं दिनों, लकी ने अमित भूरा को अपने भागने की योजना पर बात करते सुना था। अमित फ़ोन पर किसी शौक़ीन का भी नाम ले रहा था। ज्यों ही लकी को अमित के भागने का पता चला तो उसने वे सारी कड़ियाँ जोड़ लीं और अंदाज़ा लगाया कि हथियार किस जगह हो सकते थे।

इस बार लकी ने भगोड़े अपराधी के हथियार छिपाने की जगह बता कर, उसके साथ नाता तोड़ा और कानून का साथ दिया।

38

ओके होटल की 'नॉट सो ओके' कहानी

सुनवाई के दिन, राजू परगई का बड़ा भाई देवेंद्र, कोर्ट के आगे गवाही देने वाला था। लकी दो पुलिसवालों के साथ कोर्ट में पहुँचा और कठघरे में खड़ा हो गया। एक पवित्र ग्रंथ उसके सामने लाया गया। देवेंद्र ने उस पर हाथ रखते हुए कोर्ट के आगे कसम खाई कि वह केवल सच कहेगा और सच के सिवा कुछ नहीं कहेगा।

अभियोग पक्ष के वकील ने कारवाई चालू की। उसने परगई के भाई से कहा कि जज साहब के आगे अपनी पहचान रखे, देवेंद्र ने झट से अपने बारे में बता दिया। फिर वकील ने अपने हाथ में पकड़े दस्तावेजों की ओर झाँका। और फिर हमेशा की तरह उन्हें पढ़ने के बजाए तय किया कि वह पूछताछ के तौर पर कोर्ट के आगे ये बातें लाएगा। वह फिर से डेस्क पर गया, उधर रखी एक फ़ाइल में वे क़ागज़ डाल दिए। फिर वह विटनेस बॉक्स के पास आया। लकी बड़ी बेचैनी से सब देख रहा था।

"मि. देवेंद्र।" वकील ने कहा। "प्लीज़ कोर्ट को बताइए कि आपने क़त्ल की रात क्या देखा?"

देवेंद्र औसत क़द का आम सा आदमी था। उसके नैन-नक़्श थोड़े-बहुत परगई की तरह थे। हालांकि उसमें इतना साहस नहीं दिखता था कि वह ऐसे हालात में खुद को संभाल सके। उसकी नज़रें एक जगह नहीं टिक रही थीं, हाथों में कंपन था और माथे पर पसीना छलछला उठा था।

"ज्यों ही मैं होटल के पास आया, मेरी नज़रें एक फोर्ड पर गईं जो हाईवे से तेज़ी से निकल रही थी।"

"होटल का नाम क्या था?"

"ओके होटल।"

वकील ने कहा। "और कार में कौन बैठा था?"

"मैंने इस आदमी को देखा।" उसने लकी की ओर इशारा किया। "यह गाड़ी चला रहा था। अमित आर्य इसके साथ बैठा था और मेरा भाई राजू पिछली सीट पर था। फोर्ड के ठीक पीछे शेवरले आ गई जिसमें चार लोग थे।"

उसने दोनों कारों के नंबर भी दिए, उसका दावा था कि उसने उनकी प्लेटों से नंबर नोट किए थे। अभियोग पक्ष के वकील ने उन कठघरों की ओर इशारा किया जिनमें संजय और तीन अन्य अपराधी खड़े थे।

"उस गाड़ी में ये चार लोग थे?"

गवाह ने सिर हिला कर हामी भरी।

"दैट्स ऑल योर ऑनर।" वकील ने जज से कहा। "गवाह ने मुख्य अभियुक्त को उसी फोर्ड कार में देखा जिसमें राजू और अमित मरे पाए गए। इसके अलावा बाकी चार आरोपी दूसरी कार में पीछे आ रहे थे।"

उसने कहा कि गवाह के बयान से यह साफ हो गया कि मुख्य अपराधी लकी उर्फ़ लक्ष्मण बिष्ट, उन लोगों के क़त्ल से पहले, उनके साथ देखा गया आख़िरी व्यक्ति था। "वह उन्हें मौत की ओर ले जा रहा

था।" वकील ने कहा। फिर उसने दावा किया कि बाकी चार लोग दूसरी कार में इसलिए चल रहे थे कि जब लकी उन दो लोगों को गोली मार दे तो बाकी बचा काम वे पूरा करें। उन दो मृतकों की लाशें बुरी तरह से विकृत अवस्था में मिली थीं।

"जज साहब।" उसने तेज़ सुर में कहा। "लक्ष्मण बिष्ट न केवल हत्यारा बल्कि एक बेरहम इंसान है। मैं कोर्ट से अपील करता हूँ कि उसने जिस बेरहमी से राजू परगई और अमित आर्य को मारा, उसे ध्यान में रखते हुए ही उसके लिए सज़ा तय की जाए।"

अभियोग पक्ष का वकील अपनी मेज पर झुका और बैठ गया। लकी का वकील अपनी जिरह के लिए पहले ही खड़ा हो गया था। देवेंद्र ने जेब से रूमाल निकाल कर पसीना पोंछ लिया। लकी के वकील ने हाथ में पकड़ी हुई एफआईआर की कॉपी हवा में लहराई।

"मि. देवेंद्र, क्या आप कोर्ट को उस होटल का नाम याद दिला सकते हैं जिसके आसपास कार देखी थी?" लकी के वकील ने पूछा।

"ओके होटल।" देवेंद्र बोला।

"आप इस ओके होटल के पास क्या कर रहे थे?"

देवेंद्र ने गला खंखारा। "मैं उस जगह सब्जी लेने गया था।"

"आपके घर के आसपास रोज़ पंद्रह सब्जी वाले ठेले लगाते हैं। आप अपने घर से डेढ कि.मी. दूर होटल के पास सब्जी लेने क्यों गए?"

देवेंद्र ऐसे खड़ा रहा मानो उसने कोई भूत देख लिया हो। उसने एक-दो पल तक अपने वकील को ताकने के बाद कहा कि अमित आर्य के भाई ने उस होटल में मिलने को कहा था। लकी के वकील ने पुष्टि की कि देवेंद्र ने कार को जिस रास्ते पर देखा था, वह एक नेशनल हाईवे था। फिर लकी के वकील ने सारी घटना फिर से बताने को कहा। देवेंद्र

ने ठीक वही शब्द दोहराए जो वह पहले भी बता चुका था। वकील ने पूछा कि क्या वह फोर्ड उसके भाई की थी। गवाह ने इंकार किया।

"क्या तुम कोर्ट को उन कारों के नंबर बता सकते हो जो इन दो कारों के पहले या बाद में निकली होंगी?" वकील ने पूछा।

"मैं नहीं बता सकता।" देवेंद्र झट से बोला।

लकी के वकील ने जज का ध्यान इस ओर दिलाया कि नेशनल हाईवे पर कारें तेज़ी से निकलती हैं, उसने हैरानी दिखाते हुए कहा कि देवेंद्र की निगाहें अचानक उसी कार पर गईं जिसमें लकी उसके भाई और अमित आर्य के साथ बैठा था?

उसने देवेंद्र को तेज़ आवाज़ में इस तरह पुकारा कि पहले से सहमा हुआ देवेंद्र किसी तरह सच कह दे। "मि. देवेंद्र, इस कार में ऐसा क्या ख़ास था जिसने आपका ध्यान अपनी ओर खींचा?"

ऐसा लगा कि गवाह के पास शब्द ही नहीं बचे। उसने एक बार फिर से रूमाल से सारा चेहरा पोंछा। जिस जगह लोग बैठे थे, उधर से बुदबुदाहट सुनाई देने लगी। जज ने सबको चुप करने का आदेश दिया और फिर शांति छा गई। फिर जज ने वकील से आगे बढ़ने को कहा।

"जब आपने कार देखी तो उस समय क्या बजा था?" वकील ने पूछा।

"साढे सात बजे थे।" देवेंद्र बोला

"और आपने केस कब फ़ाइल किया?"

"अगली सुबह, सात बजे के आसपास।"

"आपको यह एहसास होने में बारह घंटे लगे कि आपने अपने भाई को मेरे क्लांइट के साथ देखा है और वह ख़तरे में हो सकता है?"

"मुझे तब तक कोई अंदाज़ा नहीं था।"

"मुझे यकीन है कि आपको पूरे बारह घंटों में कोई सुराग तो मिल ही गया होगा?" वकील एक पल के लिए रुका और फिर बोला। "क्या आपने अगली सुबह वाले बयान में पुलिस के आगे मेरे क्लाइंट का नाम लिया था?"

"नहीं।"

"योर ऑनर, कितनी हैरानी की बात है। वकील ने एक बार फिर तेज़ सुर कर लिया। "इस आदमी ने पुलिस के आगे दिए गए बयान में मेरे क्लाइंट का नाम तक नहीं लिया था। और फिर भी जाने कैसे, इसे पूरा यकीन है कि मेरे क्लाइंट ने ही इसके भाई और उसके साथी अमित का खून किया है।"

यह गवाह भी, अपने से पहले आए गवाहों की तरह हक्का-बक्का रह गया था। वकील ने अपनी जिरह पूरी करते हुए जज के आगे गवाह के बयान और दावों की कमियों की ओर इशारा किया। उसने इस बात पर ज़ोर दिया कि पिछली गवाहियों की तरह, यह गवाह भी उसके ग्राहक को इस केस में फँसाने के मक़सद से आया हुआ लग रहा था जिससे साफ़ पता चलता था कि इस केस में कितना राजनीतिक गड़बड़झाला हो रहा था।

वकील अपनी जगह बैठ गया। जज ने अपनी फ़ाइल में कुछ लिखा और उसे एक ओर रखने के बाद कोर्ट को स्थगित करने का आदेश दे दिया। लकी जेल वापिस आया तो मन में जीत के एहसास के साथ हल्की उदासी भी घुली थी। वह खुश था कि यह सुनवाई भी उसके ही हक़ में गई और उदास इसलिए था कि उसने अपनी दोनों बहनों की शादी के लिए जो पैसा जोड़ा था, वह सारा केस लड़ने में लग रहा था। वह अपने कड़वे-मीठे भावों से उबरने के बाद इस बारे में सोचने लगा कि हालांकि अभी जंग ख़त्म नहीं हुई थी, पर अंधकार के लंबे अरसे के बाद उम्मीद की एक किरण दिखने लगी थी।

39

समय पर हस्तक्षेप

पिछले ढाई वर्षों के दौरान लकी को पहली बार जेल की रसोई में जाना पड़ा। वह जलते हुए कोयले के अंबार के आगे खड़ा था। उसने गहरी साँस लेते हुए अपना दायाँ हाथ उसमें झोंक दिया। उसने अपने हाथ को तब तक उसी तरह रखा, जब तक उसकी उँगलियाँ पूरी तरह झुलस नहीं गईं। उसने ऐसा इसलिए किया ताकि उसे आधार कार्ड का रजिस्ट्रेशन करवाने से छूट मिल सके और उसके फ़िंगरप्रिंट न लिए जा सकें।

आधार कार्ड एक अनूठा पहचान प्रमाण-पत्र है जो भारत के हर नागरिक को उसकी बायोमीट्रिक जानकारी के आधार एक 12 डिजिट का आईडेंटिटी नंबर देता है। द यूनीक आइडेंटीफिकेशन अथॉरिटी ऑफ़ इंडिया (यूआईडीएआई), स्टेटुचरी अथॉरिटी की स्थापना 2009 में जीओआई ने की थी, वह नागरिकों का डाटा जमा कर रही थी ताकि उनके लिए यूनीक आधार कार्ड आईडी बन सके जिसे सरकारी योजनाओं का लाभ उठाने के लिए इस्तेमाल किया जा सकता था। पर आलोचकों और गोपनीयता निगरानी दलों का दावा था कि यह भारतीय नागरिकों को

ट्रेक करने का एक तरीका था क्योंकि आधार को बैंक ख़ातों, टैक्स रिटर्न और यहाँ तक कि लोन एप्लीकेशंस से जोड़ा जाना था।

जेल अधिकारियों ने कैदियों पर दबाव बनाया कि वे आईडी बनवाने के लिए अपनी सारी जानकारी जमा करें। लकी को एजेंसी की ओर से कड़ी चेतावनी दी गई थी कि वह ऐसी कोई भी जानकारी देने से बचे जिससे पुलिस रिहाई के बाद उसकी खोज कर सके।

लकी ने जेल अधिकारियों से कहा कि उसे यह जानकारी देने से अलग रखा जाए। अधिकारियों ने उसकी बात मानने से इंकार कर दिया। यूआईडीएआई के अधिकारी पहले भी कुछ बार जेल आ चुके थे, इसके बाद लकी के सैल के रजिस्टर्ड होने की बारी आई। आधार कार्ड बनाने के लिए दोनों हाथों की उँगलियों की छाप ज़रूरी थी क्योंकि उससे आवेदक की बायोमीट्रिक जानकारी बनती थी। जब लकी ने देखा कि वह किसी भी तरह से आधार रजिस्ट्रेशन से नहीं बच सकता तो उसने गर्म कोयल के अंबार के आगे खड़े हो कर अपनी उँगलियों को जलाने का असाधारण तरीका अपनाया।

"तुम्हारे हाथ को क्या हुआ कमांडो भाई?" सुपरस्टार संजय दत्त के घोर प्रशंसक बाबा ने पूछा।

बाबा को देसी कट्टे बनाने और गैरकानूनी तरीके से बेचने के जुर्म में पकड़ा गया था पर बॉलीवुड के जाने-माने अभिनेता संजय दत्त के लिए उसके जुनून ने ही उसे जेल में बदनाम कर रखा था। वह अभिनेता की कमाल की नक़ल उतारता था। वह उसी ठसक से चलता, उसका सिर एक ओर झुका रहता और कंधे चौड़े तने रहते। गर्दन तक लहराते बालों के साथ वह खुद को खलनायक के एक्टर जैसा ही समझता था।

"कुछ नहीं।" लकी ने बात बदलनी चाही। "तुम्हारी अगली सुनवाई कब है?"

"कल।" बाबा ने अपने मनपसंद एक्टर के अंदाज़ में झूमते हुए कहा। "पर मेरे पास तो इस छुट्टी वाले दिन की मौज के लिए पैसा नहीं है।"

लकी को एहसास हुआ कि बाबा उससे चार पैसे मिलने की आस में आया था। उसने जेब से पाँच सौ का नोट निकाला और झट से बाबा की जेब में डाल दिया। बाबा का चेहरा चमक गया और लकी ने उसे संजय दत्त के अंदाज़ में झूमते हुए वापिस जाते देखा।

एक दिन बाद, लकी ने उसे फिर से वापिस जेल में देखा और पता चला कि उसे अपराधी घोषित किया गया था। लकी बाबा को दिलासा देने के लिए गया तो उसे बाबा को देख कर झटका सा लगा। बाबा तो अपराधी घोषित होने के बावजूद अपनी मौज में था। इसकी वजह पूछने पर उसने बताया

"कमांडो भाई, मुझे दोषी तो मान ही लिया गया था। पर इसके साथ ही मैं किसी तरह मुझे गिरफ़्तार करने वाले पुलिस वालों की ऐसी-तैसी करने में भी क़ामयाब रहा।"

"कैसे?" लकी ने पूछा।

उन्होंने सुबूत के तौर पर जज के आगे जो पिस्तौल रखी थी, वह तांबे की नहीं थी। इसलिए मैंने जज से कहा कि पुलिसवालों ने अपने मन से सुबूत बनाया है क्योंकि मैं तो तांबे की पिस्तौल ही बनाता हूँ और उनमें ही डील करता हूँ।"

बाबा की इन हरकतों की वजह से दो पुलिसवाले सस्पेंड हुए। लकी ठहाका लगाने ही वाला था कि किसी तरह खुद को रोक लिया क्योंकि वह बाबा की खुशी बरबाद नहीं करना चाहता था, कुछ समय बाद उसे अपनी बेवकूफ़ी समझ आ ही जानी थी। लकी चुपके से उस पर हँसा और सोचने लगा कि बाबा भी क्या मज़ाकिया टाइप का बंदा था। पर

अगर लकी के सैल में साथ रहने वालों की बात करें तो अकेला बाबा ही नहीं था। अम्पू भी एक अजीब ही केस था।

तैंतीस साल के अम्पू को 21 साल की उम्र में डबल मर्डर के आरोप में पकड़ा गया था। वह बड़ी ज़ल्दी लकी का दोस्त बन गया और अक्सर उससे मिलने के बहाने खोजा करता। जब अम्पू जेल में आया तो वह एसएससी पास आउट था, वह देहरादून जेल से ग्रेजुएशन कर रहा था ताकि बाहर निकलते ही किसी फ़ैक्ट्री में नौकरी मिल सके। वह उम्मीद कर रहा था कि जल्द रिहाई मिल जाएगी क्योंकि उसके परिवार ने स्टेट गवर्नर के पास अर्ज़ी लगाई थी कि उसे चौदह साल की जेल पूरी होने के बाद ज़ल्दी आज़ाद कर दिया जाए। एक दिन वह चहकते हुए लकी के पास आया। उसने हाथों में बोर्ड पेपर पकड़ा हुआ था।

“देखो, कमांडो भाई।” उसने कागज दिखाते हुए कहा। “मैंने ग्रेजुएशन का दूसरा साल पास कर लिया।”

लकी ने कागज़ हाथ में ले कर ध्यान से देखा। अम्पू अपने सैल में गया और कुछ ही देर में पुरानी मार्कशीट और सर्टिफिकेट ले कर आ गया। वह लकी को इस तरह वह सब दिखा रहा था जैसे क्लास में टॉप आने वाला बच्चा यह सब दिखा रहा हो।

“तुम इन सब का क्या करने वाले हो?” लकी ने पूछा।

“मैं इन्हें इंटरव्यू में साथ रखूँगा। एक अच्छी नौकरी ले कर कानूनी तरीके से पैसा कमाऊँगा। एक अच्छे नागरिक की तरह जीवन बिताना है, भाई।”

“अम्पू, अच्छी सोच है।” लकी ने कहा। “पर तुम्हारी योजना में ज़रा सी दिक्कत है।”

“क्या दिक्कत है?” अम्पू ने मुँह बनाया।

"इस सर्टिफिकेट के हिसाब से तुमने देहरादून जेल से डिग्री ली है। इस डिग्री के हिसाब कौन भड़वा नौकरी देगा?"

अम्पू के चेहरे का रंग उतर गया। उसने अपने कागज़ लकी से छीने और उस हिस्से को देखने लगा जहाँ वह सब लिखा था। वह नाराज़ लग रहा था। उसने पैर पटकते हुए सारे कागज़ झट से रसोई की आग के हवाले कर दिए। लकी पहले तो हँसा पर फिर उसे पछतावा हुआ कि उसने अम्पू की झूठी उम्मीद तोड़ दी थी। जेल में उस उम्मीद की क़ीमत हीरे से कहीं ज़्यादा थी।

उस रात लकी की आँखें डबडबा गईं। उसकी आँखों के आगे कांगो का वह दिन नाच गया जब उन्हें बोको हरम ग्रुप के आतंकवादी को पकड़ने के लिए एक बेगुनाह की जान लेनी पड़ी थी। उन्हें इंटेलीजेंस से ख़बर मिली थी कि आतंकवादी दल का एक सदस्य किसी निश्चित जगह पर छिप कर बैठा था। उन्होंने उस इलाके की घेराबंदी की और सर्च ऑपरेशन (सीएएसओ) चला कर उस व्यक्ति को दबोच लिया। उन्होंने उसका मुँह खुलवाने के लिए बहुत यातनाएँ दीं। पर जब तक उन्हें यह पता चलता कि आतंकवादी से जुड़ी ख़बर सही नहीं थी और वह एक आम नागरिक था, तब तक वे अपनी हद पार कर चुके थे। उस आदमी को इतनी यातना दी जा चुकी थी कि अगर उसे रिहा किया जाता तो वह उन्हें इंटरनेशनल कोर्ट में घसीट सकता था। तब वे सब भारी मुसीबत में पड़ सकते थे। लकी ने खुद आगे आ कर वह सारी परेशानी और ज़िम्मेदारी अपने सिर ली और उस व्यक्ति को रिहा करने का आग्रह किया। सेना उलझन में थी, उसने लकी के आग्रह पर ध्यान देने के बजाए उस आदमी को जान से मारना ही बेहतर समझा ताकि उन्हें आगे आने वाले नतीजों को न भुगतना पड़े।

लकी उस भयावह दृश्य को अपनी आँखों के आगे से नहीं हटा पाता था। जब उसे हर रात इसके बारे में ख़्याल आता और उसे लगता कि

वह भी उस बेगुनाह की जान लेने वाले लोगों के बीच खड़ा था और आज वह उसी का फल भुगत रहा था। उसने कस कर अपनी आँखें बंद कीं तो गाल पर एक आँसू लुढ़क गया और उसके बाद उसे गहरी नींद आ गई।

मुकदमे की अगली सुनवाई का दिन आ गया था। लकी अदालत पहुँचा तो उसे ख़बर मिली कि उसके केस को हलद्वानी कोर्ट को सौंप दिया गया था और उस दिन कोई सुनवाई नहीं होगी। वह बुरी तरह से खीझ गया। जेल से लंबी और थका देने वाली 300 कि.मी. लंबी यात्रा में क़रीबन पंद्रह हज़ार का ख़र्च आ जाता था क्योंकि उसे साथ चलने वाले पुलिसवालों के दिल बहलाव और खाने-पीने का भी ध्यान रखना पड़ता था ताकि उनकी ओर से सफ़र के दौरान कोई परेशानी न हो। चूंकि प्रकाश पांडे का भी तबादला हो चुका था इसलिए लकी के पास नक़द की कमी हो गई थी जो पांडे अक्सर दरियादिली से दिया करता था।

उसने सोचा कि अचानक उसके केस को दूसरे कोर्ट में भेजने की बस दो ही वजह हो सकती थीं। दोनों ही वजहें, लेडी जज मीना तिवारी की उस ईमानदारी से जुड़ी थीं जो किसी के आगे नहीं झुकती थीं, वे नैनीताल कोर्ट में उसका केस देख चुकी थीं। पहली वजह, हो सकता है कि उन्होंने स्वयं को इस केस से परे किया हो क्योंकि ताकतवर लोग उन पर दबाव बना रहे होंगे कि सुबूतों पर ध्यान न देते हुए, उनके पक्ष में निर्णय सुना दें। दूसरी वजह, उन लोगों ने जान कर केस का तबादला दूसरी अदालत में करवाया क्योंकि वे जानते थे कि जज एक ईमानदार इंसान थीं और वे निश्चित रूप से लकी के हक़ में ही निर्णय देने वाली थीं। वजह चाहे जो भी हो, लकी के मन का रोष कम न हुआ। वह अक्सर ज़ोरा सिंह की कही बात को याद करते हुए, ऐसे हालात का सामना करने के लिए स्वयं को तैयार करता, *'अपनी आख़िरी साँस तक लड़ने वाला, कभी नहीं हारता।'*

चूंकि परगई के सारे रिश्तेदार अदालत के सामने गवाही दे चुके थे। अब अमित आर्य के पिता को गवाही देने आना था। अदालत की जगह बदलने के बावजूद लकी कमांडो की एक झलक पाने की इच्छा रखने वाली भीड़ में कोई कमी नहीं आई। अदालत में भारी संख्या में मीडिया और लकी को देखने-सुनने आए लोगों की भीड़ मौजूद थी।

एफआईआर में अमित के पिता की ओर से दिए गए बयान में घर से उनके बेटे के गायब होने का समय दिया गया और साथ ही यह बताया गया था कि अगले दिन सुबह पुलिस ने उन्हें उनके बेटे की मौत की ख़बर कितने बजे दी। उनका यह भी दावा था कि वे लकी को जानते थे क्योंकि क़त्ल की रात वह अमित के पास घर आया था। उन्होंने यह भी कहा कि उन्होंने लकी को अमित से यह भी कहते सुना था कि वह उसके साथ चंडीगढ़ जाने को तैयार हो जाए।

जिरह के दौरान लकी के वकील ने पूछा कि उन्होंने लकी का नाम अपनी एफआईआर में दर्ज क्यों नहीं करवाया, जबकि उन्होंने देखा था कि वह उनके बेटे को अपने साथ चंडीगढ़ दौरे पर चलने के लिए ले जाने आया था। यह सुन कर अमित के पिता ने कहा कि वे अपने बेटे की मौत की ख़बर से इतनी बुरी तरह से दहल गए थे कि एफआईआर करवाने के दौरान मानसिक रूप से विचलित थे और सारी बातें याद नहीं कर सके।

"मि. आर्य, आप कितने दिन तक सदमे में रहे?" लकी के वकील ने पूछा।

"लगभग दस दिन तक।"

लकी के वकील ने अपने हाथ में थमा कागज़ अमित के पिता की ओर बढ़ाते हुए आग्रह किया कि वे उस कागज़ पर लिखी तारीख़ पढ़ कर बताएँ।

“10 सितंबर।” अमित के पिता धीरे से बोले।

वकील ने उनके हाथ से कागज़ छीनते हुए दावा किया कि उस कागज़ पर आर्य का दूसरा बयान था जिसमें उन्होंने यह कहा कि उन्होंने लकी को देखा था, जब वह उनके बेटे को चंडीगढ़ दौरे पर साथ ले जाने के लिए उनके घर आया था।

“क़त्ल के चार दिन बाद, उन्होंने दावा किया कि उन्होंने अपने बेटे को मेरे क्लाइंट के साथ देखा था। जबकि उन्होंने अभी भरी अदालत के सामने यह माना कि वे अपने बेटे की मौत की ख़बर सुन कर लगभग दस दिन तक सदमे में रहे। मेरा मानना है कि आदरणीय जज इस बारे में थोड़ा हिसाब-क़िताब लगा लें और देखें कि अदालत में इस तरह के बयान को मंज़ूरी नहीं दी जा सकती। ये गवाह पुलिस का रट्टू तोता बन कर वही कहानी दोहरा रहा है जो मेरे क्लाइंट को दोषी ठहराने की मंशा से बनाई गई है। दैट्स ऑल योर ऑनर!”

वकील अपनी जगह वापिस चला गया। जज ने कहा इन्हीं कारणों से गवाह की ओर से पेश किए गए बयान को जायज़ नहीं माना जा सकता और अदालत को अगली तारीख़ तक स्थगित कर दिया गया। अब तक लकी अच्छी तरह जान और समझ चुका था कि सुनवाई के दिन जो भी हुआ, उसके बावजूद जमानत की अर्ज़ी देना बेकार था। वह सब्र के साथ-साथ उम्मीद भी खो बैठा था। इसके बाद, उसने पंद्रह दिन के पैरोल के लिए आवेदन देने के बारे में सोचा।

जेल में एक फ़ोन तिड़ी करने के बाद, वह लगातार अपने संगी-साथियों को ताबड़तोड़ फ़ोन घुमाने लगा कि अगर वह पैरोल पर बाहर आए तो वे उसके नेपाल भागने की योजना पर काम करें। सीमा पार करने के लिए नकली पासपोर्ट तैयार हो रहा था, जब उसे यह पता चला कि उसके पैरोल की अर्ज़ी भी रद्द कर दी गई थी। उसे शक़ था

कि एजेंसी ने किसी तरह उसकी कॉल्स से पता लगा कर, पैरोल को रद्द करवा दिया था ताकि वह देश से बाहर न जा सके। अगले ही दिन एजेंसी के आला अधिकारी के आने से उसका शक़ यकीन में बदल गया।

अधिकारी ने बहुत देर तक समझाने के बाद आख़िर में कहा, "लकी, बस एक ग़लत कदम और तुम इतना नीचे खिंचते चले जाओगे कि हम भी तुम्हें ऊपर नहीं खींच सकेंगे।"

उसने लकी को बार-बार ख़बरदार किया कि उसे नकली पासपोर्ट के साथ गैरकानूनी तरीके से सीमा पार करने जैसी बेवकूफ़ी करने से बचना होगा। लकी को एहसास हुआ कि एजेंसी ने सही समय पर हस्तक्षेप करते हुए, उसके केस को पूरी तरह से बरबाद होने से बचा लिया था। उसने खुले दिल से अधिकारी की सलाह मान ली। उसे यह सलाह भी मिली कि वह व्यायाम और खेल जैसी उत्पादक गतिविधियों में अपना मन रमाए। और इस तरह, लकी अगले दिन सुबह से ही इस सलाह पर अमल करने को तैयार था।

40

जमानत

मार्च 2015

अब तक लकी के ख़िलाफ़ जितने भी गवाह पेश हुए, जिन्होंने उसे देखने का दावा किया था, वे सब स्थानीय या आसपास के थे। इसके बाद जो गवाह सामने आया, वह इन सबसे पूरी तरह से अलग था। एक ख़ास गवाह - एक स्थानीय निवासी कर्ण पनेरू का दावा था कि उसने क़त्ल की रात, लकी को और उन दो लोगों को हलद्वानी से 40 कि.मी. की दूरी पर देखा था। उसे अभियोग पक्ष का इक्का माना जा रहा था जिसे उन्होंने आख़िर के लिए बचा रखा था, वह उसे सही समय पर सबके सामने लाना चाहता था।

लकी के वकील ने पहले ही लकी को बता दिया था कि पनेरू का कोर्ट में गवाही देना, उनके लिए गंभीर मसला हो सकता था। उसने ठीक ही कहा था क्योंकि पनेरू कोर्ट के आगे जो बयान देने जा रहा था उसकी मदद से अभियोग पक्ष के लिए एक ऐसा दरवाज़ा खुल सकता था जो और कई थ्योरीज़ को सामने लाते हुए केस को एक और साल तक घसीट सकता था। लकी भी सोच में पड़ गया कि पनेरू इस मामले से

क्यों जुड़ा था। अगर उसके पास लकी को फँसाने के लिए कोई मक़सद नहीं होता तो जज उसके बयान पर यकीन कर सकता था।

लकी के लिए बड़ी परेशानी यह थी कि उसके पास इस आदमी की कोई शिनाख़्त नहीं थी। बस एक राहगीर और उसका कहना था कि उसने क़त्ल की रात लकी को उन लोगों के साथ देखा था जो मारे गए, बात समझ से बाहर थी। लकी यह मानने को तैयार नहीं था, उसने अपने दोस्तों और एजेंसी को कॉल करके कहा कि कर्ण पनेरू के बारे में ज़ल्द से ज़ल्द सब कुछ पता लगा कर उसे बताया जाए।

वे लोग सुनवाई के चार दिन पहले पनेरू की जानकारी ले कर आए। पनेरू परगई के मामा जामन का दोस्त निकला जिसने कोर्ट में लकी के ख़िलाफ़ पहली गवाही दी थी। वह आदमी परगई के रिश्तेदारों का जानकार था और इसी बात से साफ हो गया था कि वह अचानक लकी के ख़िलाफ़ बयान देने के लिए कठघरे में क्यों खड़ा हो गया था।

अब तक लकी के पास पनेरू और उसके सभी परिवार वालों के फ़ोन नंबर भी आ चुके थे। उसने कर्ण पनेरू के जीजा योगेश को कॉल किया। योगेश ऑटो चलाता था, उसे यह जान कर सदमा लगा कि उसे कमांडो भाई ने देहरादून जेल से सीधा कॉल किया था। लकी ने उससे दोस्ताना बर्ताव रखते हुए यकीन दिलाया कि उसने धमकाने के लिए कॉल नहीं किया था।

“मैं तुमसे यह नहीं कह रहा कि तुम कर्ण से कोर्ट में, मेरे पक्ष में गवाही दिलवाओ।” लकी बोला। “पर उसे सच बोलना चाहिए। समझे?”

“जी कमांडो भाई।” योगेश सकपका कर बोला।

“अगर उसने किसी दूसरे के नाम पर किस्से गढ़ने चालू किए तो सच्ची कसम से, मैं तुममें से एक-एक को नहीं छोडूँगा। तुम्हारे घर का कुत्ता भी किसी को कुछ बताने के लिए ज़िंदा नहीं बचेगा।”

लकी ने कॉल काट दी। उस कॉल का पूरा असर हो चुका था। योगेश ने अपनी पत्नी यानी कर्ण की बहन के पास जाने में एक पल की भी देर नहीं की। वह अपनी पत्नी के आगे उसके भाई की मूर्खता के बारे में बात करने लगा। उसने अपनी पत्नी से कहा कि वह अपने भाई से कहे कि वह अपना बयान वापिस ले ले या फिर अपनी और अपने बच्चों की सलामती के नाम पर घर छोडने को तैयार रहे।

कर्ण की बहन ने अपने भाई को लकी के कॉल के बारे में बताया और आग्रह किया कि वह कोर्ट में झूठी गवाही देने की ग़लती न करे। फिर उसने भाई से यह भी कहा कि अगर उसने बात नहीं मानी तो इस वजह से उसके और उसके बच्चों के लिए भी जान का जोखिम हो सकता था।

कर्ण ने लकी से संपर्क करके बताया कि उसने लकी को राजू परगई और अमित आर्य के साथ नहीं देखा था। वह तो अपने दोस्त जामन की ख़ातिर कोर्ट में झूठी गवाही देने को तैयार हुआ था। कर्ण ने लकी को सब बताने के बाद मदद चाही कि वह उसे इन हालात से बाहर निकाले क्योंकि अभियोग पक्ष भी उसके गवाही देने से इंकार करने पर नुकसान पहुँचा सकता था। लकी ने शहर के बाहर कुछ कॉल किए, उनमें से कुछ लोगों को उसने काम चालू करने में मदद की थी। उसने उन्हें कहा कि जब तक वह दोबारा कॉल नहीं करता, वे लोग कर्ण के रहने और खाने का इंतज़ाम करें।

कर्ण का कोर्ट में न आना ही अपने-आप में सनसनीखेज़ ख़बर बना। उसकी गैर-मौजूदगी से अभियोग पक्ष चकरा गया था। अभियोग पक्ष के वकील ने कोर्ट को दो बार सुनवाई में देर करने का आग्रह किया और फिर उसे सुनवाई को स्थगित करने का आग्रह करना पड़ा। उसने जज से कहा कि उसे कुछ और समय की ज़रूरत थी क्योंकि अभी वह पूरी तरह से तैयार नहीं था। जज ने वकील को कोर्ट का समय बरबाद करने के

लिए फटकारा और कहा कि अगले ही दिन अगली सुनवाई होगी, इसके बाद कोर्ट बरख़ास्त कर दिया गया।

इस दौरान लकी ने सारे इंतज़ाम कर लिए कि कर्ण को अगले दिन सुनवाई के लिए सुरक्षित कोर्ट लाया जा सके। कर्ण कार से पुलिस कॉन्स्टेबल के भेस में उतरा। उसके साथ लकी के आदमी थे, वे अभियोग दल के पास से निकले जो उसे हैरानी से ताकता रह गया। कोर्ट में कर्ण ने माना कि उसके नाम से जो एफआईआर दर्ज की गई, वह झूठी है।

"तुमने झूठा बयान क्यों दिया?" जज ने पूछा।

"जब मैंने काग़ज़ पर साइन किए तो उस पर कोई बयान नहीं था।" कर्ण बोला। इंस्पेक्टर दानू ने कहा कि मुझे खाली काग़ज़ पर साइन करने चाहिए ताकि पुलिस उस हत्यारे को पकड़ सके जो अब देश के लिए राष्ट्रीय संकट बन चुका था।"

अभियोग पक्ष का वकील चिल्लाने लगा और लगातार बोलता रहा कि गवाह झूठ बोल रहा था और अपने बयान से मुकर गया था। जज ने वकील से कहा कि वह कोर्ट की मर्यादा बनाए रखे। कोर्ट को अगले गवाह यानी अमित के भाई के सामने आने तक स्थगित कर दिया गया। जिसे कोर्ट में गवाही देने आना था।

उधर देहरादून जेल में, लकी राज्य के दो कुख्यात गैंगस्टर, शेखर उप्रेती और योगेश रौतेला के भी संपर्क में आया। उन दोनों पर डकैती और हत्या के आरोप थे और वे जेल में लगभग दस साल बिताने के बाद, जेल के अंदर ही कैदियों के बीच समर्थकों का एक बड़ा नेटवर्क बना चुके थे। वे जानते थे कि लकी एजेंसी के लिए काम करता था और इस तरह वे उसे एजेंसी की प्रॉक्सी के रूप में लेते थे।

उन दोनों के मन में एजेंसी के लिए बड़ी नफ़रत थी, उन्हें लगता था कि उन्हें एजेंसी ने छला था। एजेंसी ने उनसे अपने कुछ ग़लत

काम करवाए और फिर दूध से मक्खी की तरह बाहर निकाल फेंका। एजेंसी के लिए काले कारनामों में शामिल होने की वजह से ही आज वे जेल में थे। अफ़वाह फैल गई थी कि वे लकी पर हमला करने वाले थे ताकि एजेंसी से बदला ले सकें क्योंकि लकी को एजेंसी का आदमी माना जाता था।

लकी ने ही अपनी ओर से बात करने की पहल की, वे लोग रोज़ क्रिकेट खेलते थे और लकी ने उसे ही माध्यम बनाया। जब उनकी बातचीत होने लगी तो लकी को पता चला कि वे दोनों गैंगस्टर एजेंसी के लिए कितनी गहरी नफ़रत रखते थे।

उप्रेती बोला, "एजेंसी तेज़ाब है। प्योर एसिड। वे जिसे छूते हैं, उसे जला देते हैं।"

लकी को लगा कि उनकी बातों कुछ सच्चाई तो थी। वे दोनों एजेंसी से इस बात पर नाराज़ थे कि एजेंसी ने 2000 के दशक में उनसे गुप्त रूप से संपर्क किया ताकि दाउद इब्राहिम को ख़त्म किया जा सके पर आख़िर में उन्हें जमानत पर बाहर निकालने के बजाए अकेला छोड़ दिया। लकी ने उन्हें अपनी ओर मिलाने के लिए दावा किया कि वह भी एजेंसी की चालाकी का शिकार था और उसे भी काम निकलने के बाद जेल में सड़ने के लिए छोड़ दिया गया था।

"तो तुम्हें एजेंसी ने किसे निशाना बनाने का काम दिया था?" रौतेला ने पूछा।

"कोई नेपाल का आदमी था।" लकी ने पूरी नौटंकी करते हुए कहा। "पर फिर उन्होंने मुझे भी अकेला छोड़ दिया।"

यह तरीका क़ारगर रहा और दोनों ने लकी को अपने में से एक मान लिया। उन्होंने अपराध की दुनिया के बहुत सारे रोमांचक कारनामे आपस में बाँटे। एक बार उन दोनों की वजह से होने वाले जोखिम को

घटाने के बाद लकी ने अपना ध्यान फिर से सुनवाई की ओर लगाया। अब कोर्ट में उसके ख़िलाफ़ गवाही देने के लिए और कोई नहीं, अमित आर्य का छोटा भाई आने वाला था।

वह अठारह साल का था और उसके लिए अपराध की दुनिया का सुख ऐसा था जैसा मछली को पानी से निकलने के बाद साँस लेने में महसूस होता होगा। उसे कभी किसी से झड़प तक करते नहीं देखा गया था, गन और पिस्तौलें तो दूर की बात रहीं। लकी ने इसी बात का फ़ायदा उठाने की सोची। उसने जान कर अपने आदमियों से अमित के एकांतप्रिय भाई के बारे में अफवाह फैलाने को कहा कि लकी उसके बारे में पता लगा रहा था क्योंकि उसने उसे कभी देखा नहीं था। यह सुन कर अमित के माँ-बाप को अपने बेटे की चिंता होने लगी। उन्हें बेटे की जान की परवाह हो रही थी क्योंकि उन्हें पता था कि एफआईआर में दिए गए बयान सच नहीं थे।

योजना ठीक वैसे ही आगे बढ़ी जैसे लकी ने चाहा था। अमित के भाई ने सुनवाई के दिन कोर्ट में आने से इंकार कर दिया। उसने कोर्ट को संदेश भेजा कि वह मानसिक तौर पर अस्वस्थ था और कोर्ट में आ कर गवाही देने के लिए फ़िट नहीं था। जज ने उसका नाम गवाहों की सूची से काट कर अगली तारीख़ दे दी, जिस दिन किसी कोठारी नाम के आदमी को कोर्ट में पेश होना था। लकी ने लगभग अकेले ही, पिछली दोनों सुनवाईयों को अपने हक़ में कर लिया था।

जेल की बात पर वापिस आते हैं, लकी कोठारी से संपर्क करने का तरीका सोचने लगा। परगई ने फोर्ड कार कोठारी से ली थी जिसमें वह अमित आर्य के साथ मरा पाया गया। लकी को कोठारी का नंबर मिल गया और उसने इस केस में उसकी भूमिका समझने के लिए कॉल लगा दिया। उसकी जिज्ञासा शांत करने के बाद कोठारी ने लकी से कहा कि वह उसे माफ़ कर दे क्योंकि उसे कोर्ट में गवाही देने या लकी के ख़िलाफ़

जाने में कोई दिलचस्पी नहीं थी। फिर कोठारी ने कोर्ट में अर्ज़ी दे दी कि उसे इस गवाही से मुक्त किया जाए। कोर्ट ने अर्ज़ी मंजूर नहीं की और उसे आदेश भेज दिए गए कि सुनवाई वाले दिन अदालत में आना ही होगा। कोठारी को उनका हुक्म मानना पड़ा।

सुनवाई के दौरान, उसने जज से कहा कि उसका इस केस से बस इतना ही मतलब था कि परगई हत्या से पहले, शाम को अमित के साथ उसके पास आया था। वह कोठारी से उसकी कार और कुछ पैसे चाहता था।

"कितना पैसा?" अभियोग पक्ष के वकील ने पूछा।

"पाँच लाख अस्सी हज़ार, सर।" कोठारी बोला।

"तो तुमने उसे इतना पैसा उधार क्यों दिया? परगई ने कुछ तो बताया होगा?"

"सर, मेरा इस बात से क्या लेना-देना?" कोठारी ने कड़े शब्दों में कहा। "मैं तो पेशेवर महाजन हूँ। मेरे पास इस सौदे की कानूनी रसीद भी है।"

"क्या तुम यकीन से कह रहे हो, मि. कोठारी? क्या उसने तुम्हें किसी के साथ चंडीगढ़ दौरे के बारे में कुछ नहीं कहा?"

"ऑब्जेक्शन योर ऑनर।" लकी का वकील अपनी सीट से उठ गया। "मेरे क़ाबिल दोस्त बेवजह गवाह को लीड करने की कोशिश कर रहे हैं।"

"ऑब्जेक्शन सस्टेन्ड।" जज ने कहा।

"क्या तुमने इस आदमी को परगई के साथ नहीं देखा?" वकील ने लकी की ओर इशारा करते हुए पूछा

"नहीं सर।" कोठारी बोला। मैं तो इसे पहली बार देख रहा हूँ।"

जब गवाह के साथ बातचीत में कोई नतीजा नहीं निकला तो अदालत को स्थगित कर दिया गया। और कोठारी इस केस में आख़िरी गवाह था इसलिए जज ने केस की कानूनी कारवाईयों का नतीजा घोषित किया।

“अन्य आरोपियों के ख़िलाफ़ भी मामले दर्ज किए गए कि जिन्होंने इस मामले में गवाहों को बयान न देने के लिए धमकाया था।” बलविंद्र सिंह ने कहा। “पर लकी के ख़िलाफ़ कोई मामला नहीं था। हालांकि धमकी के मामले में भी सभी आरोपियों को बरी कर दिया गया।”

लकी के वकील ने जमानत की अर्ज़ी जमा करवा दी। उसने तर्क दिया कि सुनवाई पूरी हो चुकी थी और अब उसके क्लाइंट की ओर से गवाहों को नुकसान पहुँचाने की कोई संभावना नहीं थी इसलिए उसे बंदी बना कर रखने का कोई आधार नहीं बनता था। कोर्ट ने लक्ष्मण बिष्ट उर्फ़ लकी कमांडो की जमानत मंजूर कर ली। लकी गिरफ़्तार होने के बाद से, पहली बार जेल से पुलिसवालों के साथ कलाईयों पर बिना हथकड़ी पहने बाहर आया।

41
बहन की शादी

ज्यों ही लकी जमानत पर बाहर आया, उसने देखा कि बाहर एक स्कॉर्पियो उसे घर ले जाने के लिए तैयार खड़ी थी। उसके पिता एक कार से बाहर निकले और उससे मिलने आगे आए। लकी तेज़ी से अपने पिता की ओर बढ़ा और उनके पैर छू लिए। उसके पिता ने कंधों से पकड़ कर गले से लगा लिया। लकी नम आँखों से कार में सवार हो गया। उसे कार में अपने एक दोस्त के सिवा बाकी सारे नए चेहरे दिखे। दोस्त ने बताया कि कारें हलद्वानी के एक बिज़नेस टाइकून हितेंद्र ने भेजी थीं। लकी भावुक हो गया।

जब उसके दिमाग में यह ख़्याल आया कि वह पिछले तीन सालों में पहली बार, अपने घर में पूरी तरह से आज़ाद हो कर कदम रखने जा रहा था तो भावों का अंबार सा उमड़ आया। वह अपनी दो बहनों और ख़ासतौर पर अपनी माँ से मिलने वाला था; वही माँ जिससे तीन साल पहले वादा किया था कि वह ज़ल्द ही घर आ जाएगा। यह उस दिन की बात है जब पुलिसवाले अचानक घर आए और वह पैरों में चप्पलें पहन उनके साथ जेल आ गया था। हालांकि उसका मन इतना खुश नहीं था,

वह घर जाते हुए उनके लिए कुछ तोहफ़े ले जाना चाहता था। पर इस समय उसके बैंक ख़ाते में बस 610 रूपए थे।

घर पहुँचने में सात घंटे लगे। ज्यों ही लकी कार से उतरा, हितेंद्र के आदमियों में से एक, उसके पास आया और हितेंद्र के भेजे हुए एक लाख रूपए सामने रख दिए। लकी ने पहले तो वे पैसे लेने से इंकार कर दिया। उस आदमी ने हितेंद्र को कॉल किया तो उसने लकी से कहा कि वह उन रूपयों को रख ले, उसे इस समय ज़रूरत होगी। एकाध बार इसरार करने के बाद हितेंद्र ने लकी से कहा कि वह उन पैसों को उधार समझ कर रखे और जब उसके पास पैसे हों तो उन्हें वापिस लौटा दे। जिस इंसान के खाते में 610 रूपए हों, ऐसा कोई भी इंसान पैसे लेने से इंकार नहीं कर सकता। लकी ने भी पैसे ले लिए और हितेंद्र को इस मदद के लिए शुक्रिया कहा।

रात के नौ बजे थे। अभी लकी को घर आए एक ही दिन हुआ था और वह घर के पके खाने का आदी नहीं हुआ था। उसका हाज़मा गड़बड़ हो रहा था। वह अपने पिता के साथ कमरे में बैठा था कि लैंडलाइन की घंटी बजी। उसके पिता ने उसे आराम से बैठने को कहा और फ़ोन उठा लिया।

"हैलो।" उस ओर से भारी और बेहूदा सा स्वर सुनाई दिया। "मैं एजेंसी के ऑफ़िस से बोल रहा हूँ। क्या मैं मि. लक्ष्मण से बात कर सकता हूँ?"

लकी के पिता ने लकी से कॉल लेने का इशारा किया। "एजेंसी।" वे लकी के कान में बुदबुदाए और फिर फ़ोन पर उसके पास आ कर खड़े हो गए। लकी ने फ़ोन को खीझ कर देखा और रिसीवर ले लिया।

"लक्ष्मण बिष्ट।" कॉलर बोला। "तुम्हें अगले चौबीस घंटों में दिल्ली के एजेंसी ऑफ़िस में रिपोर्ट करना है।"

"पर सर, अभी तो घर आए एक ही दिन हुआ है।" लकी के सुर की खीझ साफ़ सुनी जा सकती थी। "प्लीज़ कम से कम एक हफ़्ते की छुट्टी तो दीजिए।"

"*ऑर्डर्स आर ऑर्डर्स लकी*। हम कल तुम्हारा इंतज़ार करेंगे।"

कॉलर ने फ़ोन रख दिया। लकी ने रिसीवर रखा तो वह बुरी तरह से चिढ़ा हुआ था। उसने अपने पिता से कहा कि अगर एजेंसी से दोबारा कॉल आए तो कह दें कि वह घर पर नहीं है। ज्यों ही कोर्ट ने जमानत का आदेश दिया होगा, इसके साथ ही उन्होंने एजेंसी को भी सूचना दे दी होगी।

पर लकी एजेंसी में वापिस नहीं जाना चाहता था। एजेंसी और सिस्टम, दोनों से ही मोहभंग हो चुका था, उसने देश के लिए जो कुछ भी किया, वे दोनों ही उसके लिए कुछ भी करने में नाक़ाम रहे। पिछले तीन सालों के दौरान एजेंसी ने खुद को उससे अलग कर लिया था जिससे उसका मन कड़वाहट से भरा हुआ था। वैसे भी, वह अभी अपने घर में रहना चाहता था ताकि बची हुई सुनवाईयों को अच्छी तरह निपटा सके और उसे सभी आरोपों से बरी किया जाए। अभी कुछ समय के लिए, उसने यही तय किया कि वह एजेंसी को रिपोर्ट नहीं करेगा। और यह पूरी तरह से तय था।

एजेंसी की ओर से लकी के लिए लगातार बुलावे आते रहे। पहले सम्मन डीएम के ऑफ़िस में आता। डीएम उसे एसएसपी को भेजते और एसएसपी उसे स्थानीय कोतवाली को भिजवा देते। स्थानीय पुलिस स्टेशन से छह या सात पुलिसवाले लकी के घर सम्मन देने की औपचारिकता निभाने आते और उसे याद दिलाते कि उसे आदेश का पालन करना है। पर लकी इस जगह भी अपना काम निकालना जानता था। पुलिसवाले बार-बार अपने उन उपहारों से लद कर लकी के घर से वापिस आते,

जो वह उन्हें बाँटता था। वे डीएम के ऑफिस में मैसेज कर देते कि उन्हें लकी घर पर नहीं मिला!

इतना सब होने पर भी लकी अपनी बहन की शादी की तैयारियों में दिल से जुटा था, जो कुछ ही दिन में पूरी धूमधाम और शान से होने जा रही थी।

घर को जगमग करती बत्तियों और झालरों से सजा दिया गया। शादी से पहले बहुत सारे मेहमानों की आवाजाही रही। बड़ी-बड़ी दावतें और पारंपरिक रिवाजों के अनुसार शादी से पहले की सारी रस्में पूरी की गईं। लकी छिपने के बजाए खुल कर सामने आया और उसने सरकार और एजेंसी को संदेश दे दिया कि वह अपनी इस रिहाई का पूरा जश्न मनाने का हक़दार था।

13 दिसंबर 2015

शादी का दिन था। लकी ने पारंपरिक कुर्ता-सलवार सूट के साथ पैरों में मोजड़ी पहनीं। शादी के लिए उमड़ी भीड़ में मेहमानों के अलावा पुलिस अधिकारी और एलआईयू (लोकल इंटेलीजेंस यूनिट) के सदस्य भी लकी की चौकस नज़रों से बच नहीं सके। इस शादी में कई बड़े नेता और व्यवसायी भी शामिल थे। लकी अपने परिवार के साथ घर से बाहर निकला जो पूरे गाजे-बाजे और शहनाईयों के बीच दुल्हन को शादी वाले मंडप तक ले जा रहे थे। छोटे लड़के बीच-बीच में पटाखे जलाते और आतिशबाजी करते और इस तरह वे आगे बढ़ने लगे।

तभी लकी को अपने फ़ोन का वाइब्रेशन महसूस हुआ। उसने फ़ोन निकाल कर देखा, नेपाल के कोड के साथ अनजान नंबर चमक रहा था। उसने कॉल ले ली। तभी एक रॉकेट तेज़ आवाज़ के साथ आकाश में गया और फूटा, आकाश में प्रकाश की रंगीन किरणों ने समाँ बाँध दिया।

"हैलो।" लकी बोला। भीड़ की उमंग और शोर-शराबे के साथ ढोल और शहनाईयों का स्वर भी शामिल था, लकी के लिए दूसरी ओर से आ रही आवाज़ सुनना भारी हो गया। "हैलो?"

"लक्ष्मण, नाना की ओर से कॉल कर रहा हूँ।" कॉलर ने भारी सुर में कहा। "हमारे गैंग में आ जाओ और बहन की शादी के लिए बहुत-बहुत बधाई!"

लकी आग-बबूला हो गया। जिसे नाना कहा जा रहा था, वह कोई और नहीं बल्कि अंडरवर्ल्ड डॉन छोटा राजन था, पर छिपी हुई धमकी को सुन कर लकी ने आपा खो दिया। वे उसके परिवार को बीच में ला रहे थे, हालांकि यह वह आदमी था जिसने दाउद इब्राहीम को उसके पैसे के लिए नचा दिया था पर लकी किसी की सुनने वालों में से नहीं था।

"सुन बे चू@#$", लकी गरजा। "अगर मेरे परिवार का नाम भी लिया तो तेरा कलेजा फाड़ कर कच्चा चबा जाऊँगा। अब अपना गटर जैसा मुँह बंद कर और जा कर अपने मालिक के तलवे चाट।"

लकी ने कॉल काटी और मेहमानों की भीड़ का हिस्सा बन गया। उसे देख कर कहीं से भी नहीं लग रहा था कि इस आदमी को दो मिनट पहले, देश के सबसे कुख्यात डॉन्स में से एक की ओर से धमकी भरा कॉल आया था।

उसने फ़ोन कॉल के बारे में किसी से नहीं कहा। पर अगले दिन के अख़बार की सुर्ख़ियों में यह बात थी। लकी से दो पुलिस वाले मिलने आए और उसे धमकी वाले कॉल की वजह से सिक्योरिटी देने भी पेशकश रखी। लकी ने साफ कह दिया कि उसे छोटे-मोटे गैंगस्टर की वजह से किसी प्रोटेक्शन की ज़रूरत नहीं थी। फिर उसने अपनी अगली सुनवाई की तैयारी चालू कर दी जिसमें फोरेंसिक विशेषज्ञ की गवाही होने वाली थी।

42
गिल्टी ऑर नॉट गिल्टी

कोर्ट में लकी के पिता उसके साथ थे। जब लकी को पहले-पहल गिरफ़्तार किया गया था तो उस दौरान उसकी ज़िंदगी जहन्नुम से भी बदतर हो गई थी पर इसके बावजूद वह अपनी अनौपचारिक गिरफ़्तारी के दूसरे ही दिन फोरेंसिक विशेषज्ञ की आँखों में धूल झोंकने में क़ामयाब रहा। उसने अपनी ओर से कुछ नहीं कहा क्योंकि उसे पता था कि जब फोरेंसिक विशेषज्ञ कोर्ट में अपनी बात रखेगा तो सब कुछ अपने-आप ही खुल कर सामने आ जाएगा। उसे फोरेंसिक वाले बंदे को क़ाबू करने में बड़ा दिमाग लगाना पड़ा था और इसी जाल में उसने पुलिस विभाग को भी फाँस लिया था। आज अपनी मेहनत का फल चखने का वक़्त आ गया था।

लकी हमेशा की तरह कठघरे में खड़ा हुआ। कोर्ट में लोगों की भारी भीड़ और वकील दम साधे गवाह के आने के इंतज़ार में थे।

फोरेंसिक विशेषज्ञ ने लोगों की खुसर-पुसर और हलचल के बीच कठघरे में कदम रखा। जब उसने कमीज़ की जेब से काले रिम वाला चश्मा निकाल कर पहन लिया तो जज ने सबको ख़ामोश होने को कहा। लकी को उसे ऐसा करते देख, वह समय याद आ गया जब उसने अपनी

ओर से झूठा फ़ोन नंबर दिया था। फोरेंसिक विशेषज्ञ ने उस नंबर को लिखने के बाद बड़ी ही खुशदिली से अपना चश्मा जेब में रखा था और उस गंदे से टॉर्चर रूम से बाहर निकल गया था। उस समय, उसे लकी की मंशा का कुछ पता नहीं था।

अब उसी विशेषज्ञ को बचाव पक्ष की ओर से बुलाया गया था। इसे देख कर तो अभियोग पक्ष भी दंग था। लकी और उसके वकील के अलावा कोई नहीं जानता था कि लकी पहले ही आरंभिक मुलाक़ातों में फोरेंसिक विशेषज्ञ को अपने जाल में फँसा चुका था।

लकी का वकील उसके पास आया और अपनी पहचान देने को कहा। जब डॉ. दयाल शरण ने अपना परिचय देते हुए खुद को फिंगरप्रिंट एक्सपर्ट बताया तो फिर उससे कहा गया कि वह अपने बयान को दोहराए, जो उसने पुलिस को दिया था।

दयाल ने बताया कि उसे जांच-पड़ताल कर रहे अधिकारी विजय चौधरी ने 6 सितंबर, 2011 को हत्यास्थल पर बुलवाया था। उस जगह जा कर दयाल ने देखा कि दो बुरी तरह से कटी-फटी लाशें फोर्ड कार की पिछली सीट पर पड़ी थीं। उसने जरूरी सुबूत जमा किए और अपने सामने खड़े हो कर प्लास्टिक बैग में सब कुछ सील करवाया और वहाँ से आ गया।

दयाल ने आगे बताया, "अगले दिन, विजय चौधरी ने मुझे भवाली पुलिस स्टेशन आने को कहा ताकि केस में प्रमुख अभियुक्त के हाथों और पैरों के निशान लिए जा सकें।" वह बीच में रुका। "मैं पुलिस स्टेशन गया और मि. लक्ष्मण बिष्ट के हाथों और पैरों की छाप ली, दस्तावेज़ों पर हस्ताक्षर किए और वापिस आ गया।"

"बस इतना ही, योर ऑनर।" लकी के वकील ने कहा और अपनी सीट पर वापिस बैठ गया।

अभियोग पक्ष का वकील उलझन में था। ये कहानी किस दिशा में जा रही थी? सब कुछ ज़ल्द ही सामने आने वाला था। अभियोग पक्ष के वकील ने कहा कि उसे इस बारे में डॉ दयाल से कुछ नहीं पूछना था। जज ने दयाल से कहा कि उसे बचाव पक्ष के आग्रह पर अगली सुनवाई के लिए भी कोर्ट में आना होगा।

आख़िरी और शायद सबसे महत्त्वपूर्ण सुनवाई इंस्पेक्टर विजय चौधरी की थी। इंस्पेक्टर विजय के सामने आते ही लकी और उसकी नज़रें मिली, दोनों ने एक-दूसरे को कड़वाहट से देखा। अभियोग पक्ष के वकील ने विजय चौधरी से कहा कि वह क़त्ल वाले दिन की सारी घटनाओं को सिलसिलेवार कहे।

विजय चौधरी ने कहा कि दो गैंगस्टर्स की लाशें मिलने के बाद, उसने पूछताछ चालू की और अपने ख़बरियों को ख़बर भिजवा दी कि अगर उन्हें इसके मामले में कोई भी जानकारी मिले तो वे उसे बता दें। कुछ ही समय के बाद परगई का मामा जमन सिंह पुलिस को बयान देने आया कि उसने लक्ष्मण बिष्ट को क़त्ल से एक रात पहले अपने भांजे राजू और उसके दोस्त अमित के साथ देखा था और उसका मानना था कि लकी ने ही उन दोनों की जान ली है।

इंस्पेक्टर चौधरी झट से लकी को गिरफ़्तार करने के लिए उसके घर पहुँचा पर लकी घर पर नहीं था। फिर उसे टिप मिली कि लकी इस गिरफ़्तारी से बचने के लिए नेपाल भगाने की फ़िराक में था। चौधरी ने कहा, "हम तत्काल एक्शन में आ गए और हम लकी को 8 सितंबर को उसकी निजी शॉटगन और पिस्तौल के साथ भाखड़ा नंगल के जंगल से पकड़ने में क़ामयाब रहे।"

विजय चौधरी ने अपनी बात पूरी की और अभियोग पक्ष का वकील अपनी जगह वापिस आ गया। लकी का वकील जिरह करने के लिए आगे

आया। वह विटनेस बॉक्स के पास आ कर डगमगा गया और चौड़ी सी मुस्कान के साथ अपना ध्यान विजय चौधरी के बजाए फोरेंसिक विशेषज्ञ दयाल की ओर लगाया।

"मि. दयाल, प्लीज़ कोर्ट को याद दिलाएँ कि जब मेरा क्लाइंट जेल में था तो आपने उसके फिंगरप्रिंट्स किस दिन लिए थे।

"वह 7 सितंबर का दिन था।" दयाल ने कहा।

वकील चौधरी की ओर मुड़ा। वह अब भी मुस्कुरा रहा था। "मि. विजय चौधरी, आपने मेरे क्लाइंट को कब गिरफ़्तार किया ? कृपया कोर्ट के लिए एक बार फिर से तारीख़ दोहरा दें।"

चौधरी का चेहर फ़क्क पड़ गया। लकी के चेहरे पर भीनी सी मुस्कान खेल गई। ठीक इसी एक पल के लिए, उसने फोरेंसिक विशेषज्ञ को फुसला कर 7 सितंबर की तारीख़ वाले औपचारिक कागज़ों पर साइन करवा लिए थे और फिर लगभग दो दिन तक पुलिसवालों को हथियारों की तलाश के झूठे अभियान पर ले गया था।

"8 सितंबर।" विजय चौधरी ने काँपते लहज़े में कहा।

वकील दबी हँसी हँसा। कोर्ट में सभी श्रोता इस बेतुकी सी लगने वाली बात को हैरानी से सुन रहे थे और कुछ लोग मुँह दबा कर हँस रहे थे।

"ये भला कैसे हो सकता है, मि. चौधरी?" वकील ने पूछा। "फोरेंसिक पेपर कहते हैं कि डॉ. दयाल ने मेरे क्लाइंट की उँगलियों के निशान 7 तारीख़ को लिए जबकि आपका कहना है कि आपने उन्हें 8 को गिरफ़्तार किया था?"

विजय चौधरी बिना कुछ कहे खड़ा रहा।

"योर ऑनर, इससे तो यही साबित होता है कि या तो मि. चौधरी सच नहीं बोल रहे या मेरे क्लाइंट को पुलिस ने औपचारिक पूछताछ चालू

करने से पूरे एक दिन पहले गैरकानूनी तरीके से बंदी बना कर रखा। इससे फ़र्क नहीं पड़ता कि इनमें से कौन सा सच है, ये दोनों ही बातें पुलिस की सारी जांच-पड़ताल को शक़ के कठघरे में ला खड़ा करती हैं।"

"भारतीय कानून के हिसाब से एक आदमी को उसकी गिरफ़्तारी के चौबीस घंटों के अंदर किसी न्यायिक प्राधिकरण के सामने पेश करना होता है। आईओ ने ऐसी किसी प्रक्रिया का पालन नहीं किया और ग़लत तरीके से दस्तावेज़ों का इस्तेमाल करते हुए अपनी जांच को सही साबित करने की कोशिश की। आईओ ने खुद ही अपने पैर पर गोली मार ली।" यह कहते हुए वकील ने अपने पैर पर गोली मारने का संकेत किया और जज को 'दैट्स ऑल' कहने के बाद डगमगाते हुए अपनी जगह वापिस आ गया।

लकी फिंगरप्रिंट विशेषज्ञ से कागज़ों पर हस्ताक्षर लेने में सफल रहा कि उसने 7 सितंबर को उसके हाथों की छाप के नमूने लिए थे और फिर पुलिस विभाग को पूरा दिन उन हथियारों की खोज में भटकाया जो कहीं थे ही नहीं। इस तरह कोर्ट की पेशी टलती गई और हार कर विजय चौधरी को लकी को 9 सितंबर को सामने लाना ही पड़ा। फिर उस गैरकानूनी गिरफ़्तारी को छिपाने के लिए कागज़ों पर यही लिखा गया कि लकी को 8 सितंबर को पकड़ा गया था।

कुछ दिन बाद, दो वकील जज के आगे क्लोज़िंग स्टेटमैंट देने वाले थे। जब अभियोग पक्ष के वकील ने अपनी बात रखी तो फिर लकी का वकील आगे आ गया।

उसने दोहराया कि गवाहों के बयानों में बहुत ही असंगतियाँ और विरोधाभास भरे थे और फिर उसने कोर्ट से यह भी कहा कि ऐसे छोटे-मोटे गैंग के टंटों में अपने हाथ गंदे करने से उसके क्लाइंट को किसी तरह का कोई फ़ायदा नहीं होने वाला था।

वकील ने कहा, "मेरा क्लाइंट एक इज़्ज़तदार सिपाही है जिसके नाम कई उपलब्धियाँ दर्ज हैं। ऐसे पद के व्यक्ति को ओछे गैंग वार में हिस्सा लेने की कोई ज़रूरत नहीं है।"

वकील ने इस बात पर भी ज़ोर दिया लकी संजय (सह-अभियुक्त) को पड़ोसी होने के नाते जानता था और बाकी तीनों को जानता तक नहीं है। यह मानने की कोई तुक नहीं बनती कि लकी संजय के साथ अपनी थोड़ी-बहुत दोस्ती के नाम पर, संजय की ओर से, उसके गैंग के नेता योगेश सुनहरी के हत्यारे को मारने के लिए ऐसा कदम उठाएगा।

"जो भी गवाह मेरे क्लाइंट के ख़िलाफ़ गवाही देने आए, वे सभी मृतक के संबंधी थे जिन्हें शायद अभियोग पक्ष की ओर से इस काम के लिए बुलाया गया था। योर ऑनर, अभियोग पक्ष एक भी ऐसा प्रमाण नहीं दे सका जो यह साबित कर सके कि मेरे क्लाइंट ने ही डबल मर्डर किए हैं।"

"ऑब्जेक्शन योर ऑनर, अभियोग पक्ष का वकील अपनी जगह से उठ कर बोला। "मेरे प्रिय सहकर्मी उस हॉलस्टर को भूल रहे हैं जो वारदात की जगह से बरामद हुआ।"

"और मेरे प्यारे सहकर्मी भी भूल रहे हैं कि हॉलस्टर से उसके मालिक की कोई पहचान नहीं होती?" लकी के वकील ने कहा। "दो या दो से ज़्यादा लोगों के हॉलस्टर दिखने में एक जैसे हो सकते हैं। मुझे यह सुन कर हैरानी हो रही है कि क़ाबिल वकील दोस्त, वारदात की जगह से मिले एक सामान्य और आम से हॉलस्टर को एक बड़ा सबूत मान रहे हैं?"

"बचाव पक्ष के वकील हत्या स्थल पर मिले कारतूस के बारे में कुछ क्यों नहीं कहते?"

"योर ऑनर, लकी के वकील ने कहा, "प्रतिष्ठित चंडीगढ फोरेंसिक लैब की ओर से मिली रिपोर्ट में कहा गया है कि इस कारतूस के साथ

मेरे क्लाइंट की पिस्तौल को भी जांच के लिए भेजा गया था।" फिर उसने रुक कर कहा, "लैब का नतीजा कहता है यह कारतूस जमा करवाए गए पिस्तौल का नहीं बल्कि किसी और पिस्तौल का है।"

"तो फिर फोरेंसिक विशेषज्ञ की रिपोर्ट के लिए क्या कहेंगे?" अभियोग पक्ष के वकील ने कहा। "इसमें लिखा है कि मि. लक्ष्मण को जिस दिन गिरफ़्तार किया गया, उनकी बंदूक उससे कुछ समय पहले ही चलाई गई थी।"

लकी का वकील मुस्कुराया, "मेरे पास एक कार है जिसे मैं सड़कों पर बढ़ते ट्रैफिक जाम की वजह से ज़्यादा बाहर नहीं निकाल पाता। यह अधिकतर पार्किंग लॉट में ही रहती है। तो क्या प्लीज़ आप मुझे यह पता लगाने में मदद करेंगे कि मैंने अपनी कार को चलाने के लिए आख़िरी बार बाहर कब निकाला था?"

अभियोग पक्ष का वकील चकरा कर ताकता रहा। "मैं यह कैसे बता सकता हूँ?"

"इसके ओडोमीटर को देख कर।" बचाव पक्ष के वकील ने अदा से कहा

"क्या बेहूदी बात है!"

"बिल्कुल।" लकी का वकील जज को संबोधित करने के लिए पलटा। "योर ऑनर, जिस तरह कोई ओडोमीटर को देख कर यह नहीं बता सकता कि उस कार को आख़िरी बार कब चलाया गया था, उसी तरह किसी रिपोर्ट के आधार पर यह नहीं कहा जा सकता कि एक पिस्तौल को हाल ही में चलाया गया था। हो सकता है कि उसे एक दिन पहले, दो दिन पहले या फिर एक सप्ताह पहले चलाया गया हो।"

"जाँच से जुड़े कई लोगों का यह भी मानना है कि लकी ने पुलिस स्टेशन में जो गन सौंपी, वह उसकी सर्विस रिल्वॉल्वर थी और जिस

हथियार से परगई और अमित को मारा गया, वह कोई दूसरा था। इस तरह, वे लकी द्वारा इस्तेमाल किए गए हथियार के बारे में यकीन से कुछ नहीं कह सकते।"

और इस दावे के साथ पूरी तरह से चुप्पी छा गई। वकील ने अपनी ओर से कुछ कहने को शब्द खोजे पर जब नाक़ाम रहा तो निढाल हो कर, अपनी कुर्सी पर जा बैठा। जज ने फ़ाइल को अपने पास खींचा और उस पर कुछ लिखने के बाद, अदालत को बरख़ास्त करते हुए एलान किया कि अगले सप्ताह यानी 6 मार्च को मुकदमे का फ़ैसला सुनाया जाएगा।

6 मार्च, 2018

पूरी अदालत को एक गढ़ में बदल दिया गया था और भारी संख्या में पुलिसवाले दंगों में पहने जाने वाले गीयर और एके-47 से लैस हो कर उसे घेरे हुए थे। अदालत के आसपास के इलाके की भी घेराबंदी की गई थी। सड़कें सुनसान थीं और गश्त लगाती पुलिस की गाड़ियों के सिवा कोई दिखाई नहीं दे रहा था। अधिकारियों को डर था कि अगर लकी के ख़िलाफ़ फ़ैसला हुआ तो दंगे भड़क सकते थे। हालांकि स्थानीय लोगों की भारी भीड़ हज़ारों की संख्या में पाबंदी वाले इलाके के बाहर जमा हो गई थी।

लकी 150 लोगों के जुलूस के साथ अदालत के लिए रवाना हुआ जिसमें उसके दोस्त और शुभचिंतक शामिल थे। दो कारें आगे चल रही थीं, उन्हें लकी के नेपाल वाले आदमी चला रहे थे। अगर उस दिन फ़ैसला उसके हक़ में न होता तो वह नेपाल फ़रार होने की तैयारी के साथ आया था। वह वापिस जेल जाने के बजाए नेपाल जाना या अपनी जान देना ज़्यादा पसंद करता।

जुलूस अदालत की ओर चला आ रहा था पर उन्हें एक ख़ास जगह के बाद आगे नहीं जाने दिया गया। पहरे पर खड़ी पुलिस ने बस लकी के साथ चार अभियुक्तों को ही उस जगह से अंदर जाने की अनुमति दी। उस घेराबंदी के बाहर मीडिया का जमावड़ा लगा हुआ था।

पास के जिलों से भी पुलिस बुलवाई गई थी ताकि हलद्वानी अदालत के बाहर सुरक्षा व्यवस्था कड़ी की जा सके, वहाँ सुबह ही 1000-1500 लोग जमा हो चुके थे। दिन में साढे ग्यारह बजे के बाद, पूरे शहर में कर्फ़्यू जैसा माहौल बन गया था। असल में, जब परगई के परिवार के सदस्य - जमन सिंह और रतन सिंह अदालत आए तो पुलिस उन्हें वापिस उनके घर छोड़ आई। उनके घर के बाहर पुलिसवाले पहरा दे रहे थे ताकि वे घर से बाहर न निकल सकें।

लकी और चार अभियुक्तों को पाँच पुलिसवाले अपने साथ ले कर चले। जज ने अदालत में प्रवेश किया, उन्होंने फ़ाइल खोली और लकी व अन्य अभियुक्तों की ओर सिर उठा कर देखने से पहले, कुछ कागज़ों पर हस्ताक्षर करते देखे गए। लकी ने चेहरे पर उम्मीद के मिले-जुले भावों के साथ उन्हें देखा।

"सभी पाँचों अभियुक्त बरी किए जाते हैं।" जज ने एक ही साँस में कहा।

लकी ने गहरी आह भरी, उसकी आँखें नम हो गई थीं। उसने कठघरे की लकड़ी की रेलिंग पकड़ी और मारे खुशी के रोने लगा, उसके नथुने बरसों से जमा कुंठा से फड़क रहे थे। लकी के वकील ने भी जोश में आ कर मुट्ठी बांधी और फिर लकी को थम्स-अप करते हुए अंगूठा दिखाया। ज़ल्द ही यह ख़बर बाहर पहुँच गई और पूरे शहर में जश्न मनाया जाने लगा। पूरे शहर में और ख़ासतौर पर लकी के कस्बे में लोग आतिशबाजी करते और नारे लगाते हुए खुशी मनाते दिखाई दिए।

लकी के वकील बलविंद्र सिंह ने बताया, "यह आदेश शाम पौने पाँच बजे के आसपास दिया गया पर मीडिया और परगई व लकी के समर्थक सुबह से अदालत में भीड़ लगाए हुए थे। यह भी कहा जा रहा था कि शायद लकी को सज़ा हो सकती थी। कोई नहीं जानता था कि लकी को बरी कर दिया गया था क्योंकि कोर्ट में वकीलों के अलावा केवल पाँच अभियुक्त ही मौजूद थे। फिर हम बाहर आए और हमने मीडिया को सबकी रिहाई की ख़बर दी।"

जब लकी अदालत से घर वापिस गया तो उसका भावभीना स्वागत किया गया। उसकी माँ दहलीज़ के पास ही खड़ी थी। उसने अपने बेटे को गले से लगाया, उसकी आरती उतारी और आशीर्वाद देने के बाद ही घर में प्रवेश करने दिया। 6 मार्च 2018, लकी ने एक बार फिर से अपने घर में कदम रखा - पर अब वह एक आज़ाद इंसान था।

अगले ही दिन उसे अश्मिता के घर की ओर जाने वाली सड़क पर टहलते पाया गया और आने वाले दो महीनों तक, यह उसकी दैनिक चर्या का अंग रहा। वह अपने बरी होने की खुशी बाँटना चाहता था, उन सभी अपराधों और गुनाहों से बरी होने की खुशी बाँटना चाहता था जिनकी वजह से अश्मिता ने उससे अपना संबंध ख़त्म करने का फ़ैसला लिया। जब उसे बाहर से अश्मिता की कोई झलक न मिलती तो वह उसके घर की ओर चल देता पर ज्यों ही वह घर के पास पहुँचता, तो उसके पैर वहीं जम जाते और वह खड़ा हो कर, उस घर को ताकता रहता। जिस दिन अश्मिता ने उसे उसकी ज़िंदगी से दूर रहने को कहा था, उस दिन की मन को कुचल देने वाली याद अचानक किसी तीर की तरह दिल को भेद जाती और वह पलट कर, अपने घर वापिस आ जाता।

लकी को केस से बरी किया जा चुका था, पर इसके बाद भी परगई के परिवार ने उसके ख़िलाफ़ दुश्मनी बरक़रार रखी। वे परगई की मौत का बदला लेना चाहते थे। उन्होंने लकी के रूटीन का पता लगाया और एक

दिन, जब वह अपने घर से निकलने ही वाला था तो वे उसके घर पहुँच गए। उन्होंने लकी के घर का दरवाज़ा खटखटाया पर लकी ने दरवाज़ा नहीं खोला। आख़िरकार लकी को पुलिस बुलवानी पड़ी ताकि परगई के गैंग को पकड़वाया जा सके।

एक पत्रकार भूपिंद्र रावत ने बताया, "मैंने देखा कि तभी से, लकी को छोटी-मोटी गलियों में जाने से परहेज़ होने लगा। वह हमेशा किसी से भी ख़ास जगहों पर ही मिलने की कोशिश करता।"

43

एक सैनिक हमेशा सैनिक ही होता है

लकी को कोर्ट ने केस से बरी कर दिया था और उस पर लगे सभी आरोप हट चुके थे। उसके वकील ने उसे सूचना भेजी कि अब वह अपने हथियार, शॉटगन और पिस्तौल पुलिस से छुड़वा सकता था। पर लगता था कि लकी को अपने हथियार लेने की कोई ज़ल्दी नहीं थी। उसने सोचा कि इतनी भी क्या जल्दी है। उसकी जमानत की ख़बर की तरह, बरी होने की ख़बर भी झट से एजेंसी पहुँच गई। उसे लगातार बुलावे आते रहे और वह उन्हें 16 जुलाई तक टालता रहा, जब तक उसके एक जूनियर ने यह सूचना नहीं दी कि एजेंसी उसे घर से उठवाने की तैयारी में थी।

एजेंसी ने कानूनी तौर पर लकी को घर से उठवाने के लिए डिफेंस और होम मिनिस्ट्री से इजाज़त ले ली थी। लकी अपने घर से गायब हो गया और दो दिन तक अज्ञातवास में रहा। वह तीसरे दिन एजेंसी के मणिपुर कैंप पहुँचा। जैसे ही एजेंसी को लकी के मणिपुर आने की ख़बर मिली, वे लोग हरक़त में आ गए और लकी के ख़िलाफ़ झट से 'कोर्ट ऑफ़ इंक्वायरी' बिठा दिया गया।

लकी जमानत होने के बाद एजेंसी नहीं आया, इसी आधार पर उस पर कई तरह के आरोप लगाए गए। लकी ने सेना की कानूनी शाखा से कोई वकील चुनने के बजाए अपनी पैरवी स्वयं ही करने का निर्णय लिया। वह कई गंभीर आरोपों में घिरा था और उसे एक बार फिर से अपनी बेगुनाही साबित करनी थी।

एजेंसी अधिकारियों को दिल्ली स्थित अधिकारियों से कॉल आई जिन्होंने कहा था कि लकी पर नज़र रखी जाए ताकि वह उन्हें चमका दे कर चंपत न हो जाए। लकी ने मणिपुर में दिन बिताते हुए काम करने से इंकार कर दिया और ब्रिगेडियर से मिलना चाहा क्योंकि वह एजेंसी से इस्तीफ़ा देना चाहता था।

कई दिन बीत गए, जिसके दौरान उसे ब्रिगेडियर से मिलने की अनुमति नहीं मिली। लकी भी कम हठी तो नहीं था, उसने भी काम पर आने की हामी नहीं भरी। लकी की नाराज़गी बढ़ती जा रही थी। उन्हीं दिनों में से एक दिन, लकी ने अपने जूतों के तस्मे, बेल्ट और पेटी वगैरह सब उतार दी और अपने सीनियर से कहा कि उसे बिग्रेडियर से मिलने दिया जाए, उसके पास ऐसा कुछ भी नहीं था जिससे बिग्रेडियर को कोई नुकसान हो सकता था। सीनियर ने कोई उत्तर नहीं दिया क्योंकि उसे पता था कि लकी अंदर ही अंदर गुस्से से उबल रहा था और वह एजेंसी और उसके सीनियर अधिकारियों का मज़ाक बनाने की कोशिश कर रहा था।

इस दौरान बंदोबस्त किए गए और लकी को ट्रायल के लिए कोर्ट लाया गया। यह सुनवाई कई उच्चपदस्थ अधिकारियों के साथ शुरू हुई जिनमें ब्रिग्रेडियर भी शामिल थे। भारतीय सेना के कर्नल, मनोज मिश्र ने सुनवाई चालू की।

जिरह चालू हुई।

“मि. लक्ष्मण बिष्ट।” मनोज मिश्र ने पूछा। “जमानत मिलने के बाद भी एजेंसी में आपकी अनुपस्थिति के लिए क्या वजह रही?”

“सर, सिर्फ़ जमानत हुई थी।” लकी बोला। “मुझे रिहाई मिलने तक अपना केस लड़ना था।”

“आप एजेंसी में आने के बाद भी तो केस लड़ सकते थे।”

“सर, ऐसा कहना ही आसान है। केस लगभग हर सुनवाई के बाद बड़े ही अजीब मोड़ ले रहा था। ज़रा सी चूक और केस मेरे हाथों से पूरी तरह से निकल जाता।”

“एजेंसी हलद्वानी के पास ही आपकी पोस्टिंग कर सकती थी।”

“इस तरह शारीरिक थकान कम हो जाती पर इसके मानसिक पहलुओं का क्या? वैसे भी, मैंने पिछले तीन साल के दौरान इतना तो देख ही लिया है कि एजेंसी को इससे कोई फ़र्क नहीं पड़ता कि मैं केस जीतूँ या हार जाऊँ।”

मनोज मिश्र लकी की बेबाक़ी देख कर सन्न रह गए। उन्हें यह देख कर हैरानी हुई कि लकी कैसे एजेंसी के लिए बेझिझक बोल रहा था।

“ठीक है, मि. बिष्ट। आपने तो रिहाई के बाद भी एजेंसी को रिपोर्ट नहीं किया, क्यों?”

“मेरे हथियार पुलिस की कस्टडी में थे। मैं एजेंसी में रिपोर्ट करने से पहले अपने हथियार पुलिस से वापिस लेने के इंतज़ार में था।”

लकी अपने लिए बहाने तैयार करना चाहता था, यही वजह थी कि उसने अपने हथियार पुलिस से लेने में देरी की। इसी तरह कोर्ट में सुनवाई चलती रही। नौ महीने बाद, जब मुक़दमा ख़त्म होने को था और लकी अपने बचाव में ठोस तर्क दे चुका था तो कर्नल मिश्र ने फ़ाइलों में लकी के रिकॉर्ड चैक किए। पर रिकॉर्ड तो यही दिखा रहे थे कि लकी

एक उल्लेखनीय एजेंसी अधिकारी था जिसे एजेंसी और सरकार की ओर से कई पुरस्कारों और सम्मानों से विभूषित किया जा चुका था।

अंत में, सारे आरोप हटा लिए गए और एजेंसी ने लकी को उसका पूरा मान और सम्मान लौटाया जो उसने पंद्रह साल के लंबे कैरियर के दौरान कमाया था। उसने फिर से ब्रिगेडियर से मिलने की इच्छा ज़ाहिर की। लकी चाहता था कि वॉलन्ट्री रिटायरमेंट ले कर एजेंसी को छोड़ दे। कोई भी एजेंसी अधिकारी दस वर्ष और पचपन दिन की एजेंसी सर्विस से पहले अपनी मर्जी से रिटायरमेंट नहीं ले सकता पर लकी उस अवधि को भी पार कर चुका था और उसका एक शानदार ट्रैक रिकॉर्ड था। एजेंसी चाह कर भी लकी को रिटायरमेंट के विचार से डिगा नहीं पाई।

लकी एजेंसी का काम किए बिना ही मणिपुर में रहा और लगातार रिटायरमेंट लेने का आग्रह करता रहा। कर्नल मिश्र समय-समय पर उसे समझाने जाते थे कि वह रिटायर होने का इरादा छोड़ दे और जब तक संभव हो, देश और एजेंसी की सेवा करता रहे। एजेंसी इतने सक्षम कमांडो को छोड़ना नहीं चाहती थी, उसने अपनी ओर से लकी को अपने साथ जोड़े रखने की भरसक कोशिश की पर एजेंसी की भरपूर कोशिशों के बाद भी लकी किसी भी हाल में समझौता करने को राजी नहीं था।

हार कर एजेंसी को ही पीछे हटना पड़ा। 23 फरवरी, 2019 को एजेंसी ने लकी के उल्लेखनीय और एक शानदार ट्रैक रिकॉर्ड को ध्यान में रखते हुए, 'कंपल्सरी रिटायरमेंट ऑफ़ सर्विस' लैटर देना तय किया क्योंकि ऐसे कोई आधार नहीं थे जिनके आधार पर वे उसकी टर्मिनेशन को जायज़ ठहरा कर परमानेंट सस्पेंशन दे पाते। इस तरह की रिटायरमेंट का मतलब था कि अगर लकी कभी चाहे तो एजेंसी का हिस्सा बन सकता था और उसे ज्वॉयन करने के बाद अंतरिम अवधि का वेतन भी मिलता।

पर इस 'कंपल्सरी रिटायरमेंट ऑफ़ सर्विस' का एक नुकसान भी था कि इसे पाने वाला व्यक्ति पेंशन पाने का हक़दार नहीं रहता था। लकी को पेंशन खोने का दुःख नहीं था क्योंकि उसे किसी तरह एजेंसी से निकलना था। उसने हामी भरी, सारी औपचारिकताओं को पूरा किया और अंत में एजेंसी से त्यागपत्र दे दिया। लकी ने जिस संगठन को अपनी सेवाएँ दी थीं, उससे अलगाव आंशिक तौर पर सही तरह से ही हुआ क्योंकि उसके बाद भी एजेंसी अपनी रेजीमेंटल पार्टियों में लकी को न्यौते भेजती रही। लकी ने अपने शहर में वापिस आने के बाद आम एलान किया कि अगर कोई भी व्यक्ति किसी तरह की परेशानी, उगाही की मांग या उसके नाम से जबरन ज़मीन पर कब्ज़ा होने से दुःखी है तो उसे स्थानीय पुलिस स्टेशन में शिकायत दर्ज करनी चाहिए। उसने अपने लोगों को याद दिलाया कि वह कोई गैंगस्टर नहीं बल्कि एक कमांडो था।

बाद के वर्षों में, ऐसी ही एक पार्टी के दौरान लकी अपने पुराने सहकर्मियों के साथ बैठा था, उनमें से सबने बड़े दिलकश पार्टीवियर पहने हुए थे। अभी लकी को रिटायर हुए कुछ ही बरस हुए थे। वह अपने दोस्तों और सहकर्मियों के साथ गप्पें लड़ा रहा था कि किसी ने पीछे से कंधे पर हाथ रखा। उसने मुड़ कर देखा तो वे कर्नल मनोज मिश्र थे।

"और, लकी।" वे बोले, "एजेंसी ने हाई-वेल्यू टार्गेट की लोकेशन देख ली है। हम लोग ज़ल्द ही एक ऑप्रेशन लॉन्च करने जा रहे हैं।" वे लकी की ओर से कोई प्रतिक्रिया आने की उम्मीद में रुके पर लकी वहीं बेलाग खड़ा अपने हाथ में पकड़े गिलास को घुमाते हुए, उनकी बात ध्यान से सुन रहा था।

"पर तुम तो बाकी का सारा जीवन एक सिविलियन की तरह बिताना चाहते हो, है न?" कर्नल ने कहा।

"जी सर," लकी बोला। "पर एक सैनिक हमेशा सैनिक ही रहता है।"

कर्नल मिश्र ने लकी को अपनी बाँह से घेर लिया। लकी जितने कष्टों से गुज़रा था, उन्हें देखते हुए यही कह सकते थे कि आने वाला वक़्त ही बताएगा कि कमांडो एजेंसी के लिए टॉप-सीक्रेट मिशन करने को तैयार था या नहीं? अभी तो, लक्ष्मण बिष्ट उर्फ़ लकी ऐसा कुछ जानते हुए मुस्कुरा रहा था, जो उसके सिवा कुछ ही लोग जानते थे।

– समाप्त –

आभार

जो इंसान अपने पेशेवर कैरियर में ढाई दशक से भी अधिक समय से खोजी पत्रकार रहा हो, उसके लिए कहानी के लिए खोजबीन करना बहुत ही सहज होता है। मैंने छानबीन के बाद आंतकी हमलों, क्राइम सिंडीकेट और माफ़िया बॉसिज़ के बारे में लिखा, जहाँ सभी बाधाओं को पार कर जानकारी निकालना बड़ा ही टेढ़ा काम होता है। पर ऐसा कम ही हुआ है कि किसी कहानी ने अपनी सारी जटिलताओं, सवालों और उलझनों के बावजूद मुझे इतनी दृढ़ता से अपनी ओर खींचा हो। लक्ष्मण सिंह बिष्ट की कहानी भी ऐसी ही थी और मेरी कल्पना पर अमिट निशान छोड़ने से पहले इसने मेरे सामने बहुत सारी चुनौतियाँ खड़ी कीं।

यह कहानी का एक बहुत ही अनजाना सा सूत्र था और एक ऐसे आदमी की सोच के भीतर झाँकना था जो किसी रोबोट की तरह उदासीन हो, जिसके शारीरिक कौशल दुनिया के बेहतरीन कमांडोज़ से बढ़ कर थे, जिनके उत्तरजीविता से जुड़े कौशलों का मेरे जैसा आम इंसान बख़ान तक नहीं कर सकता। और फिर, इस देशभक्त पर क़त्ल

का आरोप लगाया गया, उसे जेल हो गई और वह एक डॉन के रूप में बदनाम हुआ, उत्तराखंड के पहाड़ी इलाकों में बाहुबली कहलाया गया।

इस क़िताब के बीज बहुत ही दिलचस्प तरीके से बोए गए। जब मैंने प्रिंट मीडिया में रिपोर्टिंग करना बंद किया तो लगा कि मुझे अपने यू ट्यूब चैनल पर अलग-अलग तरह की कहानियाँ सुनानी चाहिए। मैं उनमें से एक वीडियो के लिए, लक्ष्मण सिंह बिष्ट उर्फ़ लकी का इंटरव्यू लेना चाहता था, जिसे मैं पिछले दो साल से भी अधिक समय से जानता था। उसके ही एक सहयोगी ने मुझे उससे मिलवाया था। मैं जितने भी लोगों से मिला, उनमें से लकी ही ऐसा था जिसकी ओर मेरा ज़रा सा भी ध्यान नहीं गया। इस तरह जब मुझे लकी कमांडो के कारनामों के बारे में बताया गया, तो मुझे लगा कि उसके दोस्त किसी और इंसान की बात कर रहे थे जो उस कमरे में मौजूद नहीं था।

पर कुछ मुलाक़ातों के बाद, मुझे बताया गया कि यही वह लड़का था, रॉ का एजेंट, वह लकी कमांडो है। मैंने उसे सिर से पैर तक देखा। सच्ची? ये लड़का है? *अरे क्या ये लोग मिल कर मेरा मज़ाक बना रहे हैं?*

मुझे लगा कि मुझे अपने यू ट्यूब चैनल के लिए उसका इंटरव्यू लेना चाहिए और उसकी कहानी सुननी चाहिए। मैंने 45 मिनट के इंटरव्यू के दौरान पाया कि उसके पास एक बहुत ही कमाल की, दिलचस्प और मंत्र-मुग्ध कर देने वाली कहानी थी जिसने मुझे लगातार बाँधे रखा।

मेरे लिए, लकी बस उन कहानियों में से एक था जो मैंने अपने यू ट्यूब चैनल के लिए तैयार की थीं। पर लकी ने हद पार कर दी। उसने दो पत्रकारों से बात करते हुए उन्हें कह दिया कि मैं उसकी कहानी पर एक क़िताब लिखने वाला था, तब तक यह बात मेरी सोच में भी नहीं थी। तब मैं लकी से बहुत नाराज़ हुआ कि उसे ऐसी बातें नहीं कहनी

चाहिए थीं। उसका यह तरीका जायज़ नहीं था कि वह एक इंटरव्यू को क़िताब में बदलवाने की कोशिश करे। पर फिर मुझे कुछ पत्रकारों और डायरेक्टर दोस्तों के कॉल आने लगे और एक प्रोड्यूसर दोस्त ने भी कहा कि वह किताब के राइट्स खरीदने में दिलचस्पी रखता है। वह मेरे लिए एक निर्णायक पल था।

मैंने तब तक लकी के बारे में इस नज़र से नहीं सोचा था। मेरे लिए, यह कहानी रोचक तो थी पर मैं नहीं जानता था कि हमेशा ताज़ी सामग्री की इच्छा रखने वाला बॉलीवुड और मेरे दर्शक, असल में इस इंटरव्यू को इतनी अहमियत देंगे। यू ट्यूब चैनल पर इस कहानी के व्यूज़ लगातार बढ़ते चले गए। तब से, मेरे चैनल पर लकी का वीडियो एक मिलियन से अधिक व्यूज़ ले चुका है।

शायद, लोग लकी की अलग सी कहानी का अनुभव लेना चाहते थे इसलिए मैंने लिखना चालू कर दिया पर तब तक इसे छापने के लिए कोई प्रकाशक तय नहीं था। मैंने अलग-अलग प्रकाशकों को कहानी पेश करनी शुरू की। उनमें से साइमन एंड शूस्टर इसे छापने के लिए बहुत उत्सुक दिखे। मुझे अपने प्रकाशक साइमन एंड शूस्टर और एक प्रोत्साहित करने वाले संपादक के तौर पर सायंतन घोष का शुक्रिया अदा करना चाहिए। यह क़िताब मेरे लेखन कैरियर के तीन दशकों में सबसे अधिक शीघ्रता से लिखी गई क़िताबों में से रही। सायंतन अंत तक डटे रहे और अपना धैर्य बनाए रखा।

मुझे पूरा विश्वास है कि लकी ने जिस कौशल और समर्पण के साथ इज़रायल में कमांडो प्रशिक्षण लिया होगा, उसने उसी तरह इस कहानी को सुनाने में भी घंटों समय न लगाया होता तो शायद यह उतनी दिलचस्प और मंत्रमुग्ध कर देने वाली न बन पाती। लकी का अपने काम के लिए जुनून और समर्पण निश्चित और स्पष्ट तौर पर सामने आया।

मुझे इस क़िताब के लिए अपने सहकर्मियों का भी पर्वत जितना आभार और सागर जितना विशाल शुक्रिया अदा करना होगा। उनके सहयोग और अथक परिश्रम के बिना यह क़िताब तयशुदा समय पर पूरी न हो पाती।

काशिफ मशाइख ने अपनी ओर से असाधारण प्रयत्न किए। वे इस परियोजना के लिए कमाल के संपादक रहे और उनके बिना यह काम हो ही नहीं सकता था। यदि वे न होते तो इतनी कम समय-सीमा में कहानी का पूरा होना और छपना नामुमकिन था। हमने कई पहलुओं पर आपस में चर्चा की। काशिफ मेरे विश्वसनीय सलाहकार के तौर पर सामने आए। कई बार, हमारे बीच आपस में असहमति हुई, विरोध रहे और कई मुद्दों पर रुकावटें पैदा हुई, जो शायद इस क़िताब के लिए बहुत क़ीमती रहीं। इन्हीं चर्चाओं और बहसों के बीच हमने कहानी के हित में बेहतर हल तलाशे।

मैं अन्य लोगों के प्रति भी अपना आभार और धन्यवाद प्रकट करना चाहूँगा जो इस परियोजना में उतने ही मददगार रहे। इस यात्रा में मुझे ज़ैद खान मिले। वे कुछ परियोजनाओं पर काशिफ के साथ काम कर चुके थे। जैद ने इस परियोजना पर पूरे दिल और लगन से काम किया। वे बहुत ही प्रतिभाशाली हैं। मुझे यह भी एहसास हुआ कि वे और बेहतर काम कर सकते हैं। शायद, उन्हें कभी कोई अच्छा प्रशिक्षक नहीं मिला या कोई ऐसा हो जो उन्हें बेहतर लेखन के लिए प्रोत्साहित कर सके। काशिफ ने ज़ैद का पूरा साथ दिया और ज़ैद इस परियोजना पर काम करते हुए पेशेवर तरीके से विकसित हुए।

पांडुलिपि के पहले मसौदे पर काम करने और तब तक हुए शोध कार्य को देखने के बाद, मुझे लगा कि कहानी में कुछ अधूरापन और कमियाँ थे और उन्हें पूरा करने के लिए हलद्वानी का दौरा करना ज़रूरी था। मैंने इस चुनौती के लिए अपनी सबसे भरोसेमंद शोधकर्ता येशा कोटक

को याद किया। येशा एक युवा और बहुत ही संसाधनपूर्ण रिपोर्टर हैं जिन्हें मैंने प्रिंट से टेलीविज़न तक विकसित होते हुए और फिर अपने शोधकार्य में निपुण होते देखा है। वे *बायकला टू बैंकॉक* के समय से मेरी टीम का हिस्सा रही हैं, मुझे लगता है कि वह लगभग बुलेटप्रूफ़ हैं। येशा ने अश्विन नाइक जैसे कई ख़तरनाक गैंगस्टरों का इंटरव्यू लिया है और बिना किसी नुकसान के सुरक्षित लौटी हैं। तो एक बार फिर, मैंने यह काम येशा को सौंपा।

अब वे सीएनएन-न्यूज़ 18 की पत्रकार हैं और उन्होंने हलद्वानी जा कर, दो दिन में अनेक लोगों के इंटरव्यू लिए। उनमें से कुछ पुलिसवाले थे तो कुछ बहुत ही संदिग्ध लोग पर येशा ने वापिस आ कर कहानी की सारी कमियों और अधूरेपन को भर दिया। उसकी सटीक रिपोर्टिंग कौशल के बल पर ही हमने कहानी के कई तथ्यों को जाँचा जिससे इसकी प्रामाणिकता में बढ़ोतरी हुई।

हालांकि, किताब के सार को समझने का काम डिज़ाइनर का होता है जो उसे अपने कल्पनाशील कौशल से आवरण पृष्ठ पर साकार करता है। मोहसिन रिज़वी लंदन में बस गए हैं और एक उत्कृष्ट सफल उद्यमी रहे हैं। उनकी इतनी व्यस्तताओं के बावजूद, मैंने उनसे कहा कि वे ही कवर डिज़ाइन करें क्योंकि मुझे लगा कि वे ही इस काम के साथ न्याय कर सकते हैं। मोहसिन ने जो कमाल दिखाया, वह अब एक आलीशान कवर के रूप में आपके हाथों में है। थैंक्स, बेटा।

मैं अंत में, नई दिल्ली के भूतपूर्व कमिश्नर ऑफ़ पुलिस, मि. नीरज कुमार को धन्यवाद देते हुए अपनी बात पूरी करना चाहूँगा। वे मेरे दोस्त, दार्शनिक, सहकर्मी और थिंकिंग पैड रहे हैं। नीरज कुमार विवेक और अंतर्दृष्टि का ख़ज़ाना हैं और उनके पास इंटेलीजेंस के ऐसे अनजाने अंश हैं जिनसे शायद बहुत से लोग परिचित नहीं होंगे। मि. कुमार ने एक

पुलिस अधिकारी के तौर पर, अपने सहज ज्ञान और दृष्टिकोण से इस कहानी को एक तार्किक संतुलन और बौद्धिक समत्व दिया। मुझे उनका विश्लेषण बेहद पसंद आया हालांकि उन्होंने एकाध जगह पर लकी की विश्वसनीयता पर सवाल उठाया है। किसी भी आपत्ति के बिना, उनकी भूमिका किताब का हिस्सा है ताकि पाठक इस कहानी को एक शीर्ष पुलिस अधिकारी के दृष्टिकोण से देख सकें।

मैंने लक्ष्मण सिंह बिष्ट की कहानी पर राजी होने के लिए दस्तावेज़ी और चित्रों संबंधी प्रमाण जुटाए हैं। पर अंततः, मैं एक पत्रकार हूँ, एक रिपोर्टर जो बिना किसी परख़ के, केवल तथ्यों का खुलासा कर रहा है। हो सकता है कि कुछ लोग लकी की कहानी से सहमत न हों या उन्हें लग सकता है कि वह कुछ चीज़ों को बढ़ा-चढ़ा कर बता रहा है। मैं यह फ़ैसला और परख़ उन पर ही छोड़ता हूँ।

अंत में, इस कहानी की शुद्धता और सटीकता का श्रेय लकी सिंह बिष्ट, काशिफ मशाइख, ज़ैद खान और येशा कोटक को देना चाहूँगा। अगर कोई भी चूक रह गई है तो वह पूरी तरह से मेरी मानी जाए जिसके लिए मैं पूरी ज़िम्मेदारी लेता हूँ।

आख़िर में, मैं अपनी पत्नी वेल्ली तेवर के लिए हार्दिक और बेहद आभार प्रकट करता हूँ। मेरी पत्रकारिता की यात्रा उसके साथ ही आरंभ हुई। वही मेरी सबसे उग्र आलोचक और सबसे पक्की मित्र भी रही, पर उससे भी ख़ास बात यह है कि उसने हमेशा मेरा साथ दिया है।

अनुवादक : रचना भोला 'यामिनी'

रचना भोला 'यामिनी', पिछले 26 वर्षों से मौलिक लेखन व अनुवाद के क्षेत्र में कार्यरत हैं। मौलिक लेखन में जीवनी साहित्य और विविध विषयों पर अनेक पुस्तकें प्रकाशित जिनमें लघुकथा संग्रह 'प्रयास', उपन्यास 'याज्ञसेनी' तथा रूहानी इश्क़ की इबादत में रचे गए लव नोट्स 'मन के मंजीरे' उल्लेखनीय हैं।

वे अनुवाद के क्षेत्र में राष्ट्रीय तथा अंतर्राष्ट्रीय ख्यातिनमा लेखकों की 235 से अधिक कृतियों का अंग्रेज़ी से हिंदी में अनुवाद कर चुकी हैं।

उनके लिए उनका लेखन कार्य पैशन से प्रोफ़ेशन और मेडिटेशन तक जाने की एक अद्‌भुत यात्रा रहा है। वे पर्यटन, संगीत की विविध विधाओं, विश्वस्तरीय सिनेमा व लोक परंपराओं के अध्ययन में विशेष रुचि रखती हैं।

संपर्क : rachnabhola25@gmail.com